TANJA & JOHNNY HAEUSLER

Netzgemüse

GOLDMANN
Lesen erleben

Buch

Wenn der Griff zum Smartphone morgens selbstverständlicher als der Griff zur Zahnbürste und ein Leben ohne Internet, Handy und Computerspiele für eine junge Generation unvorstellbar geworden ist, dann wird der Alltag für viele Familien eine abenteuerliche Herausforderung. In »Netzgemüse« berichten die Autoren, Internet-Auskenner und Eltern zweier Söhne, von ihren eigenen Erlebnissen und zeigen anhand zahlreicher Beispiele, wie wir unsere Kinder souverän in die digitale Welt begleiten können, bis sie gelernt haben, sich selbst darin zurechtzufinden und zu behaupten.

Autoren

Tanja und Johnny Haeusler betreiben gemeinsam das mit dem Grimme-Online-Award ausgezeichnete Weblog »Spreeblick«. Seit 2007 gehört das Paar außerdem zum Gründungs- und Veranstaltungsteam der »re:publica«, einer der wichtigsten europäischen Konferenzen für Online-Medien und die digitale Gesellschaft. 2015 gründeten sie mit TINCON den gemeinnützigen Verein, der das erste »Festival für digitale Jugendkultur« in Berlin ausrichtet.

Johnny Haeusler, geboren 1964 und digital vernetzt seit 1990, schreibt seit über einem Jahrzehnt im Internet und in Printmedien wie Tagesspiegel, SPEX und WIRED über digitale Medien. Er arbeitet zudem als Radiomoderator und Musiker.

Tanja Haeusler, Jahrgang 1966, entwickelte nach dem Studium der Kunstgeschichte und Arbeit als Theater- und Filmrequisiteurin Ende der Neunzigerjahre ihre Begeisterung für das Internet, ihr Fokus liegt dabei auf lehr- und bildungspolitischen Themen.

Die Autoren leben mit ihren Teenager-Söhnen in Berlin.

Mehr Informationen zu Buch und Autoren finden Sie unter www.netzgemüse.com und www.tincon.org.

Tanja & Johnny
Haeusler

Netzgemüse

Aufzucht und Pflege der Generation Internet

Erweiterte Neuausgabe:
Es liegt ein Update für Sie vor

GOLDMANN

MIX
Papier aus verantwortungsvollen Quellen
FSC® C014496
www.fsc.org

Verlagsgruppe Random House FSC® N001967
Das FSC®-zertifizierte Papier *Holmen Book Cream* für dieses Buch
liefert Holmen Paper, Hallstavik, Schweden.

1. Auflage
Aktualisierte und erweiterte Neuausgabe November 2015
Wilhelm Goldmann Verlag, München,
in der Verlagsgruppe Random House GmbH

Umschlaggestaltung: UNO Werbeagentur, München
Umschlagmotive: FinePic®, München (Icons);
Andrew Bret Wallis (Junge); Fosten/Corbis (Hintergrundabbildung)
Autorenfoto: Erik Weiss
Gestaltung der Umschlaginnenseiten:
UNO Werbeagentur, München
Motiv: Fine Pic®, München
Redaktion: Antje Steinhäuser
KF · Herstellung: Str.
Druck und Einband: GGP Media GmbH, Pößneck
Printed in Germany
ISBN: 978-3-442-15871-3
www.goldmann-verlag.de

Besuchen Sie den Goldmann Verlag im Netz

Inhalt

Vorwort: Das Internet ist Bielefeld

Alles, was es schon gibt, wenn du auf die Welt kommst, ist normal und üblich und gehört zum selbstverständlichen Funktionieren der Welt dazu.

Alles, was zwischen deinem 15. und 35. Lebensjahr erfunden wird, ist neu, aufregend und revolutionär und kann dir vielleicht zu einer beruflichen Laufbahn verhelfen.

Alles, was nach deinem 35. Lebensjahr erfunden wird, richtet sich gegen die natürliche Ordnung der Dinge.

Douglas Adams (1952 – 2001)

Folgt man den weisen Worten Douglas Adams' – und es gibt viele Gründe, dies zu tun –, dann ist es nur logisch, dass wir, die Autoren dieses Buches, uns als »Digital Natives« fühlen, als digitale Ureinwohner. Denn wir haben das Internet vor rund 20 Jahren für uns entdeckt, zu einer Zeit also, in der wir beide noch jung waren. Sowohl wir als auch das Internet. Und seit dieser Zeit arbeiten und leben wir mit dem Internet, mit den digitalen Medien.

Diese Tatsache ist jedoch nicht halb so aufregend wie das, was wir außerdem seit 13 Jahren erleben: das Heranwachsen unserer beiden Söhne und damit unser Dasein als Eltern einer Generation, die eine Welt ohne Computer, Mobiltelefone und Internet nicht kennt, weshalb digitale Medien für sie zum selbstverständlichen Funktionieren der Welt dazugehören.

Wie die meisten anderen Eltern empfinden auch wir die Aufzucht und die Pflege dieser digitalen Generation, die wir für dieses Buch etwas liebevoller »Netzgemüse« nennen wollen, als erzieherische Herausforderung, die viele Fragen mit sich bringt. Fragen, bei denen uns ein Blick in unsere eigene Kindheit nicht weiterhilft, denn damals gab es dieses ganze Internetgedöns noch gar nicht. Aber die Online-Welt wurde genau wie ihr Offline-Äquivalent von Menschen geschaffen.

Oder anders gesagt: Das Internet ist Bielefeld.

Begegnen Sie dem Internet einmal so, als schlenderten Sie durch die größte Stadt Ostwestfalens, bei der uns eigentlich schon die Verortung kirre machen müsste: Ost oder West? Was denn nun?

Genau wie das Internet ist Bielefeld nichts als das Ergebnis dessen, was seine Bewohner in der Vergangenheit aufgebaut haben und weiter ausbauen werden. Und trotzdem werden wir beim Rundgang durch die Stadt nur einen Bruchteil all dieser Menschen zu Gesicht bekommen, mit noch weniger von ihnen werden wir reden, und erst, wenn wir verweilen, werden wir wirkliche Gespräche mit ihnen führen.

Aber nur, wenn wir uns entschließen, zu bleiben und selbst Bielefelder zu werden, haben wir die Chance, dort Freunde, Kollegen oder die Liebe unseres Lebens zu finden. Nur dann werden wir mit der Zeit erfahren, welcher Klempner sein Handwerk versteht, welcher Metzger uns übers Ohr haut und gerne mal den Finger mit auf die Waage legt und in welcher Kneipe sich nette Bielefelder treffen, weil dort das leckerste Bier vom freundlichsten Wirt serviert und die beste Musik gespielt wird.

Wer das Internet regelmäßig nutzt, sich über soziale Netzwerke wie Facebook oder via Nachrichtendienste wie Twitter austauscht, wird sich genau wie ein zugezogener Bielefelder früher oder später in seiner Umgebung auskennen und sich dort zurechtfinden. Ohne den Austausch mit anderen aber wird es ebenso einsam wie problematisch, und je später man sich ansiedelt, desto schwieriger wird es werden, sich heimisch zu fühlen und Freunde zu finden.

Unsere Kinder bewegen sich als Digital Natives mit derselben Selbstverständlichkeit im Netz, mit der sie als Einheimische durch die Straßen Bielefelds flitzen würden, ohne je einen Stadtplan in der Hand gehabt zu haben. Sie würden die Bolzplätze kennen, auf denen es am wenigsten Stunk gibt, die Apotheke, bei der man immer Traubenzucker abstauben kann, und sie würden genau wissen, wo der schräge Typ wohnt, um dessen Vorgarten man besser einen großen Bogen macht.

Wenn Sie sich also fragen, warum es für Sie selbst so kompliziert und für Ihre Kinder so selbstverständlich ist, sich im Netz zurechtzufinden: Sie sind die digitalen Migranten, Ihre Kinder die gebürtigen Bielefelder, die digital Aufgewachsenen also.

Und wer sich nicht auskennt oder nur kurz vorbeischaut, der läuft halt Gefahr, in düstere Ecken zu geraten oder sich etwas entgehen zu lassen. Und es wäre doch bedauerlich, wenn Sie nichts von Pickert und Kohlwurst mitkriegten und statt Bielefelder Luft irgendeinen beliebigen Schnaps serviert bekämen.

Die dunklen Gegenden des Netzes relativieren sich ebenso wie die zwielichtigen Gassen Bielefelds, wenn man das große Ganze kennengelernt hat. Ja, es lauern Gefahren an vielen Ecken, aber auch das Internet setzt sich aus Kitas und Universitäten, Shopping-Malls und Flohmärkten, Straßenmusikern und Konzerthäusern, der örtlichen Polizei und dem Bordell, der Kellerkneipe und dem Sportplatz zusammen. Und es wird bevölkert von Hedonisten, Spießern, Pennern, Philosophen, Hausbesitzern, Hausbesetzern, Singles, Familien, Kindern und Katzen, die sich im Park oder der Kneipe treffen, sich streiten, verklagen, zusammen lachen, weinen und sich verlieben. Und Menschen, so heterogen sie auch sind, werden allerorts Arrangements finden, um neben- oder miteinander zu leben. Im Internet genau wie in Bielefeld.

Die digitalen Medien und das Internet sind für unsere Kinder keine Technologien, sondern Lebensraum und Kultur. Die scheinbare Sicherheit, mit der sie sich durch diese Lebensräume bewegen, liegt nicht in einer höheren technischen Sachkenntnis bei Kindern und Jugendlichen begründet, sondern in der Selbstverständlichkeit, mit der sie die digitale Welt bevölkern.

Wer Bielefeld mit all seinen Bewohnern und Besonderheiten auf zweihundert Seiten beschreiben wollte, hätte Platznöte zu beklagen, und uns erging es mit diesem Buch ebenso. Der Lebensraum Internet ist einfach zu groß und zu vielfältig. Unser Ziel war es deshalb vor allem, Ihnen als Eltern einen neugierigen Blick auf die Welt der digitalen Gesellschaft zu eröffnen, welche die Zukunft unserer Kinder prägen wird.

Denn je besser wir das Netz als Kulturraum unserer Kinder kennenlernen oder sogar teilen, desto besser sind wir – und damit auch unsere Kinder – für tatsächliche Probleme gewappnet.

Wir werden Ihnen keine Standard-Lösungen für die verschiedenen Herausforderungen anbieten, denn dies ist in der digitalen

Welt ebenso unmöglich wie in der physischen. All die ausgeklügelten supersimplen Ratgeber-Tipps für jedermann stellen sich im Praxistest quer und wollen sich einfach nicht in den Alltag des Mikrokosmos Familie und seinem variationsreichen Individuencocktail fügen.

Mit diesem Buch möchten wir deshalb vor allem eines: Eltern Vertrauen in ihre eigene Urteilskraft und Entscheidungsfähigkeit bei der Aufzucht und Pflege ihres Netzgemüses geben.

Tanja und Johnny Haeusler
Juli 2012

PS: Falls Bielefelder mitlesen: Wir kommen demnächst mal vorbei, soll hübsch sein bei euch!

Digitale Medien. Mal ganz allgemein

Kinderwelt am Draht

Natürlich hatte ich, Johnny, mich freiwillig gemeldet, als beim Elternabend jemand gesucht wurde, der bei den Computerkursen für die vierten und fünften Klassen aushelfen könnte. Einmal pro Woche mit nur acht Kindern 45 Minuten lang ein bisschen am PC hantieren (aus Mangel an verfügbaren Rechnern wurden die Klassen für die Computerkurse in kleinere Gruppen aufgeteilt): Das konnte ja nicht so schwer sein.

Zwei Jahre später war mein Respekt vor Lehrern enorm gewachsen. Denn acht quirlige Kinder in einem Raum dazu zu bringen, auch nur zehn Minuten konzentriert zuzuhören oder gar an ein oder derselben Sache zu arbeiten, war mir in dieser Zeit so schwergefallen, dass ich manchmal nachts schweißgebadet aufwachte bei dem Gedanken daran, ich müsste mich um 30 von der Sorte kümmern.

Dass die Kinder oft unaufmerksam waren, lag jedoch nicht zuletzt daran, dass sie die vorgegebenen Lern-Themen schlichtweg nicht interessierten und konstant unterforderten. Wir nutzten von allen staatlichen Stellen abgesegnete Computerprogramme zum Erlernen von Mathematik und Rechtschreibung, und genauso sahen diese Programme auch aus, und genauso funktionierten sie auch. Grobe, pixelige Rechenaufgaben wurden von groben, pixeligen Strichmännchen mit einer Schubkarre über den hochauflösenden Bildschirm geschoben, es galt, mit Eingabe der korrekten Lösung ein Hinunterfallen der Zahlen zu verhindern. Dafür hatte man pro Aufgabe gefühlte achteinhalb Stunden Zeit, da sich das Strichmännchen sehr ruckelig und langsam über den Bildschirm bewegte. Bei erfolgreicher Lösung einer Aufgabe ertönte der Klang einer computergenerierten Fanfare, bei deren Geräusch ich jedes Mal den Impuls, unter einem der Tische in Deckung zu gehen, unterdrücken musste, da sie derart täuschend echt nach Bombenalarm klang.

Mit dieser Software wurden also die Kinder konfrontiert, die zu Hause durchs Web surften und in Videospielen komplexe Aufgaben mit beeindruckend geschickter Motorik durch schwierige Tastenkombinationen lösten. Kein Wunder, dass die Lernsoftware von diesen Kindern meist sofort beendet wurde.

Auf den Monitoren der Jüngsten passierte dann alles Mögliche andere. Einige der Mädchen wanderten durchs Netz, um Fotos ihrer Lieblingsstars als Hintergrundbild auf dem Rechner zu installieren, andere malten in einem Zeichenprogramm. Ein Junge zeigte seinen Freunden mithilfe von GoogleMaps, dem Landkartendienst des Suchmaschinen- und Werbe-Riesen, in welcher Fabrik sein Vater arbeitete. Und der Rest hatte herausgefunden, welche Webseiten mit kleinen, aber wesentlich schwierigeren Geschicklichkeitsspielen noch nicht von der Schule gesperrt waren.

Ich bewunderte die Computerkenntnisse der Kinder, und ich konnte verstehen, dass sie von den Lernprogrammen gelangweilt waren, dennoch waren wir ja im Computerraum, um konkrete Aufgaben zu lösen.

Also zog ich die Stecker. Nicht die Stromstecker, sondern die

Ethernet-Kabel, welche die einzelnen Computer mit dem Internet verbanden.

Mit jedem einzelnen Rechner, der nicht mehr aufs Netz zugreifen konnte, stieg die Empörung bei den Schülerinnen und Schülern: »Herr Haeusler! Mein Computer ist kaputt!«

Dabei funktionierte der Computer wunderbar. Er hatte nur keine Verbindung zum Internet mehr und entsprach somit zu 100 Prozent einem Computer, wie ihn die meisten von uns noch bis vor wenigen Jahren benutzt haben.

Genau das erläuterte ich den Kindern, hängte ein großes Blatt Papier an die Wand und begann, ihnen das Internet aufzumalen.

Mit kleinen Kreisen stellte ich ihre eigenen Computer dar, zeichnete Striche zu größeren Computerkreisen und verband diese wiederum mit noch größeren Kreisen, um ein Computernetzwerk darzustellen. Dann ließ ich Linien kreuz und quer von und zu den Kreisen laufen, schrieb Ländernamen auf das Blatt und erklärte, welche vertrackten Wege rund um den Globus eine E-Mail in der Theorie nehmen – und dennoch binnen weniger Sekunden beim Empfänger sein kann. Ich beschrieb anhand dieser simplen Striche und Kreise, was beim Aufruf einer Webseite eigentlich passiert, und erläuterte die Grundfunktionsweisen von Online-Spielen.

Und zum ersten Mal in meiner Zeit als Aushilfslehrer waren die Kurzen still. Sie starrten auf weiße Blätter, die sich mit krakeligen Zeichnungen füllten, lauschten meinen Worten und befeuerten mich dann mit Fragen.

Was denn passiere, wenn eine dieser Verbindungen ausfiele. Ob man bestimmen könne, welchen Weg die eigenen Daten durchs Netz nehmen und aus welchem Material die Leitungen wären. Ob man eine E-Mail auch zurückholen könnte, wenn man sie einmal abgeschickt hatte. Und was man bräuchte, um selbst ein Videospiel zu programmieren.

Einige der Fragen überforderten nicht nur mein technisches Wissen, sondern vor allem mein pädagogisches Geschick bei der Vermittlung der Antworten, doch ich war begeistert und auch stolz auf die Kinder ob ihrer wissbegierigen und klugen Fragen.

Diese Kinder haben im Gegensatz zu vielen Erwachsenen kaum Probleme mit der generellen Bedienung des Computers. Voller gesunder Respektlosigkeit klicken sie alles an, was sich ihrem Mauszeiger in den Weg stellt, und testen die Grenzen des Geräts ohne Furcht, etwas kaputt zu machen. Für sie ist die Verbundenheit des Rechners mit dem Internet Bestandteil der Maschine, und fällt sie aus, ist für sie der Computer kaputt. Sie wissen eine Menge und wollen noch viel mehr wissen, doch sie wissen auch so vieles noch gar nicht. Aber statt es ihnen beizubringen und ihren Wissensdurst zu stillen, setzen wir sie an vorsintflutliche Lernprogramme mit dem Reiz von Omas Strickzeug und tun weiterhin so, als wäre das Internet ein Computerprogramm, das es innerhalb eines halben Jahres zu beherrschen gilt. Dabei ist das Internet für unsere Kinder keine Technik, kein Programm, kein temporärer Kurs und auch nichts Besonderes.

Sondern es ist für sie so selbstverständlich wie: Leitungswasser.

Die Virtualität von Leitungswasser

Wasser ist ein natürliches Element und keine technische Erfindung. Die komplexe Gewinnung von Leitungswasser aus Grundwasser über Filteranlagen und Rohrsysteme bis zum Wasserhahn im Haushalt aber schon.

Auf seinem langen Weg aus den Tiefen der Erde bis in unser Badezimmer hat das Wasser eine ebenso schmäh- wie sinnvolle Metamorphose erlebt. Schmähvoll deshalb, weil der leichte, allgegenwärtige Zugang zu Wasser uns dazu verführt, es verschwenderisch zu nutzen und seinen existentiellen Wert zu vergessen. Ein Wandel vom Quell des Lebens zum Plansch des Labens.

Darüber, dass diese Entwicklung trotzdem sinnvoll ist, müssen wir nicht reden, denn sie war wegbereitend für die Zivilisierung der Gesellschaft, in die wir hineingeboren wurden und zu deren Erhalt wir verpflichtet sind. Der Wandel, der sich an der realen Welt vollzieht, wenn sie sich als digitale auf unserem Computermonitor zeigt, ist dabei durchaus vergleichbar.

Betrachten wir also das Internet als Leitung, die uns den Zugang zu etwas erleichtert, das schon vorher da war: als ein gigantisches, stetig wachsendes Archiv menschlicher Kreation, dessen Inhalte wir, so wir einen Netzzugang haben, jederzeit und beinahe überall anzapfen können.

Kultur und Bildung, die wir, um beim Wasser-Vergleich zu bleiben, noch vor zwanzig Jahren etwas umständlich und peu à peu im Eimer transportieren mussten, fließen heute für unsere Kinder aus dem Computer wie das Leitungswasser aus der Mischbatterie.

Letzteres dient erst einmal dazu, Spaß zu haben und damit zu tun, was Erwachsene unter »Quatsch« verstehen: herumspritzen, Bad und Beet fluten, herausfinden, dass Papas Armbanduhr im Gegensatz zum Entchen nicht schwimmt, hineinspringen und lustige Pups-Blubber produzieren. Erst später, vor allem später, als wir Eltern es uns wünschten, lernt ein Kind die nützlichen, aber nicht ganz so unterhaltsamen Eigenschaften von Wasser zu schätzen.

Und noch später kommen dann der Respekt vor dem Ökosystem Wasser und die Einsicht in seine bewusste Nutzung dazu.

Dass wir den lustbetonten Einstieg unserer Kinder ins Element Wasser akzeptieren, ja willkommen heißen, ist einzig in der Tatsache begründet, dass wir diese Erfahrung selbst gemacht haben und den Spaß daran emotional teilen können.

Unsere Großmutter, die sich ihren zarten Po im ostpreußischen Winter noch auf dem Plumpsklo abfror und sich das wöchentliche Wannenbad mit der gesamten Familie teilen musste, sah das noch anders und hat das penible Haushalten mit Wasser später selbst in ihrer modernen Wohnung nie ganz abgelegt.

Wenn uns Eltern also schwindelig wird vor lauter Kopfschütteln angesichts der Begeisterung unserer Kinder für schwachsinnige Videos und quietschend umherhüpfende Pixelkreaturen, dann liegt das nicht zuletzt daran, dass wir diese spielerische Internet-Quatschphase selbst nicht erlebt haben. Genau wie der Nachwuchs haben wir mit Wasser gespielt, aber am Computer saßen wir erst als junge Erwachsene. Unser Einstieg in die neuen Medien hatte zumeist rein pragmatische Gründe, die Anmeldung in sozialen Netzwerken haben viele von uns einfach verpasst.

Das macht im Grunde auch nichts, jeder hat schließlich das Recht, sein Leben entsprechend der persönlichen Bedürfnisse zu gestalten. Muss ich mir als 40-jähriger Mensch auf Facebook bestätigen lassen, dass ich Freunde habe, und mich ihnen mit witzigen Statusmeldungen ins Gedächtnis rufen? Muss ich lernen, Gefallen und Zustimmung durch das Klicken von Like-Buttons zu äußern, all meine Freunde, Verwandte und Kollegen auf einen interessanten Artikel über Genmais-Anbau in Kasachstan hinzuweisen und ihnen dieses ultrasüße Hamster-Video schicken?

Nö.

Niemand, der nicht das Bedürfnis danach hat, muss sein soziales Umfeld auf dem Laufenden halten, und wer nicht mit dem Mitmach-Netz aufgewachsen ist, kommt vielleicht auch ganz gut ohne diese virtuelle Erweiterung klar.

Dass aber unsere Kinder ganz andere Bedürfnisse haben als wir, müssen wir auch dann tolerieren, wenn uns jedes Verständnis dafür fehlt. Und wir müssen diese Bedürfnisse ernst nehmen und unseren Kindern bei den Versuchen ihrer Erfüllung zur Seite stehen. Lassen wir sie allein dabei, haben wir weit mehr verloren als nur ein gemeinsames Erlebnis.

Den Spielplatz Internet haben wir nie besuchen können, denn es gab ihn für uns noch gar nicht. Die Internet-Planschphase werden uns unsere Kinder also für immer voraushaben. Das ist ein bisschen schmerzlich, denn natürlich nehmen wir unsere erzieherische Aufgabe ernst, und unser Mangel an Erfahrung sorgt uns zu Recht. Der Begriff »Sorgerecht« gesteht uns das Recht zur Sorge vermeintlich zu, erinnert uns aber in seiner eigentlichen Bedeutung an die Pflicht, uns um den Nachwuchs zu kümmern. Ebenso, wie unsere nicht schwimmende Großmutter dafür gesorgt hat, dass ihre Kinder schwimmen lernen, können Eltern dafür Sorge tragen, dass ihre digital Geborenen nicht im World Wide Web versinken, und genau wie unsere Großmutter sollten wir uns darüber freuen, dass unsere Kinder Kompetenzen entwickeln, die wir unter Umständen nicht haben oder deren Sinn uns fragwürdig erscheint.

Mehr noch: Wenn wir unsere elterliche Verantwortung ernst nehmen, müssen wir den digitalen Lebensraum im Sinne der kommenden Generation schützen.

Die Veränderungen, die das Internet seit seiner gesellschaftlichen Etablierung bis heute hervorgebracht hat, sind immens und halten dem viel zitierten Vergleich mit der Erfindung des Buchdrucks mindestens stand. Im Zusammenhang mit dem Internet von einem reinen Medienwandel zu reden ist so untertrieben, wie zu behaupten, Gutenberg habe eine gut laufende Druckerei betrieben.

Wir stecken inmitten eines Wandels, der sich grenzübergreifend in sämtliche Bereiche unserer Gesellschaft erstreckt und dabei ein Tempo vorlegt, das handfeste Prognosen zur Auswirkung für die kommende Generation schwer möglich macht. Zu neuen Chancen gesellen sich unbekannte Gefahren, und eine nie da gewesene Transparenz verspricht lebendige Demokratie überall – eröffnet aber zugleich Kontrollmöglichkeiten, von denen ein George Orwell auf LSD nicht zu fantasieren gewagt hätte. Verständlich also, dass das Thema Internet besonders Eltern mehr Konfrontationspotenzial bietet als der HSV und St. Pauli in ihrer gesamten Vereinsgeschichte. Doch wir erleben auch immer wieder Eltern, die leidenschaftliche Pro- und Kontra-Debatten über das Internet führen und dabei sogar dafür plädieren, das Internet abzustellen.

Hallo?

Rund 76 Prozent der deutschen Bürger nutzen das Internet laut ARD/ZDF-Onlinestudie 2012 aktiv, bei den 14- bis 19-Jährigen sind es 100 Prozent. Also worüber reden wir? Das Phänomen Internet in seiner Gänze in Frage zu stellen zeugt in etwa von so viel Verstand wie kindliches Quengeln während eines Transatlantikfluges.

Nein, du kannst jetzt nicht aussteigen.

Nein, das Internet wird nicht abgestellt.

Doch immerhin können wir hinsichtlich des Netzes die Route

ein wenig mitbestimmen. Darüber lohnt sich jede Diskussion, und gerade Eltern sind hier gefragt. Denn wenn wir akzeptieren, dass das Leben unserer Kinder in weiten Teilen von diesem zukunftsträchtigen Medium bestimmt sein wird, sollten wir uns einmischen, interessieren und es vor allem mitgestalten. Dafür braucht es wenig technisches Know-how, denn im Grunde ist das Netz kaum mehr als ein Abbild der analogen Welt, in der wir zu Hause sind. Eine digitale Kamera benutzen wir schließlich auch, ohne dabei an Einsen und Nullen zu denken.

Der erste Schritt im Umgang mit unseren digital aufwachsenden Kindern, dem Netzgemüse eben, besteht daher darin, digitale Medien, das Netz und seine verschiedenen Zugangsformen nicht abzulehnen oder gar ihr Verbot zu fordern, sondern sie als Teil der modernen Gesellschaft zu akzeptieren, sogar schätzen zu lernen und ihre Entwicklung mit zu beeinflussen.

Dafür müssen wir sie jedoch erst einmal kennenlernen. Und das geht am besten gemeinsam mit unseren Kindern.

Die Antwort auf das Internet ist das Internet

Hat Sie Ihr Sohn jemals gefragt, wie er sein Profilbild auf Facebook ändern oder ein Foto per SMS versenden kann? Mussten Sie schon einmal Ihrer Tochter helfen, weil sie beim Computerspiel »Sims« am Haustier-Download gescheitert ist, die Sound-Datei eines YouTube-Videos nicht extrahieren oder ein Spiel nicht auf ihrem Smartphone installieren konnte? Benötigte Ihr Jüngstes je elterlichen Rat, weil es nicht über das fünfte Level bei »Super Mario Bros.« hinauskam?

Wahrscheinlich lautet Ihre Antwort: Nein.

Haben Sie sich schon einmal gefragt, warum Ihre Kinder Spitzentechnologie im Vorbeimarsch kapieren, während Sie selbst Fachbücher wälzen, IT-Kurse besuchen oder irische Hotlines bemühen müssen, wenn Sie wieder einmal vor einem Netzgeräte-Problem stehen oder Ihnen ein Programm nicht gehorchen will?

Kinder und neue Medien scheint eine natürliche Freundschaft zu verbinden, die mit blindem Vertrauen und gegenseitigem Verständnis einhergeht. Ein Fachmann außerhalb des Freundeskreises würde hier nur stören, der digitale Eingeborene, der »Digital Native«, weiß sich selbst zu helfen.

Während die vor 1980 geborene Generation noch damit aufwuchs, dass es für alles Mögliche Fachbücher und beurkundete Experten gibt, die man bei Problemen zu konsultieren und nicht selten zu bezahlen hat, ist die digitale Generation mit dem Bewusstsein aufgewachsen, dass das Internet die Antwort auf das Internet ist. Technische Hürden sind keine Probleme, sondern gemeinsam mit dem weltweiten Bekanntenkreis lösbare Herausforderungen und vor allem eine willkommene Gelegenheit zur Fachsimpelei auf allen Kanälen. Digital Geborene helfen sich gegenseitig, und ein Blick über die Schulter eines Kindes, das auf ein für es selbst nicht lösbares Problem gestoßen ist, eröffnet technikverzweifelten Eltern völlig neue Perspektiven. Wenn Sie sich also fragen, warum das Internet und seine verschiedenen Mischbatterien sich immer so störrisch zu Ihnen und so handzahm zu Ihrem Kind verhalten, dann ergibt sich für Sie die einzigartige Chance, vom Netzgemüse zu lernen!

Hilfe zur Selbsthilfe

Der Zehnjährige hackte ohne jede Rücksicht auf Großschreibung auf die Tastatur ein: »wie macht ihr das mit den kostümen?«, wollte er von seinen via Internet miteinander verbundenen Mitspielern wissen.

Ich schaute ihm gerade beim Spielen von »Minecraft« zu, einem Computerspiel, das uns später in diesem Buch noch beschäftigen wird, und merkte ihm seine Besorgnis an. Denn während seine eigene Figur in der klobigen 3D-Welt des Spiels der Standardansicht entsprach, schienen einige der Mitspieler farbenfroher und witziger ausgestattet zu sein. Mein Sohn hatte bis dahin keine Ahnung, wie das funktionierte, wie er also seine Figur äußerlich verändern konnte (und ich erst recht nicht), er tat daher das Naheliegende und bemühte den im Spiel integrierten Chat, über den sich die Spieler mit kurzen Nachrichten austauschen können.

»wie macht ihr das mit den kostümen?« war vielleicht nicht die korrekte spielinterne Ausdrucksweise, doch die Spielergemeinschaft hatte ihn verstanden. »Skin Packs« erschien mehrfach als Antwort auf seinem Bildschirm.

Mit eleganter Routine markierte der Zehnjährige mit dem Mauszeiger den Text einer der Antworten, drückte eine Tastenkombination, um ihn zu kopieren, wechselte ebenfalls mittels Tastenkürzel vom Spiel zum Browser (dem Programm zum Aufrufen von Webseiten), fügte den zuvor kopierten Text mit einem weiteren Tastendruck in das Google-Suchfeld ein, fügte das Wort »Minecraft« hinzu und lehnte sich kurz zurück, um die auf dem Computer-Monitor eintreffenden Suchergebnisse zu »Skin Packs Minecraft« zu analysieren. Seine Augen huschten über die angebotenen Links, und sein Finger am Mausrad ließ die Ergebnisseiten an uns vorbeirauschen. Erst auf der zweiten Google-Seite klickte er auf eines der Suchergebnisse, und siehe da: Die gefundene Seite bot tatsächlich eine Übersicht über die für Minecraft verfügbaren »Skin Packs« inklusive einer Kurzbeschreibung, wie diese im Spiel zu integrieren wären.

Nicht einmal fünfzehn Sekunden waren von der gestellten Frage bis zum Auffinden des gewünschten Ergebnisses vergangen. Und was gerade für Eltern noch viel bemerkenswerter ist: Niemand hatte gesagt: »Komm mal her, ich mache das für dich!«, nur den Hinweis auf die Quelle der Lösung hatte es gegeben. Das Internet als Beispiel für Montessori-Pädagogik: Ich helfe dir, dir selbst zu helfen.

Ich fragte den Jüngsten, weshalb er nicht einen der ersten Links der Suchergebnisse geklickt hatte, woher er also gewusst hatte, dass erst ein Ergebnis auf der zweiten Seite das Gesuchte war.

»Das erkennt man schnell«, antwortete er und rief zu Demonstrationszwecken – und leicht genervt, natürlich – die Suchergebnisseiten erneut auf. »Das hier oben ...«, der Mauszeiger malte virtuelle Kreise um die einzelnen Links, »... das ist alles Werbung, da kommt man nur auf Seiten, die mit dem eigentlichen Thema nichts zu tun haben ... also, manchmal schon, aber hier jetzt nicht. Und das hier ...«, der Mauszeiger wanderte über die darauf folgenden Links, »... das sind alles Seiten für Windows-Benutzer, steht ja da in der Vorschau der Seiten, wenn da das Wort ›PC‹ auftaucht, wir haben aber einen Mac, also muss man nach anderen Seiten suchen. Ich hätte auch noch ›Mac‹ in die Suche eingeben können, aber dafür hatte ich keine Zeit.«

Ich wusste nichts von anstehenden Meetings oder anderen

wichtigen Terminen meines Sohns, die es ihm unmöglich gemacht hätten, ein weiteres Wort mit drei Buchstaben einzugeben, aber ich wollte nicht kleinlich sein und blieb daher dabei, beeindruckt zu sein. Denn während eine erwachsene Bekannte von uns regelmäßig anruft, ob sie mal kurz mit ihrem Laptop vorbeikommen kann, um dann mal kurz mit ihrem Laptop vorbeizukommen, diesen ans Stromnetz anzuschließen, den Rechner minutenlang und durch mehrfach falsche Eingabe ihres Passwortes (das sie sich »einfach nie merken kann, haha«, weshalb sie es sich auf einem Zettel aufgeschrieben hat, der aber zu Hause auf ihrem »Schreibtisch liegt, haha«) zusätzlich verzögert zu starten, und um uns danach mit verzweifeltem Blick auf ihren Monitor zu fragen, warum ihr Internet zu Hause so langsam sei ... hatte unser zehnjähriger Sohn bei Fragen zum Internet einfach mal das Internet gefragt.

Medienkompetenz nennt man das wohl, und nachdem sein älterer Bruder eine der anderen Fragen unserer Bekannten, wie sie nämlich ihr Foto bei Facebook ändern könne, etwas süffisant und im Vorbeilaufen mit dem Hinweis »facebook.com/help« beantwortet hatte, kam unsere Bekannte auch nur noch zum Grillen vorbei.

Die tatsächliche Installation der oben erwähnten »Skin Packs« ins Spiel erwies sich übrigens als nicht ganz so einfach und dauerte daher etwas länger als fünfzehn Sekunden. Doch nach dem Erfolg war ein weiterer zehnjähriger Fachmann geboren, der sofort alle seine ebenfalls Minecraft spielenden Schulfreunde von seinen neu errungenen Fähigkeiten in Kenntnis setzte. Und zwar nicht nur im Chat.

Try & Error

Kinder legen eine erfrischende Respektlosigkeit gegenüber Computern an den Tag. Sie klicken auf alles Mögliche und Unmögliche und finden oft per »Try & Error« die Lösung für ein Problem. Dieses Prinzip von ausprobieren, scheitern, neu versuchen ist ihnen dabei viel gegenwärtiger als Erwachsenen. Schließlich ist es noch nicht so lange her, dass diese Herangehensweise quasi täglich von Erfolg gekrönt wurde. Zwischen der Drehung von der Rücken- in die Bauchlage und dem Fahrradfahrenlernen liegen gerade einmal vier Jahre. Von Pflastern gepflasterte Jahre, die vom Scheitern zeugten, aber zum Sieg führten; die lehrten, dass die blaue Seite des Wasserhahns zu »Iiiih!« und die rote zu »Au!« führt und dass hinter jedem schützend gemeinten »Nein!« der Eltern ein potenzielles Abenteuer stecken könnte. Warum also sollten Kinder im Netz oder mit Elektronik generell anders vorgehen? Was passiert, wenn ich hier klicke? Was, wenn ich auf ganz viele Knöpfe gleichzeitig drücke? Das elektronische Laufenlernen beginnt inzwischen bei vielen Kindern fast zeitgleich mit dem physischen, was ihnen einen erheblichen Vorsprung gegenüber all jenen einbringt, die zu einem Zeitpunkt in die Welt der neuen Medien einsteigen, in dem Neugierde und spontanes Handeln weitestgehend versickert sind.

Kürzlich erzählte uns ein Freund davon, wie sein zweieinhalbjähriger Sohn mit dem Smartphone des schlafenden Papas Fotos von sich gemacht, durch zwei weitere (zufällige!) Klicks auf der enorm erfolgreichen Webseite unseres Freundes veröffentlicht und so die über 7000 täglichen Leser des Weblogs, in dem es für gewöhnlich um politische Themen geht, mit zwölf Makroaufnahmen seiner Nase überraschte hatte.

Spätestens seit der Erfindung des Touchscreens gibt es selbst für die Allerkleinsten kein Halten mehr. Jetzt kann man Dinge auf dem Monitor sogar anfassen, sie hin und her schieben oder drehen. Man kann auf dem Bildschirm malen, Musik machen und natürlich: spielen.

Wie das technisch genau geht, interessiert Kinder nie. Das »Try & Error«-Prinzip der realen Welt wird eins zu eins übernommen in die elektronische. Oder hat Ihr Kind je eine Anleitung gelesen?

Die Soziolinguistin Judith Ackermann kam bei Untersuchungen zum Lern- und Kommunikationsverhalten von Kindern und Jugendlichen bei elektronischen Spielen zu dem Ergebnis, dass genau ein Prozent der Probanden, also im Grunde niemand, bei Verständnisfragen zum Spiel die Hilfe-Funktion konsultierte. Die Mehrheit der Spieler probierte einfach so lange herum, bis die Spielfigur tat, was sie tun sollte. Dabei ist diese Vorgehensweise nicht einmal sonderlich effizient, weil langwierig: Die Spielfigur (und mit ihr der Spieler) scheitert wieder und wieder, bis sie den Dreh raushat und das Spiel, das bis dahin stagniert, endlich weitergespielt werden kann. Urteilen Sie also nicht vorschnell über Ihr Kind, wenn es unansprechbar vor der Konsole oder dem Computer klebt. Es ist eventuell gerade schwer lösungsorientiert unterwegs!

Und wenn Sie selbst beim nächsten Mal an einer technischen Funktion scheitern, nehmen Sie sich ein Beispiel an der Geduld Ihres Kindes und versuchen Sie es selbst: Das Prinzip »Try & Error« klappt auch noch im Alter von 40 und nicht nur bei Spielen. Klicken und touchen Sie so lange auf ihr Handy, den Rechner, das iPad ein, bis es tut, was Sie von ihm wollen. Und führt das Herumklicken nicht zur gewünschten Lösung, kommt Kommunikation ins Spiel.

Frag die Community

Internetforen, Blogs, soziale Netzwerke wie Twitter oder Facebook beruhen auf der Idee des Teilens, zu der immer auch das Teilen von Wissen gehört. Keine Frage ist zu doof, denn am anderen Ende freut sich jemand, schlauer zu sein, oder, positiver formuliert: helfen zu können.

Ein verzweifeltes »Oh, ich glaube, ich habe gerade alle meine Kontakte gelöscht! Wie bekomme ich die zurück?« in die Runde der persönlichen Online-Community kann enorm viel Zeit oder Geld sparen!

Glücklich ist in so einem Fall tatsächlich, wer möglichst viele Online-Freunde um sich versammelt hat, denn die erfolgreiche Befragung der Community auf Facebook oder Twitter ist natürlich von der Größe des jeweiligen virtuellen Bekanntenkreises abhängig. Je mehr Menschen zum persönlichen Netzwerk gehören, desto größer ist die Wahrscheinlichkeit, dass sich darunter jemand findet, der etwa beim selben Telefonanbieter ist und also weiß, welche Sicherheitseinstellungen für den heimischen Internetanschluss zur Verfügung stehen. Ihr Kind erfährt auf diesem Weg übrigens ebenso leicht, wie man solche Einstellungen umgeht.

Ganz egal aber, um welche Frage es im Detail geht, eine Community kann in jedem Fall hilfreich sein, und zwar auch bei ganz untechnischen Fragen. Mit der geballten Erfahrung eines sozialen Netzwerks finden Sie zuverlässige Handwerker, die perfekte Pension auf Gomera oder jemanden, der Ihren Hund in den Ferien hütet.

Und sind Sie nicht Teil eines persönlichen sozialen Netzwerkes, dann macht das auch nichts. Fragen Sie YouTube, schreiben Sie dort ins Suchfeld »Profilbild ändern Facebook« und lassen Sie sich von einem der vielen dort verfügbaren Videos zeigen, wie das geht. Von der Knetanleitung eines Hefeteigs bis zum Auswechseln der Tintenpatronen Ihres Druckers gibt es kaum etwas, das man auf YouTube nicht per Video erklärt bekommt – und mit Herztransplantationen darunter auch einiges, das man nicht unbedingt selbst ausprobieren möchte.

Immer noch nicht zufrieden? Fragen Sie Google! Google verarbeitet nicht nur allgemeine Suchbegriffe, sondern findet auch Antworten auf konkret formulierte Fragen. »Wie ändere ich auf Facebook mein Profilbild?« etwa bringt eine halbe Million Ergebnisse als Antwort, eine davon wird Ihnen genügen.

Technische und soziale Kompetenzen

Und ganz nebenbei lernen Sie dann, mit dem Internet umzugehen. Die Komplexität von Technik ist dabei relativ und schwindet proportional mit dem Wunsch, von ihr profitieren zu können. Die Komplexität der inhaltlichen Analyse und Bewertung ist die eigentlich größere Herausforderung und genau die Aufgabe, bei der Sie wunderbar mir Ihrem Kind zusammenarbeiten und es an die Hand nehmen können. Denn unsere Kinder wurden und werden in eine digitale und weltweit vernetzte Welt hineingeboren. Computer, Smartphones und andere elektronische Gerätschaften sind nichts anderes als normaler und gegebener

Alltag für sie. Während für uns das Telefon, der Fernseher und das Radio Selbstverständlichkeiten waren und sind, empfinden jüngere Generationen mobile und kabellos vernetzte Computer als geradezu natürlichen Bestandteil der Welt, in der sie aufwachsen. Der Umgang mit digitalen Geräten fällt ihnen daher viel leichter als uns Eltern. Dies alles bedeutet jedoch keineswegs, dass unsere Kinder quasi von Geburt an auch höhere Kompetenzen bei der Bewertung von Inhalten oder beim sozialen Miteinander in der digitalen Welt besitzen.

Glücklicherweise erlernt die junge Generation solche Kompetenzen ganz genau wie in der physischen Welt auch im Internet und am Smartphone andauernd, indem sie das Digitale einfach bevölkert, erkundet und nutzt, dabei natürlich Fehler macht und vereinzelt auch Unfälle erleidet und verursacht, aber weitgehend ohne schwere Blessuren: lebt und lernt.

Dennoch stehen wir als Erzieher und Begleiter vor einer Herausforderung, wenn wir unsere Kinder nicht völlig allein in die digitale Welt schicken, sondern sie genau wie in allen anderen Lebensbereichen zunächst hilfreich an die Hand nehmen wollen. Später erst lassen wir diese los in der Hoffnung, die jungen Erwachsenen so gut wie möglich auf das Leben mit allen Großartigkeiten und auch Abgründen vorbereitet zu haben. Was in vielerlei Hinsicht richtig, wichtig und gut ist, nicht nur, weil es unsere Aufgabe ist und unsere Kinder ein Recht darauf haben, sondern auch, weil wir mit unserer Erziehung, unserem Rat und unseren weitergegebenen Erfahrungen die Gegenwart und die Zukunft der Gesellschaft beeinflussen. Und damit prägen und formen wir auch die Zukunft des digitalen Kosmos, der für unsere Kinder mehr als für uns Lebens- und Arbeitsraum ist und weiter sein wird.

Weil dabei auch politische Entscheidungen im Heute das Netz und die Gesellschaft von morgen bestimmen, sollte dem Bereich »Netzpolitik«, der bisher bei vielen Erwachsenen nur ein Schulterzucken auslöst und den »Nerds«, also den Computerfreaks, vorbehalten scheint, ebenfalls die Aufmerksamkeit von Eltern gehören. Der Ausgang der Debatten rund um Vorratsdatenspeicherung, Netzneutralität und Urheberrecht entscheidet darüber, welchen Zugang die kommenden Generationen zu Information haben und wie kontrolliert oder sogar überwacht ihre Alltagsaktivitäten sein werden. Trotz dieser oft komplexen Themen braucht Netzpolitik unser Interesse und Engagement genauso wie ökologische und bildungspolitische Themen.

Als im Februar 2012 rund 100.000 – meist jugendliche – Menschen auf die deutschen Straßen gingen, um gegen das Handelsabkommen ACTA (Anti-Piraterie-Abkommen) zu demonstrieren, wussten die wenigsten klassischen Medien und noch weniger Eltern, worum es bei ACTA überhaupt ging. Wenn politische Themen einer ganzen Generation jedoch derart offensichtlich von der Generation ihrer Eltern übersehen oder gar ignoriert werden, dann gibt es ganz augenscheinlich jede Menge Nachholbedarf bei den Älteren, und die Jungen gründen einfach eine neue Partei, die Piratenpartei nämlich, deren enormer Erfolg bei den schon lange nicht mehr nur jungen Wählerinnen und Wählern vor allem zeigt, wie wichtig immer mehr Menschen der Lebensraum Internet ist.

Genau wie wir selbst es getan haben, werden unsere Kinder auf dem Weg ins Erwachsenen-Dasein völlig eigene Erfahrungen machen, uns sogar bewusst ausschließen und die Gesellschaft auf ihre eigene Art definieren, bestimmen und weiterentwickeln. Im besten Fall nehmen sie jedoch die brauchbarsten unserer Ratschläge mit in ihre Zukunft.

Die größte Herausforderung bei der Erziehung digital Heranwachsender scheint dabei zu sein, dass wir als Eltern oft genug einfach keine Ahnung haben und zudem die digitalen Bedürfnisse und Leidenschaften unserer Kinder nicht teilen. Wir sind nicht mit den Medien aufgewachsen, die für unsere Kinder selbstverständlich sind, wir haben keine Spiel- und Experimentierphasen mit dem Internet gehabt, haben keine Zeit, uns stundenlang mit Videospielen zu beschäftigen, und scheitern oftmals schon an eigentlich simplen Funktionen unseres neuen Smartphones. Wir können unseren Kindern kaum von Erfahrungen berichten, die wir selbst gar nicht gemacht haben.

Doch die wichtigsten Kompetenzen für unsere Kinder sind auch im Internet nur bedingt technischer Natur. Es sind in erster Linie kulturelle und soziale Techniken, in deren Bereich wir uns als Eltern durchaus auf Erfahrungen verlassen können, die wir ohne das Internet gewonnen haben. Denn im weitesten Sinne gelten ganz besonders in einem Internet, das immer mehr auf sozialen, also zwischenmenschlichen Strukturen basiert, online wie offline die gleichen moralischen und ethischen Regeln des gesellschaftlichen Miteinanders. Und wenn wir auch als Eltern vielleicht nicht wissen, wie ein Router funktioniert, so wissen wir doch sehr genau, wie man sich gegenüber anderen Menschen benimmt, und können dies unseren Kindern mit auf den Weg geben.

Alle digitalen Besonderheiten des Netzes können wir dann gemeinsam mit den Jungen erkunden, kennenlernen und gestalten – und dabei jede Menge Spaß haben.

Freies Wissen

Ich, Tanja, geriet mit dem zwölfjährigen Sohn in eine Diskussion, deren Verlauf philosophischer wurde, als ich vermutet hatte. Es begann eigentlich ganz banal mit dem Packen der Schultasche für den kommenden Tag und dem damit verbundenen Chaos beim Be- und Entladen von Büchern und Arbeitsmappen sowie dem Auseinandersortieren diverser kopierter Arbeitsbögen, die zwischen Mathe- und Biologiebuch knitterten oder sich – lange vermisst – im Sediment der Tasche wiederfanden. Wieso konnte er keine Ordnung halten?

Andererseits: Wieso müssen die Kinder überhaupt diesen Wust an Materialien mit sich herumschleppen? Zu meiner Zeit nannten wir unsere Schultasche »Tonne« – könnte sie dreißig Jahre später nicht ein »Grämmchen« sein?

Statt zu meckern, stellte ich die tröstend gemeinte Hypothese in den Raum, eines Tages sei Schluss mit den Papierbergen, denn dann würden Schüler sicherlich alles, was sie bräuchten, auf flachen, tragbaren Tablet-Computern dabeihaben und jede benötigte Information im Internet finden.

Die Reaktion meines Sohnes darauf war deutlich negativ. Man könne dann ja nicht wissen, ob etwas richtig oder falsch sei.

Ich war baff. Mein Sohn, den man für gewöhnlich operativ von der Tastatur trennen musste, kritisierte das Internet?

Interessant. Woher er denn sicher sei, dass in den Büchern immer die Wahrheit stünde, fragte ich nach. »Na, das wird ja bestimmt kontrolliert, und außerdem würden unsere Lehrer das sicher merken«, entgegnete er. Und für einen Moment war ich versucht, es dabei zu belassen. Ist doch prima, wenn er seine Lehrer als Wissensautorität akzeptiert und Büchern einen Qualitätsvorsprung vor dem Internet zuspricht. Gleichwohl ich weder seinen Lehrern noch seiner Schule oder den Schulbuchautoren unterstellen will, Urheber eigener oder Vermittler anderer Unwahrheiten zu sein, ließ es mir keine Ruhe.

Zufälligerweise hatte Johnny tags zuvor den Flyer eines Comic-Shops mitgebracht, auf dem das »Kleine Lexikon A-Z des VEB Verlag Leipzig von 1961« zitiert wurde. Ich las meinem Sohn vor:

> **k** ['kɔ-], eigtl. *Comic strips* [e.; »kom. Streifen«]: in Westeuropa u. bes. in den USA weitverbreitete Bildergeschichten in Fortsetzungen, die oft an niedrigste menschl. Instinkte appellieren. Auf die C. sind viele von Jugendlichen begangene Verbrechen in den kapitalist. Ländern zurückzuführen.

Was die Autoren dieses Lexikons geritten haben mag, Comics derartig zu verurteilen, kann man nur vermuten, doch darum ging es mir gar nicht. Was ich meinem Sohn klarmachen wollte, war: Was für richtig oder falsch erklärt wird, hängt immer auch damit zusammen, in welcher Zeit, an welchem Ort und unter welcher Regierung man lebt und auch, wie etwas interpretiert wird. Dass etwas in einem Schul- oder Sachbuch oder, wie in diesem Fall, in einem Nachschlagewerk steht, beweist erst einmal gar nichts.

Aber in der Schule, sagte mein Sohn, müsse irgendjemand entscheiden, was richtig und was falsch sei, denn sonst könne der Lehrer seine Schüler ja gar nicht unterrichten. Ich verstand natürlich, was er meinte: Man braucht jemanden, dem man vertraut, weil man ihm glaubt, dass er nach bestem Wissen und Gewissen handelt. Hilfreich ist außerdem eine »abgesegnete« Quelle, aus der alle Schüler ihr Wissen schöpfen.

Doch woher weiß man, welchen Quellen man im Internet vertrauen kann?

Wir begannen eine gemeinsame Recherche im Netz, eine absolut empfehlenswerte Übung für Kinder und Eltern, probieren Sie es aus!

Will man Internetrecherche mit Kindern oder Jugendlichen üben, beginnt man am besten mit einem Thema, für das sich das Kind wirklich interessiert und mit dem es sich schon ein wenig auskennt, bei dem es also die gefundenen Informationen einschätzen kann. In unserem Fall wurde aus einer kurzen Frage eine abendfüllende Spurensuche detektivischen Ausmaßes.

Unser Recherche-Objekt hieß »Peter Fox«.

Als erstes Suchergebnis schlug uns Google die offizielle Homepage des bekannten Berliner Musikers vor, was sicherlich der beste Start ist, hier kommt die Info schließlich aus erster Hand. Dachten wir.

Unter »Neues« fand sich dort jedoch nur ein fast drei Jahre alter Eintrag, wirkliche Informationen zur Person gab es keine. Diese Tatsache kann natürlich schon als Erkenntnis gewertet werden: Auf der offiziellen Seite findet man nur, was der Künstler von sich hergeben will: Werbung rund um seine Musik, mehr nicht.

Aber war das überhaupt seine Seite? Hat Peter Fox selbst geschrieben, was dort steht?

Diese Frage beantwortete ein Blick ins Impressum, woraus sich die Fragen ergaben, was eigentlich ein Impressum ist und wozu man es braucht.

Das Impressum der Seite peter-fox.de verriet, dass sie von seiner Plattenfirma eingerichtet wurde, was erklärte, warum dort keine aktuelleren Einträge zu finden waren. Er hatte schließlich seit knapp drei Jahren kein neues Album mehr veröffentlicht. Weil Plattenfirmen möglichst viele Platten ihrer Künstler verkaufen wollen, fanden wir hier nur Gutes über Peter Fox, logisch. Trotzdem die Seite »offiziell« war, sollten die Informationen dort also kritisch bewertet werden, weil sie einseitig sein könnten. Auch wenn die Quelle als durchaus seriös eingestuft werden konnte, mussten wir, um uns ein objektives Bild des Künstlers zu machen, weitersuchen.

Super! In null Komma nichts hatte der Sohn einige goldene Regeln des Journalismus gelernt:

Lektion 1: Prüfe die Urheber einer Quelle.

Lektion 2: Eine Quelle ist keine Quelle.

Lektion 3: Prüfe die Quelle auf ihre Objektivität.

Da man davon ausgehen konnte, dass die Plattenfirma sich mit dem Künstler darüber ausgetauscht hat, was auf peter-fox.de veröffentlicht werden darf und soll, hatten wir natürlich indirekt doch etwas Persönliches erfahren: Der Musiker mochte anscheinend nichts von seiner Person preisgeben.

Ein legitimer Wunsch. Vielleicht hatte er deshalb auch seinen bürgerlichen Namen durch ein Pseudonym ersetzt? Was er der Öffentlichkeit präsentieren wollte, war seine Musik, nicht sein Privatleben.

Wir klickten uns zum zweiten Google-Suchergebnis, der Wikipedia, und der dortige Artikel war weit ergiebiger als die offizielle Website. Wir erfuhren, dass der bürgerliche Name von Peter Fox »Pierre Baigorry« lautet, wo er zur Schule gegangen ist, was er studiert hat und vieles mehr. Aber woher wussten die Wikipedia-Autoren all das?

Lektion 4: Um zu beweisen, dass man keinen Quatsch geschrieben hat, gibt es Quellenangaben, in denen man offenlegt, woher man die Informationen hat.

Ähnlich verhält es sich mit

Lektion 5: Zitieren. Man darf auch die Worte anderer benutzen, muss diese dann aber als Zitat kennzeichnen, sonst ist man ein Strauchdieb, und das kann böse enden.

An dieser Stelle unserer Eltern-Kind-Internetrecherchestunde entstand ein kleiner Beispiel-Schlenker aus aktuellem Anlass.

Denn die Plagiatsaffäre rund um den damaligen Verteidigungsministers Karl-Theodor zu Guttenberg und seine Doktorarbeit, die zu großen Teilen nicht aus seiner eigenen Feder stammte, war ein Paradebeispiel für unsere Lektion 5, die Guttenberg beherzt missachtet hatte. Mich hatte der Fall Guttenberg damals nicht gefreut, und ich fand es nun doppelt unerfreulich, meinem gutgläubigen Sohn vor Augen halten zu müssen: Wenn du glaubst, Fehler würden immer gleich bemerkt und dann korrigiert, machst du selbst den ersten Fehler, und so gerne ich diesen unkorrigiert ließe, weil Vertrauen schöner ist als Zweifel, solltest du wissen: Guttenbergs Doktorarbeit wurde von Menschen akzeptiert, die über jeden Zweifel erhaben sein sollten. Erwischt haben ihn erst Journalisten und vor allem ganz viele Menschen gemeinsam im Internet, wo die tatsächlichen Quellen der Doktorarbeit kollaborativ, also in verteilter Arbeit, aufgespürt und gesammelt worden waren.

Was uns lehrt: Lügen haben vor der digitalen Gesellschaft ganz besonders kurze Beine. Eine Dissertation auf den Anteil gemopster Inhalte hin zu überprüfen, hätte ohne die geballte Recherche-Kraft der Netzgemeinde, besonders aber ohne die Überprüfbarkeit Dank des digitalen Archivs Internet vielleicht so lange gedauert, dass das Thema im Sande verlaufen wäre. Oder der Versuch wäre sogar gescheitert. Wird eine Doktorarbeit aber von mehreren Hundert Menschen per Google-Skalpell auf seine Quellen hin seziert, geht es so flott, dass man daraus eine spannende Live-Übertragung machen könnte.

Zurück zur Wikipedia.

Praktischerweise kann man sich im Netz häufig einfach durch die genannten Quellen klicken, und da solche Quellenangaben ein Teil der Wikipedia-Strukturen sind, probierten wir es aus. Welche Schule Peter Fox besucht hat, stand auf der Seite der Schule selbst, wo er unter den ehemaligen Schülern gelistet war. Kann man das glauben? Ja, weil man der Schule viel zu schnell auf die Schliche kommen würde, hätte sie ihren ehemaligen Schüler erdichtet. Die Informationen zu seinem Studium und einstigen Berufswunsch wiederum stammten aus einem Interview mit dem Künstler, in dem er selbst davon erzählt hat. Auch das konnte man also glauben.

»Und was ist«, fragte mein Sohn, »wenn der, den man zitiert, gelogen hat?«

Puh!

Unser kleiner Recherche-Ausflug war zu einer philosophischen

Debatte angewachsen. Dass Menschen in Interviews auch mal die Unwahrheit sagen, ist leider keine Seltenheit, gab ich zu. Doch wir einigten uns darauf, dass echte Lügen von denen, die es besser wissen, schnell aufgedeckt würden und dass man sich bei der Recherche von Aussagen immer auch fragen müsse, warum jemand gelogen haben könnte. Schließlich müsse man auch die möglichen Folgen unterschiedlich betrachten. Für Herrn Guttenberg als wichtiger Politiker lief es insgesamt wohl nicht allzu gut, aber ob Peter Fox nun tatsächlich Sozialpädagogik studiert hat oder nicht – das war dann vielleicht nicht ganz so wichtig. In Zeiten des weltumspannenden Internets, in dem sowohl das Verbreiten von Unwahrheiten als auch das Enttarnen selbiger derart einfach scheint, lohnt sich das Gespräch darüber jedoch allemal, denn immerhin können wir das Netzgemüse durch solche Übungen zur Kritikfähigkeit erziehen.

Wissen war Macht

Wer früh lernt, Autoritäten nicht bedingungslos zu akzeptieren, wird deshalb nicht notwendigerweise zum Anarchisten, er läuft aber sicher nicht so schnell Gefahr, an Obrigkeitshörigkeit zu erblinden.

Mit dem Internet als »Mitmachnetz«, das eine leichtere gesellschaftliche Partizipation als je zuvor ermöglicht, und mit Projekten wie der Wikipedia hat sich die Rezeption und Verwaltung von Informationen grundlegend verändert.

Die exklusive Wissenshoheit weniger Experten gibt es in dieser Form nicht mehr. Und wenn wir sie doch konsultieren, haben wir die Möglichkeit, weitere Meinungen einzuholen und uns so ein eigenes Urteil zu bilden. Das ging theoretisch auch schon in der Zeit vor dem Internet, war aber in der Praxis extrem umständlich. Wetten, dass Sie mindestens einmal von einem Facharzt eine Fehldiagnose erhielten oder der Kfz-Mechaniker Ihnen eine neue Lichtmaschine verkauft hat, obwohl nur der Luftfilter verschmutzt war?

Im Netz aufwachsend wird die Generation unserer Kinder einen digitalen Orientierungssinn entwickeln, der es ihnen ermöglicht, im Handumdrehen selbst zu Experten in vielen Lebens- und Sachfragen zu werden. Die oft gehörte Kritik, das Internet sei ein Treibhaus für Wildwuchs, in dem jeder machen könne, was er wolle, teilen wir daher nicht in ihrer pessimistischen Auslegung. Wir sind im Gegenteil davon überzeugt, dass die digitale Generation sich nicht halb so leicht übers Ohr hauen lässt und Täuschungen aufsitzen wird wie die, die sie verzweifelt vor dem Netz schützen möchten.

Den Beweis dafür erbringt das Internet als digitales soziales Medium selbst. Denn lägen wir falsch und würde der Spielplatz Internet tatsächlich so destruktiv genutzt, wie es seine Offenheit theoretisch erlaubt, gäbe es ihn längst nicht mehr. Das Paradebeispiel bleibt dabei die Wikipedia, die erste und einzige Enzyklopädie der Welt, die sich ausschließlich aus den Beiträgen freiwilliger Wissensspender speist, sich neben dem Internet als Ganzem zum größten Wissensarchiv der Welt entwickelt hat und bis heute in über 250 verschiedenen Sprachen erscheint. Und zwar gratis!

Seit April 2004 wächst die deutschsprachige Wikipedia relativ linear mit durchschnittlich rund 452 neuen Artikeln pro Tag und ist nach der englischsprachigen die international umfangreichste Ausgabe. In Relation zu unserer Bevölkerungszahl halten wir damit die absolute Spitzenposition im Spenden, Editieren und Archivieren von Wissen!

Auch in diese Kultur der Wertschätzung und -schöpfung freien Wissens wachsen unsere Kinder hinein und können schon sehr früh Teil davon sein, denn die Wikipedia ist eine Einladung an jeden, sein Wissen zu teilen.

Versuchen Sie es: Schreiben Sie mit Ihrem Kind einen Beitrag in der Wikipedia! Für den Anfang bietet die Wikipedia hierfür eine sogenannte »Spielwiese«, auf der erst einmal herumprobiert werden kann.

Ganz sicher gibt es in der näheren Umgebung ein Baudenkmal, über das es noch keinen Eintrag gibt, oder eine regionale Spezialität, die es noch nicht in die Liste der verschiedenen Landesküchen geschafft hat. Die Wikipedia listet auch Schulen. Ist die Ihres Kindes dabei? Falls ja, benötigt sie vielleicht ein Update, weil der Schulleiter inzwischen gewechselt hat. Und weil die Wikipedia auch eine großartige Enzyklopädie zur Popkultur ist, darf jede Info zu TV-Serien, Musik, Spielen oder YouTube-Helden ergänzt werden.

Ihr Kind kann mit seinem Wissen einen eigenen redaktionellen Beitrag leisten und erfahren: Ich kann Teil dieses Archivs sein! Ich habe nicht nur Fragen, sondern auch Antworten! Und genau diese Idee des Gebens und Nehmens ist der Grundgedanke sozialer Medien. Sie funktionieren nicht, indem man sich raushält, sondern indem man sich, in welcher Form auch immer, einbringt.

Man kann die Seriosität einer Jedermann-Enzyklopädie dennoch anzweifeln, damit hat die Wikimedia-Foundation, die sich als Stiftung um die Wikipedia kümmert, überhaupt kein Problem:

»Wir erwarten nicht, dass du uns vertraust. Es liegt in der Natur eines sich ständig verändernden Werks wie Wikipedia, dass bestimmte Artikel über höchste wissenschaftliche Qualitäten verfügen, während andere zugegebenermaßen kompletter Müll sind. (...) Aber selbst im besten Fall ist Wikipedia lediglich eine Enzyklopädie mit allen damit verbundenen Beschränkungen. Sie stellt keine primäre Quelle dar. Wir bitten dich daher, das inhaltliche Modell von Wikipedia nicht unbesehen zu kritisieren, sondern es mit einem bewussten Verständnis dessen zu nutzen, was Wikipedia ist und was es nicht ist. Außerdem solltest du Wikipedia aufgrund möglicher darin enthaltener Fehler nicht nutzen, wenn es darum geht, wichtige Entscheidungen zu treffen!«

Das Projekt als solches und die Idee dahinter, gesammeltes Wissen von allen für alle frei zur Verfügung zu stellen, muss man auch mit kritischem Blick mindestens großartig finden. Und noch einmal: Hätte die Mehrheit der digitalen Gesellschaft ein Interesse daran, Lügen zu verbreiten, gäbe es keine Wikipedia. Seien Sie optimistisch: Wenn durch die Generation Internet etablierte Wissensstrukturen aufgeweicht werden oder gar am Thron der Lehr-Hoheit gesägt wird, bedeutet das nicht den Untergang der Bildung, sondern eine neue Form der Auseinandersetzung mit ihr. Akzeptierte Wissensinstanzen sowie vertrauenswürdige Wissensvermittler und Mentoren wird es aber gerade durch diese Transformation nötiger denn je geben. Google ist kein Lehrer, und Googeln ist nicht Lernen.

Selbst wenn wir davon ausgehen, dass die Antworten auf fast alle unsere Fragen irgendwo im Internet zu finden sind, werden wir uns als Eltern und Lehrer nicht aus der Verantwortung ziehen können, unseren Kindern beizubringen, wie man diese Antworten findet und wie sie einzuordnen sind. »Mach doch den Rechner an und frag das Internet« ist ebenso wenig eine Antwort wie »Ich hab das mal eben gegoogelt, es stimmt!« als Beweisargument durchgeht.

Die uns vom Netz bescherte Informationsfreiheit ist, wenn es um die Suche oder das Überprüfen von Fakten geht, eine ungeheure Bereicherung für uns. Denn die gewonnene Entscheidungsfreiheit und Selbstbestimmtheit führt zu Eigenverantwortung, die wiederum auch ein bisschen schmerzlich sein kann, wenn uns das Gefühl der Sicherheit genommen wird, das durch die Akzeptanz von Autoritäten entstehen kann. Zudem ist Eigenverantwortung nichts, was uns in die Wiege gelegt wird. Und nicht nur wir müssen sie erlernen, sondern auch unsere Kinder, die auch als Generation Internet bei diesem Lernprozess Halt brauchen und die Sicherheit eines Gegenübers, dem sie vertrauen.

Damit wir diese Rolle als Eltern übernehmen können, genügt es nicht, dass unsere Kinder uns vertrauen, sondern es ist ebenso wichtig, dass wir unseren Kindern vertrauen. Solange wir das Internet und andere digitale Medien dabei allein als Technik verstehen, wird uns dies schwer gelingen. Wir müssen stattdessen erkennen: Für unsere Kinder ist das Internet Kommunikationskanal und Kulturgut. Für unsere Kinder ist das Netz keine Technologie, sondern ein Lebensraum.

Das Internet als Lebensraum

Foren: Die digitale Selbsthilfegruppe

»Nein, nicht gleich durch die schwarze Tür gehen, dann stirbst du sofort! Du musst dir erst die Rüstung besorgen, die liegt hinter der weißen Tür, die ist aber verschlossen, du musst also erst die Frage vom Zauberer beantworten, dann gibt er dir den Schlüssel für die weiße Tür, dann nimmst du dir die Rüstung, dann kannst du durch die schwarze Tür gehen, ohne dass dir was passiert.«

Ich war beeindruckt. Soweit ich wusste, hatte mein Sohn das Videospiel, vor dem wir gemeinsam saßen, noch nicht bis zu dieser Stelle gespielt, woher also hatte er diese detaillierte Kenntnis über das empfehlenswerte weitere Vorgehen?

»Aus 'nem Forum«, lautete seine knappe Antwort. Er hatte den Namen des Spiels bei Google eingegeben und war unter den Suchergebnissen auf ein Forum gestoßen, das sich mit ebenjenem Game beschäftigte und in dem sich Spieler gegenseitig bei der Lösung der kniffligen Aufgaben unterstützten.

Foren im Internet stellt man sich am besten als eine Art themenspezifisches »Schwarzes Brett« vor. Alle Foren haben eigentlich nur die Form gemein, denn thematisch gibt es keinerlei Vorgaben, wichtig ist immer nur das gemeinsame Thema, über das geplaudert und diskutiert wird. Jeder, der mitmacht, kann etwas an dieses Schwarze Brett schreiben, und durch die Antworten oder Ergänzungen anderer Teilnehmer ergeben sich dann diverse Gesprächsstränge. Es gibt Foren für Freunde bestimmter Videospiele ebenso wie Foren für Fußballfans, Computerthemen, Schützenvereine, Musiker, Hobbygärtner, Lehrer und natürlich auch Schüler. Jugendliche tauschen sich in Foren über Schulthemen und -fächer aus (und manchmal auch ihre Hausaufgaben), sie sprechen über ihre Hobbys, über TV-Serien, Filme, aktuelle technische oder modische Trends und auch über ihre Probleme und Sorgen. Fragen zur Gesundheit werden in Foren ebenso debattiert wie sportliche Leistungen verglichen werden, und es gibt spezielle Foren für Kinder mit Handicap genauso wie Foren, die sich ausschließlich mit Umweltschutz beschäftigen.

In Foren treffen Gleichgesinnte aufeinander und tauschen sich mit Halb- oder Vollexperten aus. Sie werden oft privat organisiert und geleitet, doch es gibt genauso viele Foren von Unternehmen, großen Medienhäusern oder Marken, die Foren zur Kundenbetreuung einsetzen. Und natürlich geht es auch nicht überall und ausschließlich um ernste Themen und Gespräche, unendlich viele Foren bieten ebenso Platz für Unsinn, Quatsch und Spaß.

Foren im Internet sind das virtuelle Äquivalent zum Vereinstreffen und Stammtisch, zur Expertenrunde und zur Selbsthilfegruppe. Wer im Internet nach Hilfe sucht, findet nicht selten Antworten in einem Forum. Und wer sich in ein Forum selbst einbringt und aktiv mitdiskutiert, um anderen Hilfe anzubieten, der findet schnell neue Bekannte und Freunde, mit denen er eine Leidenschaft oder ein gemeinsames Hobby teilt.

Während ein Forum in der Regel aus vielen parallel aktiven Themen- und Diskussionssträngen besteht, die sich aus meist kurzen Einträgen und Reaktionen der einzelnen Teilnehmerinnen und Teilnehmer zusammensetzen, konzentrieren sich die meisten Weblogs – kurz: Blogs – auf den oder die einzelnen Autoren.

Meiner Meinung nach: Blogs, Podcasts und Videocasts

Der Begriff »Weblog« setzt sich zusammen aus den Wörtern »Web« und »Log« für »Logbuch« – trennt man ihn anders, entsteht die Aussage »We blog« (»wir bloggen«), was die Kurzform »Blog« erklärt.

In erster Linie beschreibt das Wort Blog dabei die technische Grundlage und die Form einer Seite, nicht ihren Inhalt. Blogs entstanden um die Jahrtausendwende (wie das klingt!) im Netz und werden in Deutschland seit etwa 2005 immer beliebter und erfolgreicher, denn mithilfe eines der vielen frei verfügbaren Weblog-Systeme oder durch kostenfreie Blog-Service-Anbieter ist es für jedermann und zu jedem Thema möglich, Texte, Bilder, Videos und Sounds auf einer Seite zu präsentieren, die einer Zeitung gleicht. Die Spanne der vorhandenen Weblogs reicht von Kiez-Blogs und Schulen, an denen Kinder und Jugendliche eigene Blogs betreiben, bis zur Huffington Post, einem der größten professionellen Blogs der USA, die in 2011 für 315 Millionen Dollar an den Medienkonzern AOL verkauft wurde und monatlich von 270 Millionen Menschen gelesen wird.

Spreeblick, die Webseite, welche wir selbst seit 2002 betreiben, ist ebenfalls ein Weblog, was auch unseren Söhnen nicht entging. Und so wurde beim Jüngeren im Alter von zehn Jahren der Wunsch laut, »auch so was zu machen«. Er dachte sich eine eigene Internetadresse aus, wir halfen ihm bei den ersten Schritten der

Einrichtung des Systems und konnten danach die steigende Begeisterung beobachten, mit der plötzlich im Netz nicht mehr nur gespielt und gesurft, also konsumiert, sondern auch produziert wurde. Mit der ihm eigenen Akribie veröffentlichte unser Sohn seine Schulreferate im Internet (»um anderen zu helfen, die das gleiche Thema machen müssen«), schrieb Unsinn in sein Blog, erklärte in erstaunlich ausführlichen Texten seine Lieblingsspiele und stellte Listen seiner Lieblingslieder zusammen.

Wir alle sind die digitalen Medien inzwischen sehr gewohnt, und es überrascht uns kaum noch, dass auch Kinder mit einem Internetzugang etwas veröffentlichen können – und zwar für jeden, den es interessiert, und quasi in Echtzeit.

Es lohnt sich dennoch immer wieder, dabei einen Schritt zurückzutreten und zu betrachten, was hier passiert: Ein Zehnjähriger betreibt vom Grunde her seine eigene Zeitung mit einer potenziellen Leserschaft von Hunderttausenden oder gar Millionen. Auch wenn seine Zeitung bisher und wahrscheinlich auch in Zukunft nur vier Leser inklusive der Eltern hat, übt er sich ohne schulischen Druck, freiwillig, im Verfassen und Veröffentlichen von Texten, er erprobt die Ansprache an eine Leserschaft und lernt ganz nebenbei – und vor allem durch Eigeninteresse angetrieben – vermutlich mehr als in so manchem Schulfach.

Blogs haben eine wahre Medienrevolution ausgelöst und sind längst wichtiger Teil nicht nur des Internets, sondern der ganz allgemeinen Medienlandschaft, denn durch sie hat jede Einzelperson, jede Autorin und jeder Autor theoretisch die gleiche Reichweite wie große Tageszeitungen oder Magazine. Und selbst wenn nur wenige Blogs tatsächlich Millionen von Leserinnen und Lesern erreichen, ist durch die schiere Masse an weltweiten Blogs eine neue Ära des Meinungsjournalismus ausgelöst worden, die auch an den journalistischen Branchenriesen nicht vorüberging: Seit einigen Jahren setzen sie neben der reinen Berichterstattung wieder stärker auf Meinungen. Nicht zuletzt führte die Besonderheit von Blogs – dass jeder Artikel von jedem Leser kommentiert werden kann und sich dadurch oft lebhafte Debatten ergeben – auch dazu, dass sich große Medienverlage in den vergangenen Jahren immer mehr an Blogs orientierten und ihren Leserinnen und Lesern ebenfalls Kommentarfunktionen zur Verfügung stellten. Und auch in Diktaturen und repressiven Staaten sind Blogs ein Thema, und zwar ein sehr heikles, wenn Regierungen es nicht gerne sehen, dass sich die Bevölkerung abseits der genehmigten Medien selbstständig und unabhängig untereinander informiert und miteinander austauscht. Blogs gelten als einer der Motoren der Demokratiebewegung in China, wo bekannte Blogger nicht selten zensiert oder gar inhaftiert werden, und auch während des Arabischen Frühlings spielten Blogs als Informations- und Kommunikationsquelle eine wichtige politische Rolle.

Doch nicht nur die Zeitungen und Zeitschriften erfahren Konkurrenz und Erweiterung durch das Netz, sondern auch das klassische Radio und das Fernsehen. »Podcast« nennt sich das Audio-Format, das kurze oder auch längere Radio-Features, Talk-Runden, Interviews oder Musiksendungen direkt und kostenfrei automatisch an diejenigen liefert, die es abonniert haben und dann auf ihrem Computer, MP3-Player oder Handy hören können. Und ist die Talkrunde nicht nur zu hören, sondern auch zu sehen, sprechen wir von einem »Videocast«, die meisten davon sind auch auf YouTube zu sehen.

Podcasts und Videocasts haben im iTunes-Store, dem Musik- und Filmgeschäft des Computer- und iPhone-Herstellers Apple, eine eigene Rubrik und werden neben neuesten Kino-Blockbustern präsentiert. Die erfolgreichen unter ihnen werden regelmäßig von Zehntausenden oder gar Hunderttausenden angehört und angeschaut.

Und sie starten in einigen Fällen Karrieren: Philipp Riederle aus Bayern war 14 Jahre alt, als er damit begann, in kurzen Videoclips über sein neuestes Spielzeug, ein iPhone, zu berichten und die Clips im Internet zu veröffentlichen. Heute, nach rund 200 Folgen, liegt Philipps Videoserie »Mein iPhone und ich« an der Spitze der Download-Charts vor den Produktionen von RTL oder Pro7, der inzwischen 17-Jährige wird von Unternehmen zu Vorträgen eingeladen, und sein Vater verwaltet für ihn die eigens gegründete Produktionsfirma, um die Einnahmen durch Sponsoren zu verwalten. Auch wenn solche Karrieren natürlich nicht die Regel sind: Es gibt einige junge Menschen in Deutschland, die mit ihren Videoserien äußerst erfolgreich sind und damit die Spielregeln der Medienwelt neu schreiben – im YouTube-Kapitel dieses Buches gehen wir noch einmal auf einige von ihnen ein.

Für die meisten Jugendlichen, die aktiv im Netz tätig sind, sind Blogs jedoch zunächst eine Plattform, auf der sie ihren Gedanken freien Lauf lassen können, Karrieregedanken oder kommerzieller Erfolg spielen dabei zunächst keinerlei Rolle. Manche schreiben ihre Blogs unter vollem Namen als klassische Tagebücher, andere betreiben ihr Weblog unter einem Pseudonym, wenn sie über Gedanken schreiben, welche die Nachbarn in ihrem Heimatdorf nichts angehen. Wieder andere führen geradezu professionelle Technik-Blogs mit täglichen Neuigkeiten und Geräte-Tests. Sie verbreiten ihre Artikel, Einträge, Meinungen und Nachrichten über Kurzmitteilungsdienste wie Twitter oder soziale Netzwerke wie Facebook, sie sprechen, diskutieren und streiten mit ihren Lesern oder Zuschauern, die nicht selten auch zu Freunden werden. Und diese treffen sie zum Plaudern – genau wie alle anderen Netzbewohner, also nicht nur die aktiven Produzenten – im Chat wieder.

LOL: Chat und IM

»Darf ich mir einen Skype-Account anlegen?«, fragte uns der Zehnjährige und stellte uns damit vor eine weitere Entscheidung.

Skype ist eines von vielen Messaging-Werkzeugen, die für beinahe jedes Computersystem und auch für mobile Geräte wie Smartphones verfügbar sind und die einen SMS-ähnlichen Austausch von Nachrichten zulassen, den Chat eben, oder das »Instant Messaging«, kurz: IM.

WhatsApp, IM+, ICQ, MSN Messenger heißen einige der Mitbewerber, und auch Facebook ermöglicht die schnelle und direkte Kommunikation in Echtzeit, während echte »Nerds« (eigentlich: »Sonderlinge«, heutzutage aber: »Computerfreaks«), die etwas auf sich halten, weiterhin einen der ältesten Chat-Dienste des Internets nutzen, den »Internet Relay Chat« nämlich, abgekürzt »IRC«.

Im Gegensatz zur E-Mail ist der Chat eher flüchtig, kurze Sätze werden in atemberaubender Geschwindigkeit hin- und hergeschickt, manchmal kaum langsamer als gesprochene Worte, und um das Ganze noch weiter zu beschleunigen, erlernen gerade junge Chatter Abkürzungen ohne Ende. Die Abkürzung »LOL«

für »Laughing out loud«, die immer dann benutzt wird, wenn der Chatter lautes Gelächter über eine Nachricht ausdrücken will, ist dabei längst in den Alltagssprachgebrauch junger Menschen übergegangen, und wenn Sie einmal den Begriff »PIR« auf dem Bildschirm Ihres Sohns sehen, dann bedeutet das »Parents in room«, »Eltern im Raum«, und gilt als Warnung an die gerade im Chat Anwesenden: Jetzt bloß nichts Falsches tippen! Die Fünf in Mathe bleibt unter uns!

Skype lässt jedoch nicht nur den Austausch von getippten Botschaften zu, sondern auch Telefonate und Gespräche mit Videoübertragung. Wer eine Kamera an seinem Computer hat (fast jeder Laptop besitzt mittlerweile ein solches »eingebautes Auge«), kann sich also mit anderen Skype-Nutzern per Bild-Konferenz unterhalten, die Teilnehmer können sich während ihrer Unterhaltung sehen, wobei es natürlich keineswegs so ist, dass irgendwer zu einer beliebigen Zeit einfach in unser Wohnzimmer schauen kann, denn diese Videokonferenzen brauchen die Zustimmungen aller Beteiligten.

Wir wollten natürlich wissen, wofür unser jüngster Sohn diese Form der Kommunikation überhaupt brauchte. Wir haben ein Telefon, er hat selbst ein Handy, kann also SMS-Nachrichten austauschen – wozu nun auch noch Skype?

»Dann kann man sich während des Spiels mit den anderen unterhalten«, war seine klare Antwort. Tatsächlich war er begeisterter Minecraft-Spieler geworden (mehr zu diesem und anderen Spielen später). Wenn man Minecraft online gemeinsam mit Freunden spielte, gab es zwar die Möglichkeit des Austauschs untereinander mittels kurzer getippter Sätze, so richtig viel Spaß machte das jedoch nicht. Denn die Botschaften liefen allesamt öffentlich und für alle anderen Spieler sichtbar über den Bildschirm, die strategische Spielplanung war also durch das eingebaute Chat-System nicht gerade leicht. Zudem mischten sich die eigenen Nachrichten mit denen der anderen Spieler, einer Konversation zu folgen war in hektischen Spielphasen daher schwierig bis unmöglich. Mittels einer parallelen Skype-Unterhaltung wollte mein Sohn also gleichzeitig mit Freunden spielen und sich dabei ungestört über das Spiel unterhalten.

Wir gingen mit ihm die wichtigen Funktionen des Systems durch, wir probierten einige verschiedene Einstellungen aus, und wir setzten uns ein paar Mal daneben, wenn die Jungs spielten und dabei über das Internet telefonierten – Entschuldigung: skypten. Denn uns interessierte schon sehr, wie das genau abläuft mit dem Spielen und Skypen.

Und wir waren beeindruckt davon, wie konzentriert die Jungs bei der Sache waren, dass sie sich zwischendurch auch immer wieder über andere Dinge als das Spiel unterhielten und dass sie einfach jede Menge Spaß hatten. Wie Kommentatoren bei sportlichen Live-Events kamen sie uns vor, oder gar wie kompetente Piloten, die in einem Cockpit diverse Instrumente zu bedienen wussten.

Das für Spielen und Kommunizieren nötige Multitasking der Jungs, die gleichzeitige Bewerkstelligung von verschiedenen Aufgaben, schien uns Fähigkeiten zu schulen, die bei verschiedenen späteren Herausforderungen von Vorteil sein würden. Und dabei hatten wir nicht einmal den Eindruck, dass den Spielern diese Parallel-Ansprüche größere Probleme bereiteten, ganz im Gegenteil. Das Multitasking gehört in der modernen Arbeitswelt zu den geforderten Kompetenzen nicht nur in geschäftlichen

Führungsetagen, und es ist daher absolut begrüßenswert, wenn Kinder diese Fähigkeiten im Spiel trainieren und erlernen.

Dies alles soll nicht bedeuten, dass sich das Netzgemüse schon im Alter von zehn Jahren wie ein Manager aufführen sollte, der unter ständigem Kommunikationsstress steht. Denn beim Familien-Vorstand führt es schnell zu Unmut, wenn die jüngsten Gesellschafter mittels Handy oder Computer konstant mit ihren Freunden verbunden sind und aus spielerischem Multitasking pure Unkonzentriertheit wird.

Das Internet in der Tasche: Always on

Natürlich blieb es auch bei unserem jüngsten Sohn in Sachen Skype nicht bei der spielbezogenen Kommunikation. Die genannten Computerprogramme sind schließlich so gut wie alle auch auf dem Handy oder Smartphone verfügbar, und sie lösten auch bei unserem Sohn in kürzester Zeit das Telefonieren und Versenden von SMS-Nachrichten komplett ab und waren dauerpräsent. Was beim Älteren erst mit Beginn der Pubertät wahnsinnig wichtig geworden war, nämlich die konstante virtuelle Anwesenheit seiner Freundinnen und Freunde, war nun wesentlich früher auch beim Jüngeren angekommen, und so erklang dauernd irgendein irrwitziges Signal aus dem plärrenden Mini-Lautsprecher seines Handys, das auf neue Nachrichten hinwies.

Dieses »Always on«, die andauernde Verbundenheit besonders durch mobile Geräte mit Internetzugang, nervt jede Familie, die wir kennen. Denn ebenso wie bei fast allen Erwachsenen scheint das Handy immer vorzugehen, egal, was gerade direkt neben einem passiert: Ich muss jetzt kurz diese Nachricht beantworten oder wenigstens sichten! Obwohl ich gerade etwas esse, einen Film sehe oder eine Bootsfahrt unternehme.

Der Umgang der Eltern mit den digitalen Dauerfreunden braucht dabei eine Mixtur aus Einmischung und Einsicht. Denn es ist wichtig zu wissen: Der Fernseher hat einen Ausschaltknopf. Und jedes Chatprogramm kann beendet werden. Und kein Handy muss immer angeschaltet sein.

Digitale Erreichbarkeit ist eine freiwillige Entscheidung, und wenn diese Freiwilligkeit bei Kindern oder Jugendlichen etwas Anschub seitens der Eltern benötigt, dann ist dies ein wichtiger Teil der Erziehungsaufgaben der digitalen Elterngeneration.

Zu diesen Aufgaben gehört zuallererst die bewusste und individuell zu treffende Entscheidung darüber, wann ein Kind überhaupt ein Smartphone inklusive Online-Zugang besitzen sollte. Wir wissen, dass es spätestens ab einem Alter von 13 oder 14 Jahren schwer wird, sich dem Verbindungsdrang der Heranwachsenden als Eltern zu widersetzen. Eine Verweigerung der digitalen Techniken scheint dann einem Ausschluss aus der gesellschaftlichen Teilhabe gleichzukommen – schließlich dient der mobile Computer in Form des Smartphones nicht nur dem Spiel und der Kommunikation unter den Pubertierenden, sondern ersetzt auch die Musiksammlung und sogar das Kino, und es kann bei kluger Anwendung nebenbei auch noch zur Organisation des schulischen und privaten Alltags verwendet werden.

Vor diesem Alter ist der Netzdurst der Jüngeren durchaus noch durch begleitete Internet-Ausflüge zu Hause zu stillen. Und auch, wenn der Zehnjährige nun doch schon mit Papas aussortiertem Smartphone als Handy hantieren darf, sind Einschränkungen möglich: Der mobile Internetzugang für unterwegs kann bei jedem

Handy-Dienstanbieter gesperrt und der drahtlose Zugang zum heimischen Netzwerk reglementiert werden (wir geben am Ende des Buches ein paar Tipps dafür). Das langsame und bewusste Heranführen an die eigenverantwortliche Netznutzung der Kinder kann von Eltern also durchaus beeinflusst werden.

Wenn später dann das Smartphone fester Bestand des jugendlichen Daseins geworden ist und mit einer der beiden Hände verwachsen zu sein scheint: Atmen Sie tief durch, und geraten Sie nicht in Panik, treffen Sie aber gleichzeitig auch klare Absprachen, um den Familienfrieden zu bewahren.

Denn sosehr das Kleben am Handy in unserem Beisein und bei jeder Gelegenheit auch nervt: Verübeln kann man den Teenagern die Faszination, die die neueren Kommunikationsmittel ausüben, nicht. Die Erweiterung des Schulhofes auf immer und überall, der konstante Zugriff auf den neuesten Tratsch und vor allem das Gefühl, dass die engsten Freunde quasi jederzeit für einen kurzen Gedankenaustausch zur Stelle sind ... das ist der Traum eines jeden jungen Menschen, für den der Kontakt zum eigenen sozialen Umfeld außerhalb des Elternhauses schon seit Vor-Internet-Zeiten einer der wichtigsten Faktoren beim Erwachsenwerden war. Nicht ohne Grund war das jugendliche Dauertelefonat, das den Eltern den Griff zum Hörer unmöglich machte, ein ewiger Running Gag in früheren Familien-TV-Serien. Und die Einführung der ISDN-Technik für die Telefonie gelang nicht zuletzt deshalb, weil es für Familien plötzlich erschwinglich war, eine zweite eigene Telefonleitung für die Kinder im Haus zu haben. Auch wenn dies nicht durchweg von allen Familienmitgliedern positiv empfunden wurde: Es war plötzlich nicht mehr besetzt, wenn Oma anrief.

Teenager standen somit schon immer und zurecht in dem Ruf, am liebsten dauernd mit ihren Freunden zu quatschen, und nicht erst seit dem WWW sind Eltern damit nicht besonders glücklich. Wenn die digitale Version des Dauertelefonats in Form von »Always on« bewirkt, dass wir unsere Kinder nur noch mit gesenktem Haupt erleben und unsere Toleranz gegenüber der Eltern-Ignoranz zu stark beansprucht wird, helfen nur gemeinsam besprochene Regeln.

Versichern Sie dem jugendlichen Familienmitglied, dass es nicht sofort an chronischer Uninformiertheit sterben wird, wenn es das Handy beim Essen zur Seite legt oder wenn es Sie beim Reden ab und zu anschaut. Weisen Sie außerdem darauf hin, dass das Gerät über Nacht beim Aufladen des Akkus nicht unters eigene Kopfkissen gehört, sondern dass hierfür die Steckdose in der Küche vollkommen genügt. Die nächtliche Diebstahlgefahr ist dort im Übrigen auch nur unwesentlich höher als im Kinderzimmer.

Der Nachwuchs wird Ihnen natürlich zunächst nicht glauben und aus Protest gegen die Handy-Einschränkung möglicherweise in einen Hungerstreik treten, nach einigen Tagen jedoch sollten sich die neuen Absprachen eingespielt haben und die Nahrungsaufnahme wieder einsetzen. Und letztendlich werden diese Absprachen das Netzgemüse sogar entlasten. Es wird sich des mentalen Stresses, dem es sich durch den andauernden Kommunikationsbereitschaftsdienst aussetzt, oftmals nämlich erst dann bewusst, wenn dieser einmal wegfällt.

Wir dürfen bei allen elterlichen Herausforderungen schließlich nicht vergessen, dass wir uns mit den digitalen Helfern in einer Test- und Experimentierphase befinden. Gesellschaftliche Normen entwickeln sich gerade erst, wann und wie also die Nutzung von

Smartphones in der Öffentlichkeit oder im Beisein von Freunden akzeptabel ist und wann sie als unhöflich oder störend gilt – das finden wir gerade alle gemeinsam heraus. Es sind ja keineswegs allein die Jugendlichen, die dauernd am Gerät kleben, weshalb auch wir als Erwachsene gefragt sind, wenn es um die Einigung auf digitale Verhaltenskodexe geht.

Phasen sind zudem – gerade bei Jugendlichen – temporär. Unsere eigenen Kinder haben verschiedenste Begeisterungsstadien durchlaufen, ihr gesamtes Taschengeld in Sammelkarten oder Aufkleber investiert, jahrelang nur Lego-Star-Wars-Wunschzettel geschrieben und dem Nintendo DS die historische Wichtigkeit der Bibel zugesprochen. Ebenso, wie diese Phasen zeitsicher abgeflaut sind, kurz bevor sich die Eltern freiwillig in ein Sanatorium einweisen lassen wollten, wird die Nutzung von mobilen digitalen Gerätschaften zu einer Normalität werden und sich dabei auf ein erträgliches und allgemein akzeptiertes Maß einpendeln. Bis es so weit ist, werden wir als Eltern zwar noch jede Menge Traubenzucker als Nervennahrung benötigen, doch wieso sollte es uns auch besser gehen als der Elterngeneration vor uns, die nur ein Wort für uns übrig hat, wenn wir unseren Teenagern den IQ einer Schildkröte andichten wollen: Tamagotchi.

Unsere Medien sind tot

Unsere Kinder treffen sich in Foren mit Gleichgesinnten und tauschen sich untereinander aus. Sie veröffentlichen in Blogs eigene Texte oder lesen die von anderen. Sie produzieren und konsumieren mit Podcasts und Videocasts eigene Radio- und TV-Formate, und sie sind über den Handy-Chat quasi immer und überall mit ihren Freunden verbunden, um den neuesten Klatsch auszutauschen und wichtige oder unwichtige Dinge zu klären.

Und sie sind damit vor allem eins: Teil einer völlig neuen Medienlandschaft. Die Medienwelt der Eltern, die allein aus Büchern, CDs, Magazinen, dem Telefon, Tageszeitungen, dem Radio und dem Fernsehen besteht, ist fürs Netzgemüse komplett und für immer passé.

Fernseh- oder Radiosendungen, die nur an einem bestimmten Termin zu einer bestimmten Uhrzeit zu sehen sind, verabscheut die Generation Internet, denn sie ist es gewöhnt, ihre Inhalte mit einem Klick genau dann zu bekommen, wenn sie darauf Lust und dafür Zeit hat. Der Gang zum CD- oder Buch-Händler und zur Videothek ist ebenso von gestern, denn anstelle von CDs gibt es Audio-Dateien, Filme lädt man aus dem Netz und Bücher lässt man sich nach Hause liefern – wenn man sie nicht sofort per Knopfdruck als elektronisches Buch, als eBook auf dem Smartphone, dem Computer oder einem speziellen eBook-Reader liest. Informationen und Nachrichten trudeln durch diverse Services automatisch auf dem Computer oder dem Handy ein, nicht der Empfänger geht mehr zu den News in Form von Zeitungen und Nachrichtensendungen, sondern die News kommen zu ihm.

Das alles bedeutet nicht, dass die genannten, uns allen bekannten »klassischen« Medien aussterben, denn viele der bekannten Absender sind und bleiben auch im neuen Medien-Spiel dabei. Zudem ergänzen sich an vielen Stellen »alte« und »neue« Medien, und die Branche spricht bereits vom »Second Screen«, dem zweiten Bildschirm, über den es das Publikum zu erreichen gilt – gemeint ist damit der Bildschirm des Smartphones oder des Tablets, das etwa während einer TV-Sendung zusätzlich genutzt wird, um über die Sendung zu twittern oder mit Freunden über das gerade laufende Fußballspiel zu chatten.

Wir haben nun einen Kurzüberblick über die Medienwelt unserer Kinder gegeben. In den folgenden Kapiteln steigen wir tiefer ein und beschäftigen uns genauer mit den derzeit für viele Kinder und Jugendliche relevantesten Bereichen dieser Medienwelt.

YouTube

Vom Empfänger zum Sender ...

Das Kind war immerhin schon elf Jahre alt.

Langsam aber sicher würde sich zeigen, wo seine Interessen liegen und wie vorhandene Talente zu vertiefen wären. Dachten wir.

Unser Sohn jedoch hielt weiterhin an simplen Comics fest, jeder Versuch einer von den Eltern ans Herz und Bett gelegten Buchlektüre scheiterte nach wenigen Seiten, seine Schulaufsätze hätten als Sinnspruch in einen Glückskeks gepasst, waren dafür aber inhaltlich etwas zu mager, und sein immenses Interesse am leuchtenden Monitor des Computers oder des beim Vater abgestaubten alten iPhones beschränkte sich auf Spiele. Und zwar nicht auf diejenigen, bei denen man Rechenaufgaben lösen muss, um den heruntersegelnden Luftballon vor dem Zerplatzen auf dem stacheligen Igel zu retten.

Auch unsere vielleicht intellektuell etwas zu hoch angesetzten Versuche, den Sohn wenigstens am Laptop und innerhalb seiner Vorlieben zum Lesen und Schreiben zu bringen (»Guck mal, hier, bei der Wikipedia-Seite zum Thema Star Wars kann jeder mitschreiben!«) scheiterten kläglich.

Wir versuchten es mit dem Videoportal YouTube, das im Jahr

2005 gegründet wurde und ein Jahr später für 1,31 Milliarden Euro in Aktien von Google gekauft wurde. YouTube (zu deutsch etwa: »Du sendest«) erlaubt es jedem Menschen mit Internetzugang, eigene Videos zu veröffentlichen und der Welt zu präsentieren. Während der Dienst der Mehrheit in erster Linie durch Musikvideos bekannt ist, hat er sich im Verlauf von nur wenigen Jahren auch zu einem geradezu unerschöpflichen Kultur-Archiv entwickelt, das durchaus auch zur Weiterbildung und Recherche genutzt werden kann.

Mit einem Bildungsauftrag im Hinterkopf schauten wir uns also gemeinsam mit dem älteren Sohn auf YouTube alte TV-Beiträge vom Mauerfall an (Geschichte!), lachten über die Musikvideos der 80er (Kultur!), übersetzten witzige Clips aus TV-Serien der britischen BBC (Englisch!) und recherchierten internationale Sport-Weltrekorde (Geschichte! Kultur! Englisch!). Und siehe da: YouTube funktionierte und nahm unseren Sohn völlig ein.

Wenn auch nicht ganz so, wie wir uns das vorgestellt hatten.

Innerhalb weniger Wochen nämlich hatte der Heranwachsende sämtliche bei YouTube verfügbaren Clips von RTL2, 3 und 4 auf seinem iPhone konsumiert. Er konnte die besten Werbespots der letzten drei Jahrzehnte auswendig aufsagen und mitsingen, und er zitierte am Frühstücktisch deutsche »Comedy«-Kleindarsteller, die sich in erster Linie über andere Menschen lustig machten, und zwar ausschließlich unter der Gürtellinie. Immerhin hatte er sich ebenfalls ein durchaus beeindruckendes Arsenal an quasideutschen Dialekten zugelegt, mit denen er besonders seinen jüngeren Bruder begeistern konnte. Dies jedoch als kulturellen Zugewinn zu feiern, fiel uns als Eltern etwas schwer.

Wir waren verzweifelt.

Nicht verzweifelt im Sinne von »Was soll nur aus dem Kind werden?«, denn nach wie vor vertrauten wir auf die Zeit und auf unseren Sohn. Aber immerhin verzweifelt genug für die Frage: »Wieso interessiert der sich eigentlich nur für Müll?«

Und dann, eines Tages, stand der junge Mann mit seiner kleinen, billigen Digitalkamera in der Küche und bat seinen Vater um begleiteten Zugang zum Computer. Er wollte wissen, wie man Videos betitelt, sie schneidet und bei YouTube veröffentlicht.

Was wir als Eltern nämlich zunächst nicht bemerkt hatten: Es waren in Wirklichkeit keineswegs nur die Mitschnitte der Privatsender, die unseren Sohn fasziniert hatten, sondern auch die unzähligen Clips junger Internetnutzer, die nicht selten in seinem Alter oder nur wenig älter sind. Kinder und Jugendliche präsentieren auf YouTube ihre Spielzeugsammlungen, zeigen kleine Animationen mit Lego-Figuren oder helfen sich per Video-Anleitung bei der Lösung von Computerproblemen.

Diese Amateuraufnahmen, schnell und unkompliziert mit einer Webcam am heimischen Computer erstellt, zeigen Kinder und Jugendliche auch beim leidenschaftlichen Mitsingen aktueller Hits, beim stolzen Vorführen ihrer neuesten Bastelkreationen, beim eifrigen Gitarrespielen oder einfach beim Mitteilen ihrer Sorgen, Geschichten und Anliegen. Manche der YouTube-Benutzer führen Dialoge mittels ihrer Videos, in denen sie auf die Clips anderer Nutzer reagieren.

Natürlich sind diese Videos nicht immer von hoher Qualität, und besonders die Kommentare des Publikums, das seine Meinung unter jedem Video veröffentlichen kann, haben einen geradezu legendären – oder besser: zweifelhaften Ruf ob ihrer Respektlosigkeit und der auffallenden Menge an Beschimpfungen. Man kann also einige dieser Videoschnipsel als Erwachsener belächeln, manche davon sogar bedenklich finden, und besonders der Anteil der grammatikalisch und inhaltlich im besten Fall als »kreativ« zu bezeichnenden Kommentar-Debatten unter den Clips zeichnet nicht selten ein Bildungsbild des Grauens.

Doch welcher Privatsender im TV tut dies nicht auch?

Immerhin hat YouTube unzählige junge Menschen dazu motiviert, die Einbahnstraße des Fernsehens zu verlassen und eben nicht mehr nur Empfänger zu sein, sondern selbst zum Sender zu werden.

Ein kurzer Blick zurück: In den Jahren 1927 bis 1932 avancierte das Radio zum Massenmedium, und niemand Geringeres als Bertolt Brecht verfasste in dieser Zeit kritische und visionäre Texte zum Medium Rundfunk. In diesen als »Radiotheorien« bekannt gewordenen Texten wünschte sich Brecht:

> *»Der Rundfunk ist aus einem Distributionsapparat in einen Kommunikationsapparat zu verwandeln. Der Rundfunk wäre der denkbar großartigste Kommunikationsapparat des öffentlichen Lebens, ein ungeheures Kanalsystem, das heißt, er wäre es, wenn er es verstünde, nicht nur auszusenden, sondern auch zu empfangen, also den Zuhörer nicht nur hören, sondern auch sprechen zu machen und ihn nicht zu isolieren, sondern ihn in Beziehung zu setzen.«*

Und Brecht sah voraus, dass der technische Fortschritt seine Wünsche in Zukunft möglich machen würde:

»Undurchführbar in dieser Gesellschaftsordnung, durchführbar in einer anderen, dienen die Vorschläge, welche doch nur eine natürliche Konsequenz der technischen Entwicklung bilden, der Propagierung und Formung dieser anderen Ordnung. […] Sollten Sie dies für utopisch halten, so bitte ich Sie, darüber nachzudenken, warum es utopisch ist.«

Bertolt Brecht sah das Internet voraus, und er forderte nichts anderes als einen gesellschaftlichen Umbruch und eine Medienrevolution.

Und nun, rund 80 Jahre später, wollte unser Sohn also Teil dieser Medienrevolution und, man kann es ohne Übertreibung so nennen, Jugendbewegung sein.

Er wollte aktiv werden.

Er wollte in seinem eigenen YouTube-Kanal Waffen testen.

Keine echten natürlich. Sondern jene neonfarbenen Spielzeugwaffen, die ungefährliche Schaumstoffpfeile mit Luftdruck abfeuern, und für die unsere beiden Söhne sowie ihre bis unter die Zähne schaumstoffbewaffneten Freunde zum Leidwesen ihrer pazifistischen Eltern in den letzten Wochen eine durchaus familienfriedenbelastende Sammelleidenschaft entwickelt hatten.

Unsere Verzweiflung schlug nur langsam und vorsichtig in etwas Begeisterungsähnliches um, denn noch waren wir sehr skeptisch. Wollten wir wirklich dabei zusehen, wie sich unser Sohn mit dem Test von Spielzeugknarren einen Namen im Internet machte? Mit der Vorführung dieser Plastikdinger, deren Zulassung im Haushalt sowieso schon für genügend Diskussionsstoff gesorgt hatte?

Nein, wollten wir nicht.

Und ließen es trotzdem geschehen.

Denn mit etwas Abstand betrachtet war die Idee solcher Spielzeugtests, so unangenehm und zwiespältig wir die genaue Thematik auch finden mochten, ziemlich gut, was der Nachwuchs auch belegen konnte. Er zeigte uns Videos zum gleichen Thema von amerikanischen Teenagern, die auf YouTube von Hunderttausenden bis Millionen Zuschauern angesehen wurden, und er erklärte, dass es nur wenige dieser Clips auf Deutsch gab, was ihn bei seinen YouTube-Ausflügen selbst geärgert hatte. Und außerdem, fachsimpelte der Junior weiter, wären Spielzeugtests ja wohl im Kern nichts anderes als die Tests von elektronischen Geräten, die sein Vater sich manchmal im Internet ansah.

Argumentieren konnte er.

Wir dachten einen Abend lang nach und beschlossen daraufhin, ihm seinen YouTube-Kanal zu erlauben. Die Nutzungsbestimmungen von YouTube gestatten die Nutzung des Dienstes ab einem Alter von 13 Jahren, rechtlich betrachtet handelten wir also nicht korrekt, doch wir übernahmen die Verantwortung für sein Nutzerkonto und stellten die Regel auf, dass kein Video ohne unsere Zustimmung veröffentlicht werden darf. Zudem bereiteten wir ihn auf die Öffentlichkeit vor und darauf, dass Kommentare unter seinen Videos verletzend und beleidigend werden könnten, und wir zeigten ihm auch gleich anhand unseres eigenen Kanals, den wir im Rahmen unseres Weblogs hatten, wie man als Urheber eines Videos unerwünschte Kommentare löschen oder melden kann.

Den Sohn langweilte das alles sehr, denn natürlich wusste er bereits sehr gut, wie das alles geht. Steht ja da. Unter dem Menüpunkt »Hilfe« bei YouTube. Wir erinnern uns: Die Antwort auf das Internet ist das Internet!

Wenige Tage später überzeugten uns die ersten selbst gedrehten Clips des Älteren glücklicherweise von der Richtigkeit unserer Entscheidung, ihm die aktive Teilnahme bei YouTube zu erlauben, denn es ging ihm in diesen kurzen Clips keineswegs um die Verherrlichung von waffenähnlichem Spielzeug oder um Macho-Posen. Stattdessen wurden die klappernden Plastikdinger genauestens unter die Expertenlupe genommen, die Qualität beurteilt und vor allem subjektiv bewertet, ob sich die Anschaffung wirklich gelohnt hatte (um die Spannung nicht ins Unerträgliche zu treiben: Ja, hatte sie). Mit der Ernsthaftigkeit eines Günther Netzers nach einem wichtigen Länderspiel stand unser Sohn vor der Kamera, die oft sein kleiner Bruder halten musste, und erstellte nach kurzer Anleitung durch uns Eltern eigene Titel für seine teilweise mit Musik unterlegten Videos.

Denn auch das ist Teil der Medienrevolution, welche die Produktionsmittel für jeden erschwinglich gemacht hat: Für alle gängigen Computersysteme gibt es einfache Videoschnittprogramme, mit denen man ohne großartige Vorkenntnisse kürzere Videos bearbeiten kann. Unser Sohn gab sich dabei weitaus mehr Mühe, als wir erwartet hatten. Er wiederholte Aufnahmen, die er nach dem ersten Dreh nicht gut genug fand, und schnitt grobe Patzer oder Pausen mit der Videoschnitt-Software heraus.

Bei aller Einfachheit der Nutzung solcher Software macht die Bearbeitung von Videos aber immer noch jede Menge Arbeit. Die Fertigstellung des kaum sechsminütigen Clips dauerte Stunden, immer wieder musste das Material gesichtet werden, immer präziser sollten die Schnitte werden. Während es unserem Sohn ansonsten schwerfiel, sich auch nur eine halbe Stunde lang auf seine Hausaufgaben zu konzentrieren, gelang es dem Elfjährigen plötzlich, stundenlang am Stück zu arbeiten. Er hatte eine neue Leidenschaft entdeckt, und seine ersten YouTube-Kreationen konnten sich tatsächlich sehen lassen.

Doch das wusste auf YouTube niemand. Enttäuschung machte sich breit, als die ersten drei Clips nach Wochen immer noch eine Zuschauerzahl von sieben hatten. Alle zusammen. Jeder Profi wird es bestätigen: Fernsehen zu machen bereitet keine Freude, wenn niemand zusieht. Es wurde also Zeit für etwas Werbung.

»Wenn du willst, dass dich jemand sieht, musst du dich zeigen«, empfahlen wir unserem Sohn. Wir rieten ihm, andere Videos mit ähnlichen Themen inhaltlich interessant zu kommentieren, dabei freundlich zu bleiben und wenigstens halbwegs auf die Rechtschreibung zu achten. Bei guten Kommentaren, die er bei anderen YouTube-Filmemachern hinterließ, so erklärten wir, würden andere YouTube-Nutzer neugierig auf seinen Namen klicken, der mit seinem eigenen YouTube-Kanal verlinkt ist, und so zu seinen Videos gelangen. Dass dieses Online-Verhaltensmuster leider oft noch besser bei herausragend dämlichen Kommentaren funktioniert, weil jeder herausfinden will, wer der Idiot ist, der nicht einmal die simpelsten Schimpfwörter korrekt schreiben kann, verschwiegen wir in weiser Voraussicht.

Und unser Rat trug Früchte. Durch die Vernetzung in den Kommentarfeldern anderer YouTube-Videos stieg das Interesse an den Clips unseres Sohnes. Die Zuschauerzahlen gingen dabei zwar zunächst nicht in die Tausende, jedoch spürbar nach oben, und auch erste Kommentare unter seinen Videos trudelten ein.

Dieser hier zum Beispiel:

«Ey du Opfer du siehst aus wie Hitler lass dirn Bart wachsen!«

Wir trauten unseren Augen nicht. Was erlaubte sich dieser anonyme Spinner? Wie sprach der mit unserem Sohn, mit welcher Unverfrorenheit wagte er es, die Meisterwerke unseres geliebten ...

Der Künstler selbst lachte darüber nur. Ja, er hatte den Kommentar auch gesehen, so sei das eben bei YouTube, das »Trollen« – das absichtliche Provozieren in Kommentaren – gehöre eben dazu. Man dürfe solche Kommentare nicht ernst nehmen, schließlich mache sich doch der Kommentator durch seine offensichtliche Dämlichkeit selbst zum Gespött, und außerdem hätten auch schon zwei weitere Nutzer mit ganz anderen Kommentaren geantwortet.

Und in der Tat, nach dem blöden Hitler-Kommentar vom Vortag waren zwei weitere hinzugekommen, beide standen unserem Nachwuchs in geradezu rührender Weise zur Seite und verkündeten moralische Unterstützung sowie Begeisterung für die von ihm veröffentlichten Videos. Und sie stellten außerdem völlig korrekt fest, dass er gar nicht wie Hitler aussehe, was unter anderem an seinen langen, blonden Haaren läge.

Ein Ausgleich war geschaffen worden. Gut gegen Böse, 2:1. Vertreter der Gesellschaft, wie wir sie täglich auch fern vom Computer erleben, hatten zunächst einen hässlichen, dann einen solidarischen Kopf gereckt.

Das Verhältnis der Kommentar-Streitkräfte im Internet – also nicht nur bei YouTube – ist dabei selten so ausgeglichen wie in unserem Beispiel. Kommentare in Blogs, in Foren und auf anderen Online-Plattformen entwickeln schnell eine Eigendynamik und arten auch mal in heftige Streitigkeiten und wüste Beschimpfungsorgien aus, ein Phänomen, das unterschiedliche Ursachen hat und mit dem sich daher viele Online-Experten beschäftigen. Mal ist es die vermeintliche Anonymität, die Menschen dazu veranlasst, ihre gute Erziehung zu vergessen, mal haben sie eine solche nie genossen. In anderen Fällen geht es um die Provokation an sich, mit der sich mehr Aufmerksamkeit generieren lässt als mit netten Worten, an wieder anderer Stelle findet man auch in zunächst heftig klingenden Kommentaren ein Fünkchen berechtigter Kritik. Und sehr oft kann man aus einem aggressiven Kommentar schnell die Luft herauslassen, wenn man als Urheber des Inhalts, unter dem der Kommentar erschienen ist, freundlich oder mit Humor reagiert.

Egal, ob man dies überhaupt tun möchte oder ob man unliebsame Kommentare unter den eigenen Kreationen lieber einfach löscht oder ignoriert (gerade Letzteres ist im Fall des sogenannten »Troll« ratsam, also bei jemandem, der ganz offensichtlich nur den Streit sucht und für den jede Reaktion eine willkommene Herausforderung ist) – Fakt bleibt: Wer sich der Öffentlichkeit stellt, wird nicht nur Applaus ernten. Eine Erkenntnis, die auch über das Internet hinaus wertvoll ist.

Noch viel wichtiger war jedoch im beschriebenen Fall: Unser Sohn hatte innerhalb weniger Tage gelernt, wie man Videos aufnimmt, schneidet, Titel hinzufügt und wie man das Ganze im Internet veröffentlicht. Er hatte Fehler gemacht, daraus gelernt und sie korrigiert. Er hatte positive und negative Reaktionen von wildfremden Menschen erhalten, und er hatte gelernt, mit Kritik und Häme umzugehen. Er hatte seine eigene kleine Internet-Show mit seinen eigenen Themen gestartet. Wir waren beeindruckt.

Das Kind war immerhin erst elf Jahre alt.

... und zurück

Nach wenigen Wochen jedoch ließ das Interesse an der Erstellung eigener YouTube-Videos nach. Die Sommerferien, die zunächst für die Erstellung der Videos genutzt wurden, waren vorbei, die Schule ließ die oft stundenlange Arbeit am Videoschnitt kaum noch zu, und außerdem hatte auch die Begeisterung für die bunten Knarren zu unserer Erleichterung spürbar nachgelassen – wie das eben so ist bei manchen Spielzeugen: Erst gibt es wochenlangen Streit darüber, und plötzlich liegt das Zeug nur noch in der Ecke.

Umso überraschter waren wir, als wir später feststellten, dass eines der Videos unseres Sohns in den vergangenen Monaten verhältnismäßig sensationelle 17.000 Abrufe generiert hatte, also von vielen Tausend Menschen angesehen worden war. Wieso dem so war, fanden wir nicht heraus – vielleicht war der spezielle Test eine Seltenheit, vielleicht war das Video von irgendeiner anderen Website verlinkt worden und dadurch zu eigenem Ruhm gekommen –, auf jeden Fall aber bedeutete die massiv gestiegene Zahl von Zuschauern einen ebensolchen Anstieg der Kommentare, bei deren Lektüre wir gemeinsam viel Spaß hatten.

Das Studium von YouTube-Kommentaren eignet sich in solchen Zusammenhängen hervorragend für tiefsinnige Gespräche mit dem Nachwuchs, zum Beispiel darüber, wieso eigentlich der Satz »Du bist schwul« so häufig mit beleidigender Absicht auftaucht (nicht, dass wir das herausgefunden hätten, aber man kann dabei wunderbar über Respekt und Freiheit reden), oder auch darüber, wie wichtig Rechtschreibung gerade in Zeiten des Internet ist, damit man sich mit der Schreibweise »Itiod« nicht zu einem ebensolchen macht.

Wir fanden es faszinierend, wie gelassen unser Sohn beim Lesen der Kommentare die manchmal wirklich beleidigenden Sätze aufnahm. Zumindest nach außen hin konnten wir keine Frustration erkennen. YouTube-Kommentare, erklärte er uns, wären eben bekannt für dauerndes Gepöbel, man dürfe sie einfach nicht ernst nehmen, sondern solle sich auf die vielen netten Reaktionen konzentrieren.

Internet-Kommentare als Spiegelbild der eigenen Lebenseinstellung, als Maß dafür, ob man das Leben positiv oder negativ betrachtet!

Zu Hilfe, YouTube!

Ebenso wie sein jüngerer Bruder war der Große inzwischen zum Fachmann in Sachen YouTube geworden. Sobald eine Frage zu einem Videospiel oder auch zu Spielregeln bei einem Brettspiel, der korrekten Pflege eines Haustiers oder einer Fahrrad-Reparatur auftauchte, wurde zunächst YouTube konsultiert, fast immer mit Erfolg. Die Lösungsfindung oder Hausaufgaben-Recherche über Suchmaschinen und die Wikipedia stand bei unseren Söhnen eindeutig an zweiter Stelle, YouTube kam immer zuerst.

In der Tat ist YouTube neben Musikvideo-, Unsinn- und Informationskanal auch ein beachtliches Selbsthilfeportal, in dem unzählige Videos von Kochkursen bis zur Haarpflege alles Mögliche dokumentieren.

Die Berliner Philharmoniker haben wie viele andere internationale Orchester einen eigenen YouTube-Kanal, auf dem man sich verschiedene Konzerte anschauen und anhören kann, und es gibt sogar ein YouTube-Sinfonieorchester, für das sich junge Musiker weltweit per Video-Audition bewerben können – 2011 wurden 101 Musiker aus 33 Ländern ausgewählt und ins Opernhaus in Sydney zum gemeinsamen Konzert eingeflogen. YouTube besitzt außerdem einen separaten Bildungskanal, auf dem sich wissenschaftliche Filme von National Geographic bis BBCWorldwide ebenso finden wie Lehrfilme vom Grundschulniveau bis hin zu Universitätsvorlesungen aus Berkeley, dem MIT oder der Stanford University, um nur einige zu nennen.

Nicht allzu viel findet sich leider in deutscher Sprache. Warum das so ist? Gute Frage, die stellen wir uns auch!

YouTube ist also bei Weitem nicht auf hausgemachte Verarsche-Videos und Musikclips zu reduzieren, auch wenn unsere Söhne, zugegeben, hauptsächlich ihren Unterhaltungsdurst über YouTube stillen.

Der TV-Konsum in unserem Haushalt beschränkte sich immer schon auf ein Minimum, der Fernseher selbst ist eher ein Monitor für die Filme, die wir gemeinsam von einer DVD oder als übers Internet geliehene Datei anschauen, und das Konzept einer Fernsehsendung, die nur zu einem bestimmten Zeitpunkt angesehen werden kann, funktioniert bei uns höchstens noch bei sportlichen Live-Übertragungen. Selbst die einzelnen Folgen der Simpsons nehmen wir auf, um sie zum Zeitpunkt unserer Wahl sehen zu können.

Das Internet hatte also bereits uns Eltern das »Schauen auf Abruf« angewöhnt, bei unseren Kindern hingegen ersetzt es auch noch die uns aus dem Fernsehen bekannten Inhalte selbst. So gut wie nichts aus dem aktuellen Kulturbereich unserer Kinder gibt es im Fernsehen, wenig von dem, das sie wirklich zum Lachen bringt, stammt aus den großen Produktionshäusern. Das Internet und YouTube im Speziellen liefern mindestens einer Generation und garantiert und erst recht den folgenden ihre sehr eigenen Sendeformate und Stars nicht nur direkt auf den Computer-Bildschirm, sondern noch mehr auf das Display ihres Handys, ihres Smartphones. Die Erfolgsgeschichten von YouTube-Stars wie den Comedy-Gruppen »Y-TITTY« und »Die Außenseiter« oder auch dem Videospiel-Erklärer »Gronkh« schaffen es zwar immer mal wieder in die klassischen Medien wie Fernsehen oder Zeitung, aber allein der YouTube-Kanal von »Y-TITTY« hat eine halbe Million Abonnenten, also Menschen, die sich automatisch benachrichtigen lassen, wenn es eine neue Ausgabe einer Videoserie des betreffenden Absenders gibt. Ob die neuen Medienhelden die klassischen Medien noch brauchen, ist also fraglich. Eigene »Youtubertreffen« finden auch ohne sie statt, und beim seit 2011 existierenden »Deutschen Webvideopreis«, der sowohl Amateure als auch Profis auszeichnet und bei dem sich Scharen von Fans um ihre Online-Stars drängeln, dürfen sich Journalisten oder Entertainer aus den klassischen Medien glücklich schätzen, wenn man sie um die Teilnahme an der Jury bittet.

YouTube ist also zweifelsfrei für einen Teil der jungen Generation ihr sehr eigener Kulturraum, und wer als Elternteil ein Interesse daran hat, seine Kinder zu verstehen und zu kennen, tut gut daran, sich mit diesem Kulturraum zu beschäftigen.

Wir erinnern uns an das Unverständnis im Gesichtsausdruck unserer Eltern, wenn wir ihnen als Jugendliche einen wirklich lustigen Witz aus einem MAD-Heft zeigten, und wir wissen, dass wir heute ähnlich unbelustigt dreinschauen, wenn unsere Söhne uns die Folge eines »asdfmovie« zeigen, der krude gezeichneten

Webvideo-Serie des britischen Illustrators Thomas »TomSka« Ridgewell, die mit einem äußerst merkwürdigem Humor daherkommt, der unsere Söhne jedoch regelmäßig zum Tränenlachen bringt (und nicht nur sie: Über 190 Millionen Menschen haben sich die unmöglich zu erklärenden asdf-Videos bereits auf YouTube angeschaut, eine Zahl, die selbst innerhalb der ständigen YouTube-Gigantomanie beeindruckend ist).

Wir müssen nicht alles verstehen, was unsere Kinder bewegt. Wir wollen es aber weitgehend kennen. Wir sind froh darüber, dass sie ihre Kultserien und albernen YouTube-Videos mit uns teilen, und wir ermutigen sie dazu. Denn wir wissen, dass Gespräche über harmlose Videos und ein möglichst offenes Verhältnis von uns als Eltern dem Kulturraum unserer Kinder gegenüber ein wichtiger Teil dessen sind, was uns im Zusammenhang mit den digitalen Medien und unserem Nachwuchs am allerwichtigsten sein muss: das andauernde Gespräch darüber oder besser noch: ihre alltägliche gemeinsame Benutzung. Nur so können wir hoffen, dass sich unsere Kinder auch dann an uns wenden, wenn es einmal um weniger harmlose Dinge gehen sollte. Wenn wir Kulturbereiche wie YouTube ignorieren, weil sie uns zu fremd erscheinen oder einfach nicht unsere eigenen sind, und wenn wir damit signalisieren, dass wir diese Kulturbereiche blöd finden oder gar ablehnen, dann werden sich unsere Kinder in Ernstfällen im Zusammenhang mit ihren Medien und Kommunikationskanälen auch nicht mehr an uns wenden. Und das könnte fatal sein.

Falls Ihre Kinder nicht von allein zu Ihnen kommen, um Ihnen zu zeigen, was es auf YouTube so alles gibt: Machen Sie selbst den Anfang! Zeigen Sie Ihrem Kind, was Ihnen in Ihrer Jugend gefiel, Sketche von Loriot oder Didi Hallervorden finden sich dort ebenso wie Filmausschnitte von Louis de Funès oder Musikclips aus sämtlichen Dekaden. Wir hatten etliche extrem unterhaltsame Abende mit solchen Exkursen in die Populärkultur der Generationen, und wir erfuhren nebenbei, was unsere Kinder gerade hip finden oder worüber sie lachen. Zudem lässt sich so gemeinsam auch einiges über verschiedene YouTube-Funktionen herausfinden.

Lernen (und lehren) mit YouTube

YouTube ist also das Fernsehen der Generation unserer Kinder. Hier finden sie ihre Musik, ihre Stars, ihre Helden, ihre Kinotrailer, aber auch Gleichgesinnte, Hilfe zu allen erdenklichen Themen, sowie mit zunehmendem Alter auch ihre Nachrichten. Wir googeln, unsere Kinder youtuben.

Und der Unterschied zum Fernsehen ist: Neben viel Quatsch und aktuellsten Pop-Videos bieten Videoportale wie YouTube ein schier endloses Kultur- und Volkskunde-Archiv auf Abruf. Machen Sie den Test, nehmen Sie sich die Zeit und youtuben Sie gemeinsam mit Ihren Kindern immer dann, wenn Sie wieder einmal etwas von früher erzählen. Wir versprechen: Diesmal hört man Ihnen zu!

Obwohl es bei uns zu Hause die Regel gibt, dass Handys und erst recht ein Laptop beim gemeinsames Essen nichts verloren haben, gibt es Abende, an denen die Elektronik dann doch am Tisch landet – nachdem alle ihre Brote verspeist haben, selbstverständlich. Schuld daran sind immer die Gespräche, die wir zuvor geführt haben. Wenn es zum Beispiel um den Schulsport ging.

»Wir machen ab nächster Woche Kugelstoßen«, berichtete der knapp 13-Jährige und entfachte mit diesem harmlosen Satz eine

Kenntnisschlacht zwischen seinem jüngeren Bruder und ihm selbst, die auch die Eltern nicht unkommentiert lassen konnten. Nein, beim Kugelstoßen dreht man sich nicht, das ist Diskuswerfen. Aber doch, ja, natürlich dreht man sich beim Kugelstoßen, aber es nur eine halbe Umdrehung, um Schwung zu holen, während man die Kugel mit der Hand auf der Schulter ... auf der Schulter??

»Ungefähr 439 Ergebnisse« lieferte uns YouTube nach Eingabe des Wortes »Kugelstoßen«. Von Amateuren mitgefilmte Schulsportveranstaltungen wechselten sich in der Videoliste ab mit den Übungsvideos von Sporthochschulen. Zeitlupenaufnahmen von Profis erklären ebenso detailliert die korrekte Technik wie Trainingsvideos inklusive ihrer Analyse. Die Welt des Kugelstoßens wurde uns auf YouTube ausführlich und äußerst verständlich erläutert, und zwar genau zu dem Zeitpunkt, als wir sie suchten. Wir wurden dabei nicht nur schlauer, sondern konnten auch unseren Kompetenzstreit schlichten (indem wir wie immer behaupteten, wir hätten alle irgendwie recht gehabt). Und schließlich ist es immer toll, sportlichen Könnern zuzusehen, wenn man schon selbst keiner ist, und so verbrachten wir beim verlängerten Abendbrot zunächst eine halbe Stunde mit dem gemeinsamen Ansehen von Kugelstoß-Videos, gerieten von dort zu den Legenden der Leichtathletik von Owens über Powell und Johnson bis hin zu Carl Lewis und hängten außerdem noch einen Rückblick auf die spektakulärsten Tore in der Geschichte des Fußball an. Pelé, Maradona, Matthäus, Alberto, Helmut Rahn! Und weil die EM vor der Tür stand, erklärten wir den Jungs anhand des Videos vom Wembley-Tor noch kurz, warum die Engländer bis heute nicht so gut auf die deutsche Nationalelf zu sprechen sind.

An einem anderen Abend ging es um musikalische Popkultur. Der jüngere Sohn hatte schon den ganzen Nachmittag den Song »Easy« des deutschen Hip-Hop-Stars Cro auf seinem Handy plärren lassen und diesen lauthals mitgesungen, und Klugscheißer, die wir sind, mussten wir natürlich darauf hinweisen, dass ein Teil des Songs von einem Lied aus »unserer Zeit« stammte – moderne Songs integrieren ja gerne mal die Melodien von alten Hits. Schnurstracks suchten und fanden wir auf YouTube das Originalvideo »Sunny« von Bobby Hebb aus den frühen Siebzigern, das es wiederum in schier unzähligen Interpretationen durch alle Jahrzehnte von Ella Fitzgerald über Stevie Wonder und (natürlich!) Boney M. bis zu Versionen von jungen YouTube-Nutzern aus aller Welt gab.

Danach ging es schnell zu anderen Hits, welche die Eltern in jungen Jahren mochten und zu denen sie Geschichten zu erzählen hatten, und dazwischen brachten uns die Jungs auf den aktuellen Stand der Coolness. Es war ein extrem unterhaltsamer Abend, den wir abschlossen, indem wir den Jungs anhand von Originalaufnahmen zeigten, dass Opa auch mal ein echt wilder Kerl war und seine Musik, der Rock 'n' Roll der Fünfzigerjahre, zu wahren Saalschlachten führte und damals sogar verboten werde sollte!

Trotzdem die Musik für die Ohren der Kinder zahm klang, zeigten die Bilder, was der Einzug von Rock 'n' Roll bei Jugendlichen seiner Zeit ausgelöst hatte, es war mitreißend! Besonders deshalb, weil die nebenbei gefundenen Video-Anleitungen zum Rock 'n' Roll-Spielen auf der Gitarre zeigten, wie simpel er im Grunde aufgebaut war.

Überhaupt: Instrumente spielen und YouTube! Sie werden von der Masse der Musizier-Anleitungen auf YouTube beeindruckt sein, suchen Sie nach »Guitar Lessons«, »Piano lernen« oder »Akkordeon spielen« und Sie finden so prima gemachte Lehrvideos für Anfänger und Fortgeschrittene, dass sie die alte Klampfe vielleicht doch noch einmal aus dem Keller holen.

Auch in schulischer Hinsicht hat unseren Jungs YouTube immer wieder geholfen, was nicht überrascht, denn schließlich waren auch wir zu unserer Schulzeit immer wieder erleichtert, wenn die Lehrer den Videorekorder oder wenigsten die Overhead-Folien anschleppten, um den Unterricht zu visualisieren, denn ein Bild, noch dazu ein bewegtes, sagt nun einmal mehr als tausend Worte. Will also das Referat zum Thema »Marco Polo«, »Schneeleoparden«, »Beethoven« oder »Otto-Motor« einfach nicht fertig werden, dann gönnen Sie Ihrer Tochter oder Ihrem Sohn eine Pause von langatmigen Texten und tippen Sie das Referatthema bei YouTube ein, Sie finden jede Menge Unterrichtsstoff und Dokumentarfilme, die das Lernen etwas abwechslungsreicher machen.

Und Sie brauchen nicht auf die Schule zu warten, um Ihre selbst erlebte Geschichte zu untermalen! Erinnern Sie sich an den Mauerfall, schauen Sie sich gemeinsam mit den Kindern die Nachrichtensendungen aus dieser Zeit an, Sie finden sie auf YouTube, und Sie können sicher sein, dass diese Meldungen und die dazugehörigen Bilder Ihren Kindern mehr beibringen und ihnen besser im Gedächtnis bleiben als jede Schulstunde zum gleichen Thema.

Unser älterer Sohn wählte mit dem Wechsel in die Oberschule Japanisch als zweite Fremdsprache. Eine tolles Fach, für das man allerdings kaum Lernmaterial oder anderweitige Quellen findet, welche die lebendige Sprache zeigen. Englisch haben beide Söhne zu guten Stücken durch das Hören von Songtexten gelernt, was in unserem Kulturkreis kein Problem ist, schließlich ist Englisch allgegenwärtig. Die japanische Sprache aber findet man außerhalb der Schule höchstens auf der Rückseite der Sojasoßenflasche oder den Originalausgaben japanischer Manga-Comics. Und auf YouTube! Eine große Zahl deutscher Austauschschüler hat ihren Aufenthalt in Japan dokumentiert und gefilmte Gespräche mit japanischen Mitschülern sogar deutsch untertitelt. Es finden sich Videos von Japanern, die Deutsch lernen (sehr lustig!), japanische Musik- oder Werbeclips sowie unfassbare »Cosplay«-Videos von japanischen Jugendlichen, die sich bis aufs Haar in einen Manga-Comic-Helden verwandeln, und und und ...

Moniques und Pascals Abenteuer aus dem Französisch-Lehrbuch mögen in der Theorie hilfreich sein, aber wenn es darum geht, den Spaß an der Praxis einer Sprache zu wecken, ist YouTube sicher der bessere, weil unterhaltsamere Lernort.

Auch als unser jüngerer Sohn »Devil Sticks« auf dem Flohmarkt ergattert hatte (Sie haben das vielleicht schon einmal in der Fußgängerzone gesehen: Ein Stock wird bei diesem Jonglage-Spiel zwischen zwei weiteren hin- und hergeworfen und in der Luft herumgewirbelt), fand er auf YouTube unzählige Anleitungen und Tipps für Anfänger und Fortgeschrittene. Wie man am besten mit den Sticks umgeht, lernte er in wenigen Tagen dank der mehrteiligen Anleitung eines deutschen Jungen, der genau in seinem Alter war. Egal, was Sie lernen wollen: Tippen Sie »How to ...«, gefolgt vom jeweiligen Stichwort ein, und Sie werden feststellen, dass »How tos« ein eigenes YouTube-Genre sind. Im Bereich der Videospiele nennen sich diese Lehrvideos dann übrigens »Let's play ...« und zeigen detaillierte Anleitungen zur Bewältigung auch schwierigster Passagen.

Manche dieser Lehrvideos stammen von Amateuren, doch viele werden auch von leidenschaftlichen Profis produziert.

Der US-Amerikaner Salman Khan begann 2004 seiner Cousine Nachhilfe in Mathematik zu geben. Er bereitete für sie kurze Lehr-Videos vor, die er dann für sie wie für jedermann online stellte. Schon bald meldeten sich weitere Freunde und Bekannte, die sich seine Hilfe wünschten, und so begann er, nach und nach weitere Tutorials auf YouTube einzustellen, wo sie auch von Lehrern genutzt und auf anderen Lehrportalen gezeigt werden konnten. Der Zuspruch der Schüler, Lehrer und Eltern war so enorm, dass Khan 2009 seinen Job als Hedgefonds-Analyst kündigte und sich nur noch auf die Lehrvideos konzentrierte. Heute ist die so entstandene »Khan Academy« ein Archiv mit über 3.100 Lehrfilmen aus den Bereichen Mathematik, Naturwissenschaften, Geschichte und Wirtschaft. Die Non-Profit-Organisation finanziert sich ausschließlich durch Spenden. 2010 erhielt die Khan Academy den mit zwei Millionen US-Dollar dotierten Preis des »10100-Projektes« von Google. Seither wird die Lernplattform weiter ausgebaut und für internationale Schüler übersetzt.

Nicht selten, wenn wir Eltern solche Lehrvideos oder andere Internetinhalte gezeigt haben, fragten diese Eltern uns: »Und warum machen die das? Wenn sie kein Geld dafür bekommen?«.

Was für eine Frage!

Weil es Spaß macht, weil man sich zeigen will, weil man stolz darauf ist, Wissen zu teilen, weltweit Nachhilfe geben zu können, andere zum Lachen zu bringen, weil man Teil der Sache sein möchte, Mitstreiter für neue Ideen gewinnen will oder einen tollen Song geschrieben hat, den kein Radiosender sendet, weshalb man nun selbst zum Sender wird. So, wie Brecht es vorausgesagt hat!

Wenn man die Frage nach dem »Warum« stellt, hat man das tolle Gefühl, jemandem anderes etwas beizubringen, ihr oder ihm zu helfen, ohne dafür sofort die Hand aufzuhalten, entweder nie kennengelernt oder zu lange nicht empfunden. Sagt Ihnen der Begriff »Ehrenamt« etwas? Transportieren Sie ihn ins digitale Zeitalter und wertschätzen Sie diese neue Form des Gebens auch dann, wenn Ihnen vieles als Quatsch erscheint. Der Krankenhaus-Clown macht auch nur Quatsch – gut, dass es ihn gibt! Und heult nicht auch der höchstbezahlte Schauspieler ins Kissen, wenn der Applaus ausbleibt? Eben! Auch Beifall ist eine Währung, die ihren Wert in digitalen Zeiten sogar noch steigern konnte, oder haben Sie vergessen, wo Justin Biebers Karriere begann? Richtig: auf YouTube, richtig: für umme!

Es ist wahr, dass auch im Internet Menschen aus eigenem und materiellem Interesse handeln, es ist aber ebenso wahr, dass noch mehr Menschen dies nicht tun, Beispiele dafür gibt es nicht allein bei YouTube, sondern natürlich zuallererst in der Wikipedia und an zahllosen anderen Stellen im Netz.

Wenn Sie selbst also etwas wissen oder besonders gut können: Teilen Sie dieses Wissen, lassen Sie die Welt daran teilhaben, drehen Sie einen kurzen Videoclip, laden Sie diesen auf YouTube, und freuen Sie sich darüber, wenn Sie anderen ein wenig geholfen haben.

Und denken Sie dabei daran, wie großartig es ist, dass jüngere Generationen durch die neuen Medien ein Forum haben, das nicht immer und ausschließlich auf kommerziellen Interessen basiert. Das Geben und Nehmen im Netz, das Teilen nicht nur von Wissen, sondern auch von Gütern (dazu später mehr) ist ein wesentlicher Bestandteil der Online-Kultur unserer Kinder.

Sender und Empfänger mit Verantwortung

Eine so erfolgreiche Videoplattform wie YouTube, auf der jeder fast alles veröffentlichen kann, wirft nebenher natürlich auch jede Menge Fragen auf, und nicht zuletzt sind diese auch juristischer Natur. Nicht nur im Bereich der Musikvideos, die wir in Deutschland auf YouTube häufig nicht ansehen können, beschäftigen urheberrechtliche Fragen viele Experten, sondern auch bei Veröffentlichungen von älteren Filmdokumenten zum Beispiel aus öffentlich-rechtlicher Quelle. Viele der Rechteinhaber veröffentlichen ihre Werke selbst auf YouTube, noch mehr von ihnen erkennen den hohen volkskulturellen Nutzwert einer Plattform wie YouTube an – und die Tatsache, dass hier ein unvergleichliches Video-Archiv, eine hilfreiche Community und ein bisher nicht da gewesener Nachrichtenkanal entstanden ist. Dennoch bestehen die vorhandenen Urheberrechtsgesetze und werden nur langsam an digitale Zeiten angepasst, und sie stellen nicht nur unsere Kinder vor juristische Herausforderungen bei der Nutzung von YouTube oder anderen Internet-Plattformen, die das Teilen von Inhalten möglich machen. Auch Persönlichkeitsrechte und die Nutzungsbedingungen der einzelnen Anbieter der Plattformen – im Fall von YouTube ist das Google – spielen dabei ein Rolle.

Wir werden in den kommenden Jahren noch viel öffentlichen Streit um die bestehende Gesetzlage, aber auch Anpassungen derselben erleben, doch bis es klare, neue Regelungen gibt, sind wir als Eltern gefragt, unseren Kindern das Basiswissen über ihr Handeln und die möglichen Konsequenzen zu vermitteln.

Denn viele der wichtigen Fragen einer digital vernetzten Welt finden sich in komprimierter Form auf Portalen wie YouTube: Wie können wir wirkliche Informationen von Unsinn oder gar Propaganda unterscheiden, wie gehen wir in Kommentaren miteinander um, wie reagieren wir auf negative oder gar hasserfüllte Menschen und Inhalte? Welche dieser Inhalte sind hierzulande vom Recht auf freie Meinungsäußerung geschützt, welche überschreiten moralische oder rechtliche Grenzen? Zudem ist auch YouTube wie viele andere Teile des Internets voller Werbung, und nicht immer ist sofort erkennbar, dass ein tolles oder witziges Video am Ende ein Produktclip ist – wie also können wir werbliche von nicht kommerzieller Information unterscheiden?

Wenn Sie ihr Netzgemüse beim digitalen Heranwachsen gut beobachten, werden Sie feststellen, dass Kinder einerseits recht schnell ihren eigenen Umgang mit einigen dieser Herausforderungen entwickelt haben. Die Glaubwürdigkeit eines Videos mithilfe der Abrufzahlen, anhand der »Gefällt mir«-Bewertungen und der Kommentare zumindest im ersten Ansatz einschätzen, provokante Störenfriede an dauernder Großschreibung und vieler Ausrufzeichen identifizieren oder unangenehme Videos melden oder auch wegklicken zu können ... dies sind digitale Kulturtechniken, die das Netzgemüse schnell erlernt hat und mit denen sich Eltern oft erstaunlich schwertun. Weshalb es in solcher Hinsicht wert- und sinnvoll ist, den Jungen immer mal wieder über die Schulter zu schauen und auch nicht davor zurückzuscheuen, sich von den älteren Kindern etwas erklären zu lassen.

An anderen Stellen wiederum fällt unsere erwachsene Meinung und Erfahrung schwerer ins Gewicht als die beste Online-Kulturtechnik. Dass man Dritte nicht ohne deren Einwilligung filmt, um das Resultat auf YouTube zu veröffentlichen, dass man auch online und unter dem vermeintlichen Deckmantel eines

Pseudonyms respektvoll miteinander umgeht, oder dass es zu rechtlichen Problemen führen kann, wenn man eine kommerzielle DVD kopiert und diese auf YouTube veröffentlicht – das sollten wir als Erwachsene wissen und unseren Kindern beibringen, die speziell in rechtlicher Hinsicht selten aus Bosheit, sondern viel häufiger aus Unwissenheit handeln. Das Netzgemüse mag Icons und Buttons und deren Funktionen auf einer Website schneller identifizieren können, hinsichtlich sozialer, ethischer und auch rechtlicher Fragen sind wir jedoch als Eltern gefragt. Je mehr wir Plattformen wie YouTube gemeinsam ausprobieren und nutzen, je mehr wir dabei miteinander reden, desto besser können wir uns austauschen und voneinander lernen.

Ein jugendfreies YouTube?

YouTube ist in erster Linie eine Website für Erwachsene und Jugendliche und nicht für jüngere Kinder, aber so ist der Fernseher auch zu begreifen, und wie dort finden sich auf YouTube Clips aus der Sesamstraße, von den Teletubbies und viele andere für die jüngste Zielgruppe gedachte Inhalte.

Wie viele andere Anbieter von Portalen, auf denen sich auch junge Menschen tummeln, versucht daher auch YouTube durch bestimmte Regeln für ein gewisses Maß an Jugendschutz zu sorgen. Denn während das Internet an sich keinerlei Unterschiede zwischen Inhalten macht, es also keine automatischen Filter nach Altersgrenzen gibt, tun private Anbieter von verschiedenen Diensten und Plattformen dies durchaus.

Die YouTube-Community-Richtlinien beispielsweise beschreiben im Mai 2012 die unerwünschten Inhalte wie folgt:

»(...) YouTube unterstützt keine pornografischen oder sexuell eindeutigen Inhalte. Sollte dies auf dein Video zutreffen, darf es nicht auf YouTube gepostet werden, auch wenn es dich selbst zeigt. Zudem solltest du wissen, dass wir eng mit den Vollzugsbehörden zusammenarbeiten und die Ausbeutung von Kindern melden. Lass dir auf YouTube nichts zu Schulden kommen. (...) Poste keine Videos mit unangemessenen Inhalten, wie Misshandlungen von Tieren, Drogenmissbrauch oder Anleitungen zum Bau einer Bombe. Drastische oder grundlose Gewalt ist nicht zulässig. Wenn in deinem Video jemand verletzt, angegriffen oder erniedrigt wird, solltest du es nicht einstellen. YouTube ist keine Schocker-Website. Stelle keine schockierenden Videos von Unfällen, Leichen oder Ähnlichem ein. (...) Wir unterstützen die Redefreiheit und räumen dieses Recht jedem ein, auch bei unpopulären Standpunkten. Wir gestatten jedoch keine Hassreden, die eine Gruppe aufgrund von Rasse oder ethnischer Herkunft, Religion, Behinderung, Geschlecht, Alter, Veteranenstatus oder sexueller Orientierung/Geschlechtsidentität angreifen oder erniedrigen. Rücksichtsloses Verhalten, Stalking, Drohungen, Belästigung, Verletzung der Privatsphäre oder die Weitergabe der persönlichen Daten anderer Mitglieder werden unter keinen Umständen toleriert. Jeder, der hierbei erwischt wird, wird von YouTube permanent ausgeschlossen. (...)«

Das klingt alles recht eindeutig, funktioniert in der Praxis aber nur mittelprächtig, denn wer sucht, der findet. Und wenn er findet, dann taucht zwar auf YouTube so gut wie nie echte Pornografie auf, doch die nicht selten aus den Nachtstunden des Privatfernsehens oder obskursten ausländischen Produktionen stammenden Clips mit mehr oder minder subtilen Andeutungen und Szenen sind ja auch nicht immer das, was man Kindern vorsetzen möchte.

Dass die Umsetzung der oben zitierten Richtlinien in der Praxis also trotz fortgeschrittener Technik äußerst schwierig ist, sollte jeder Leserin und jedem Leser klar sein. Pro Sekunde wird bei YouTube eine ganze Stunde neues Videomaterial veröffentlicht, täglich sehen sich vier Milliarden Menschen Videos auf YouTube an, und eine Kontrolle der Videos durch YouTube während des Uploads, also während der Veröffentlichung, ist schier unmöglich. In den meisten Fällen ist das für den Großteil der YouTube-Videos, die sich an die Richtlinien halten, unproblematisch, und beim Herumklicken durch YouTube geschieht es äußerst selten, dass man zufällig bei nicht jugendfreien Videos landet. Doch schließlich suchen ja auch jüngere Menschen mal direkt nach bestimmten Stichworten – aus Spaß, Neugier oder hormonellen Gründen.

Wie immer im Leben sind es dann neben den erwähnten Fällen weitere unrühmliche Ausnahmen, die uns als Eltern Sorgen bereiten können. Trotzdem es keine Pornografie auf YouTube gibt, finden sich doch eindeutig sexuelle Anspielungen in Titeln und Videos. Selbige sind in den meisten Fällen zwar eher harmlos, sie stammen jedoch oft von kommerziellen Anbietern mit dem Ziel, YouTube-Nutzer auf Websites mit pornografischen Inhalten zu locken, was durch Web-Links im Beschreibungstext unter dem jeweiligen Video passiert. Diese perfide Art der Werbung für pornografische Inhalte ist auf YouTube zwar nicht zugelassen, sie automatisch zu verhindern ist jedoch schwierig.

Falls Sie sich sorgen, dass Ihr Kind auf YouTube Dinge sehen könnte, die Sie ihm nicht zutrauen oder zumuten möchten, sollten

Sie es im jüngeren Alter – sagen wir bis zu zehn Jahren – nicht alleine herumklicken lassen, ein Rat, der sowieso für das gesamte Internet gilt. Und Sie sollten weiterhin wissen, dass Sie YouTube ein wenig kindersicherer machen können, indem Sie den »sicheren Modus« für YouTube auf dem Rechner einschalten, den Ihr Kind benutzt. Sie finden diese Einstellungen und viel Hilfe zum Thema Jugendschutz ganz unten auf allen YouTube-Seiten unter »Sicherheit«. Wenn Sie sich mit einem eigenen Konto bei YouTube anmelden, können Sie diese Einstellungen mit einem Passwort sichern, so dass Ihr Kind sie nicht ändern kann. YouTube-Videos, die von YouTube, vom Video-Urheber selbst oder von anderen Nutzern als nicht jugendfrei eingestuft wurden (dies können auch andere drastischen Bilder sein, etwa Nachrichtenvideos mit sehr gewaltsamen Szenen), bleiben ihrem Kind dann verborgen.

Weiterhin sollten Sie und auch Ihr Kind wissen, dass Sie als Teil der YouTube-Gemeinde etwas dazu beitragen können, dass YouTube in der Praxis der Richtlinien-Theorie zumindest nahe kommt. Denn jedes Video, das von YouTube-Nutzern als unpassend gemeldet wird, wird einer Prüfung unterzogen, außerdem für Minderjährige, die YouTube im sicheren Modus nutzen, ausgeblendet und bei tatsächlichen Verstößen gelöscht. Wenn Ihnen oder Ihrem Kind also ein Clip auffällt, der möglicherweise gegen die YouTube-Richtlinien verstößt: Melden Sie ihn. Dies passiert durch einen Klick auf die kleine Flagge unter jedem YouTube-Video, ein für deutsche Nutzer etwas kryptisches Icon, das auf dem englischen Wort »flag« für »markieren« basiert. Nach diesem Klick erhalten Sie eine Auswahlliste der möglichen Gründe für einen Verstoß, den Sie auswählen, um anschließend Ihre Meldung mit einem Klick an YouTube zu senden.

Nicht nur YouTube, sondern fast alle größeren Plattformen und Dienstleister im Internet nutzen solche oder ähnliche Funktionen, um ihre Nutzer in einen regulierenden Prozess einzubinden. Bei allen Plattformen, die Ihr Kind nutzt, lohnt sich also der Blick auf die Hilfe-Seiten.

Die Nutzung von »Melde-Funktionen« sollte dabei bedacht stattfinden und kann die Auseinandersetzung mit dem, was unsere Kinder im Netz unter Umständen zu sehen bekommen, nicht ersetzen. Schließlich verstößt nicht jedes Video, das uns selbst nicht gefällt oder das wir für Kinder ungeeignet halten, gegen die Nutzungsrichtlinien des jeweiligen Anbieters, und letztendlich sind viele der Seiten, die von Kindern und Jugendlichen gerne genutzt werden, aus gutem Grund erst ab 13 Jahren freigegeben.

Wenn Sie jüngere Kinder also Seiten wie YouTube nutzen lassen, sollte Ihnen bewusst sein, dass sie sich selbst bei Nutzung aller Sicherheitseinstellungen auf einer Seite befinden, die nicht für jüngere Kinder gemacht wurde, und dass technische Maßnahmen zwar helfen, aber niemals das von Erwachsenen begleitete Älterwerden von Kindern ersetzen können. Sie parken Ihr Kind schließlich auch nicht mit der Fernbedienung alleine vor dem Fernseher. Und selbst, wenn Sie gemeinsam fernsehen, sind Sie vor echten Schockern nicht gefeit. Unsere Eltern fanden es beispielsweise völlig okay und richtig, zusammen mit dem gerade mal vierjährigen Enkel die Nachrichten zu verfolgen, in denen, von grausamen Bildern begleitet, über den Krieg in Afghanistan berichtet wurde. Wir waren entsetzt, aber als Eltern müssen wir uns sowieso daran gewöhnen: Wir können nicht überall sein und über alles wachen. Das Kind fährt allein zur Schule, es lernt allein andere Menschen kennen und einschätzen, und das ist gut so, denn anders kann es nicht selbstständig werden. Auch im Netz lernen unsere Kinder Teile der Welt und Menschheit kennen, die nicht ausschließlich spaßig und toll sind. Doch genauso, wie es uns als Kinder und Jugendlichen gelungen ist, werden auch unsere Kinder Sensoren und Filtermechanismen entwickelt, die on- ebenso wie offline zum Tragen kommen. Die Flut an Werbung und Bildern, die im Alltag auf unsere Kinder hereinbricht, wird gefiltert, in vielen Fällen wird das »ausgeblendet«, was sie überfordert, ein Akt, der im Netz an Stellen wie YouTube sogar teilweise noch einfacher ist als im physischen Leben. Ein zu grausames Video kann man schnell wegklicken, eine Schlägerei in der U-Bahn oder einen Unfall, dessen unfreiwilliger Zeuge man wird, jedoch nicht.

Wir halten grundsätzlich professionelle und weit verbreitete Online-Angebote wie YouTube dabei für eine relativ gute Übungsumgebung für ältere Kinder, bei denen die Vorteile die Nachteile weit überwiegen. Der zufällige Fund von wirklich drastischen Videos ist unwahrscheinlich, und auch, wenn absichtlich gesucht wird, zeigen die Ergebnisse nicht die allertiefsten Abgründe des menschlichen Daseins. Je älter Kinder werden, desto größer wird ihre Neugier und desto unwahrscheinlicher wird es auch, dass wir viel gegen jede Konfrontation mit schwierigen Inhalten tun können.

Wir erklären als Eltern unseren Kindern schon im jüngsten Alter, dass es böse Menschen gibt, sie nicht mit Fremden mitgehen sollen und ihr »Nein!« auch vor Freunden und Verwandten gilt. Je besser wir das Netzgemüse darauf vorbereiten, dass es auch im Internet nicht immer nur gute Dinge und gute Absichten zu sehen und zu erfahren gibt, desto mehr können wir bei den kleinen und großen Jugendlichen darauf vertrauen, dass sie zu eigenen Einschätzungen fähig sind und selbstständig zwischen guten und schlechten Inhalten unterscheiden können.

Es ist utopisch zu glauben, dass wir Kindern YouTube oder ähnliche Medienkanäle vorenthalten können, im Grunde ist es noch utopischer, dass wir das überhaupt wollen. Die vielfältigen Inhalte, die offene Kanäle uns schenken, sollten wir zunächst als einzigartige kulturelle Bereicherung und als mediale Weiterentwicklung wertschätzen.

Wenn wir jüngere Kinder bei der Entdeckung von YouTube begleiten, uns mit den Möglichkeiten des YouTube- bzw. Google-internen Jugendschutzes auseinandersetzen und auch beim etwas reiferen Netzgemüse wachsam bleiben und uns hin und wieder selbst einen Blick in die Online-Video-Kultur erlauben, dann erlernt der Nachwuchs mittels YouTube Fähigkeiten, die im Internet ganz allgemein nützlich sein werden. Im wünschenswerten Fall der eigenen kreativen Aktivität beschäftigt er sich sogar mit der Basis oder gar tiefergehenden Praxis der Medienerstellung. Und wer weiß, ob der eine oder die andere dabei nicht auch neue Ideen für den möglichen Berufsweg entdeckt?

Hallo, Welt: Facebook

900 Millionen Freunde

Als uns unser damals zwölfjähriger Sohn wochenlang mit mantraartigen Facebook-Gebeten drangsaliert hatte, waren wir zunächst dagegen, dass er sich ein eigenes Profil bei Facebook einrichtet. Das offizielle Nutzungsalter für Facebook beginnt mit 13 Jahren, und das hielten wir auch für angemessen. Uns war zudem nicht klar, was er in seinem Alter dort wollte.

»Na Freunde treffen, chatten und so.«

Was man generell auf Facebook tut, nämlich eben das, wussten wir natürlich, aber welche seiner Freunde wollte er denn dort treffen? Die waren ja auch alle unter 13.

»Wenn man bei Facebook angibt, dass man schon 13 ist, dann geht das. Das haben die anderen auch so gemacht.« Unsere Folgefrage vorwegnehmend zählte er einige Namen auf – erstaunlich viele, fanden wir, gaben uns aber weiterhin unbeeindruckt, so wie Eltern es immer tun, wenn »alle anderen« als Argument herangezogen werden.

Vielleicht könnte er ja aber doch erst einmal in einer speziellen Umgebung für Kinder starten, schlugen wir mit Wissen um die nicht gerade einfachen Sicherheitseinstellungen bei Facebook und die Debatten darum vor. Es gibt doch schließlich Chats und

Netzwerke wie tivi.de, die speziell für Kinder gemacht wurden, bei denen die Anmeldung von den Eltern genehmigt werden muss und Erwachsene Moderatoren über die Inhalte wachen. Es gibt zudem soziale Netzwerke wie joindiaspora.com oder zurker.com, die zwar noch nicht so bekannt sind, aber wesentlich transparenter arbeiten als Facebook und anscheinend auch mehr Wert auf den Datenschutz legen.

Doch für unseren Sohn waren das keine Alternativen.

»Die Kinder-Netzwerke sind für kleine Kinder. In meinem Alter sind alle bei Facebook, was soll ich woanders, da ist doch dann keiner.«

Und damit hatte er vermutlich recht, ob wir das nun toll finden oder nicht. Im Juni 2012 waren 24 Millionen Deutsche bei Facebook registriert, die Hälfte davon war unter 21 Jahre alt. Noch beeindruckendere Zahlen ergeben sich bei weltweiter Betrachtung, denn Facebook gibt es in derzeit 77 Sprachen: Die Anzahl der aktiven Nutzerinnen und Nutzer von Facebook lag zur gleichen Erhebungszeit bei insgesamt rund 900 Millionen Menschen, und das, obwohl der Dienst erst seit 2004 besteht – sein Gründer Mark Zuckerberg war damals 20 Jahre alt.

Wäre Facebook ein Land und die registrierten Nutzer seine Bevölkerung, wäre es das drittgrößte nach China und Indien – und diese Position kann sich beim Erscheinen dieses Buches schon wieder nach oben verändert haben, denn spätestens 2013 will Facebook die Grenze von einer Milliarde Teilnehmer durchbrochen haben.

Dabei gab und gibt es andere soziale Netzwerke und Online-Communities, die ähnlich funktionieren wie Facebook. Da ist das musikgetriebene »MySpace«, dessen Nutzerzahlen bereits 2008 von Facebook überholt wurden und das seitdem immer weniger Bedeutung hat. Beliebt waren auch einmal das auf Schüler bis 21 Jahre beschränkte Netzwerk »SchülerVZ«, doch auch ihm hat Facebook inzwischen viele Nutzerinnen und Nutzer abgenommen. Man sieht anhand dieser Beispiele, wie schnell sich der Online-Wind bei sozialen Netzwerken drehen kann und dass somit auch Facebook ein Trend und Hype sein kann, der irgendwann wieder abflaut. Doch derzeit gibt es keinen Weg daran vorbei: Facebook ist der Platzhirsch unter den Social Networks, und so zieht es auch ältere Kinder und Jugendliche in erster Linie zu dem US-Unternehmen.

Zuallererst ist Facebook dabei so erfolgreich, weil es seinen Job enorm gut macht: Facebook erleichtert es selbst Internet-Einsteigern, mit ihren Bekannten und Freunden in Kontakt zu bleiben und Gedanken, Fotos, Links und Erlebnisse mit ihnen zu teilen. Das Portal befriedigt das Bedürfnis der Menschen nach sozialer Interaktion und dem Austausch untereinander offenbar besser, als es die Konkurrenz bisher tut. Und so stellt Facebook als derzeit mit Abstand erfolgreichster Internet-Kommunikationskanal bereits für mehr als ein Viertel der bundesdeutschen Bevölkerung einen Teil ihres täglichen Soziallebens dar. Sie tun auf Facebook in erster Linie das, was Menschen schon immer in Gesellschaft getan haben: Sie quatschen, flirten, lästern, gackern und diskutieren.

Das können sie doch aber auch in der echten Welt, oder?

»Nee. Montag und Mittwoch hat Luis Training, Donnerstag Nachhilfe, und am Wochenende wollen seine Eltern keine Verabredungen. Jan macht Karate, Niklas nimmt Gitarrenunterricht und hat auch noch zweimal Nachhilfe, und ich hab ja auch immer irgendwas.«

Es stimmte, was unser Sohn sagte. Hinzu kam, dass der Unterricht bis 15 Uhr ging und die Jungs selten vor halb vier zu Hause waren – und dann standen noch die Hausaufgaben an. Der Gedanke machte uns nachdenklich.

Wie viel Zeit und Raum bleibt Kindern und Jugendlichen heute noch für selbstbestimmte Freizeitgestaltung? Haben sie überhaupt noch eine Chance, sich eine eigene, selbst definierte Welt zu erobern, eigene Projekte ins Leben zu rufen oder sich mit der Clique zu treffen und soziales Miteinander ohne erwachsene Ringrichter zu üben? Ist einer der Gründe für den Erfolg von sozialen Netzwerken generell und Facebook insbesondere vielleicht darin begründet, dass sich nicht nur Kinder, sondern auch Erwachsene – das Durchschnittsalter bei Facebook liegt schließlich bei 34 Jahren – eigentlich gerne viel mehr mit ihrem sozialen Umfeld beschäftigen würden, als es ihnen die Arbeitszeit erlaubt? Und tun sie es eben deshalb auf Facebook, weil es ihnen soziale Kontakte »zwischendurch« und mittels Handy an quasi jedem Ort erlaubt?

Sechstklässler haben heutzutage 31 Stunden Unterricht (an Gymnasien 33), ab der neunten Klasse sind es je eine Stunde mehr. Fragt man aber in die Runde, hängen viele Schulen noch ein paar Stunden dran, denn die Stundentafel der Kultusministerien der Länder gibt lediglich die Mindeststundenzahl an. Wie viele Unterrichtsstunden tatsächlich abgehalten werden, darf jede Schule für sich entscheiden, und seit Pisa darf's schon mal ein bisschen mehr sein – die Konkurrenz schläft nicht! Ein Mehr an Stunden aber braucht ein Mehr an Pausen, was den Schulschluss so weit nach hinten rückt, dass Schüler mittags an der Schule verköstigt werden müssen.

Viel früher als an gebundenen Ganztagsschulen, an denen bis 16 Uhr unterrichtet wird, kommen ältere Schüler heute generell kaum nach Hause, rückläufige Schülerzahlen führen vielerorts zu Schulschließungen, diese wiederum zu verlängerten Anfahrtszeiten, und alles zusammen zu verkürzten Freizeiten. Das Abitur nach zwölf statt 13 Jahren tut ein Übriges und erhöht den Leistungsdruck enorm. Ob wir als sogenannte »Helikopter-Eltern«, die dauernd wachend über unseren Kindern kreisen, diese dann um 19 Uhr noch allein aus dem Haus lassen, um Freunde zu besuchen, steht dabei noch einmal auf einem anderen Blatt. Fest steht: Der Arbeitsalltag vieler junger Menschen erstreckt sich heute bis in die Abendstunden und kennt keine 5-Tage-Woche – nennen Sie nur eine Gewerkschaft, die solche Arbeitszeiten für ihre Mitglieder hinnehmen würde!

Für Schülerinnen und Schüler erweitert Facebook zunächst all diejenigen sozialen Interaktionsformen, die uns aus unserer eigenen Schulzeit noch bekannt sind: Der heimliche Zettel, der im Schulunterricht von Tisch zu Tisch gereicht wurde, der Tratsch auf dem Schulhof, das gemeinsame Anschauen von Fotos oder Videos, das Telefonat mit einer Freundin, die SMS an einen Freund ... all diese Kommunikationsformen wurden oder werden von Facebook und ähnlichen Diensten abgelöst oder erweitert, denn sie sind durch mobile Technologien wie Laptops, Handys oder Tablets auch noch örtlich unabhängig geworden. Facebook überwindet Zeit und Raum. Statt »Das muss ich Franzi morgen in der Schule erzählen!« heißt es: »Das erzähle Franzi sofort!«. Via Skype, Twitter, WhatsApp und ganz besonders oft eben auf Facebook, und zwar nicht allein am Computer, sondern mit enorm steigender Tendenz immer häufiger auch übers Handy bzw. Smartphone.

Durch die eingeschränkt mögliche Personalisierung des Facebook-Profils durch eigene Fotos, den eigenen Musik- und Filmgeschmack und die Bekanntgabe anderer kultureller Vorlieben wird Facebook dabei gerade für junge Menschen zum virtuellen Jugendzimmer, dessen CD-Regale und Poster für alle Freunde jederzeit und überall sichtbar sind. Der Onlinedienst, der den Schulhof, die Bushaltestelle und die Cafeteria als Umschlagplatz für News und Klatsch auf »immer und überall« erweitert hat, ist fester Bestandteil des Alltags vieler Jugendlicher. Und das nicht immer zur Freude der Eltern, welche von der Dauerverbundenheit der Jugend genervt sind und sich nicht nur um Datenschutz, sondern auch um Mobbing, Identitätsklau und sexuelle Kontaktversuche durch Erwachsene sorgen.

Wir werden auf den folgenden Seiten das Phänomen Facebook betrachten, um uns anschließend mit möglichen Gefahren für Kinder und Jugendliche zu beschäftigen, die oft nicht allein Facebook, sondern das gesamte Internet betreffen.

Die diversen Funktionen von Facebook und seine vielfaltigen Einstellungsmöglichkeiten für die eigene Privatsphäre sind dabei so umfangreich, dass ihre detaillierte Beschreibung ein eigenes Buch füllen würde. Und tatsächlich gibt es bereits mehrere Anleitungen auf dem Markt, welche die einzelnen Bereiche von Facebook genauestens erklären. Wir verzichten daher an dieser Stelle darauf und versuchen stattdessen, ein Grundverständnis und ein gewisses Gespür für das weltweit erfolgreichste Social Network zu vermitteln.

Was Menschen so mit Facebook machen

Wenn ein Facebook-Nutzer in einem TV-Bericht den Dienst mit den Worten »Facebook hat das Internet begreifbar gemacht« lobt, dann beschreibt er den Grund für den Facebook-Erfolg ziemlich exakt. Das Internet erscheint in seiner schieren Endlosigkeit vielen Menschen, denen weniger als 172 Freizeitstunden pro Tag zur Verfügung stehen, als schlichtweg unüberschaubar. Genau das, was so toll am Netz ist, seine Vielfältigkeit und schiere Unendlichkeit nämlich, stellt eben auch eine Herausforderung dar, der sich nicht jeder Mensch stellen kann oder will.

Facebook brachte nicht als erster Internet-Dienst – aber bisher am erfolgreichsten – Ordnung in das Chaos des großen, weiten Netzes, packte die populärsten Kommunikationsanwendungen wie Chat, E-Mail, Bildergalerien, Diskussionsforen und andere Kontakt- und Interaktionsmöglichkeiten auf eine halbwegs überschaubare Seite, fügte außerdem einen SMS-Ersatz, Organisationswerkzeuge für Veranstaltungen und Marketingmöglichkeiten (sowohl für Unternehmen als auch Privatpersonen) hinzu und machte somit die ganze Chose verständlicher und, ja, auch sozialer. Facebook ist eine Art »Internet im Internet«, und alles, was jemand auf Facebook veröffentlicht – der viel verwendete englische Begriff dafür ist »posten« (abgeleitet von Poster) –, kann mit Freunden oder gar allen Facebook-Teilnehmern, die sich dafür interessieren, geteilt werden. Und das macht jede Menge Spaß.

Die Basis für Facebook-Aktivitäten ist das eigene »Profil«, eine Art Online-Visitenkarte. Hier können Sie als Facebook-Teilnehmerin oder -Teilnehmer Ihre Grunddaten angeben und auch entscheiden, welche dieser Daten von wem gesehen werden können. Nur wenige dieser Angaben sind verpflichtend, Sie entscheiden also selbst, ob Sie beispielsweise eintragen wollen, auf welche Schule Sie gegangen sind. Tun Sie dies und machen Sie diese Angabe zudem öffentlich, dann können andere Menschen bei Facebook Sie aufgrund Ihrer gemeinsamen Schulzeit finden.

Der nächste wichtige Bereich ist Ihre »Chronik«, die bis 2011 noch »Pinnwand« hieß. Auch hier entscheiden Sie selbst – allgemein oder für jeden einzelnen Fall neu – wer bei Facebook sehen kann, was dort zu lesen oder zu sehen ist. Das lässt sich in den meisten Fällen bei Facebook recht differenziert einstellen, denn zwar gilt jeder von Ihnen bestätigte Facebook-Kontakt als »Freundin« oder »Freund«, doch Sie selbst können diese Kontakte noch einmal in eigene Kategorien unterteilen. Sie möchten vielleicht zwischen beruflichen und privaten, zwischen engen Freunden und entfernten Bekannten trennen, Ihre Tochter wählt vermutlich die Freundes-Kategorien »Schule«, »Lehrer« (ja, auch manche Lehrer nutzen Facebook) und »Mama und Papa«. Und sorgt so dafür, dass Sie nicht unbedingt alles mitbekommen, was sie auf Facebook macht, denn für jede dieser Freundes-Kategorien lässt sich einstellen, was sie bei einem selbst sehen und lesen dürfen. Und was nicht.

Die Chronik ist dabei der virtuelle Ort, an dem die meisten Facebook-Aktivitäten stattfinden. Wenn Sie ein neues Foto zu Facebook hochladen, erscheint es in einem Ihrer Fotoalben, und in der Chronik steht der Hinweis »Marion hat ein neues Bild gepostet« – falls Sie Marion heißen. Wenn sich Ihr Sohn über eine Eins plus in Physik freut (passiert anscheinend selten, zumindest bei uns ist das noch nicht vorgekommen ...) und das freudige Erlebnis auf Facebook in einem Satz seinen Freunden mitteilt, dann erscheint dieser Satz in seiner Chronik. Alles, was Sie auf Facebook machen, erscheint mit Ausnahme der explizit privaten Kommunikation wie »Nachrichten« (die Facebook-interne E-Mail-Funktion) oder Chats in Ihrer Chronik. Und alles, was in der Chronik erscheint, kann wiederum von denjenigen Freunden, für die Sie das zulassen, kommentiert werden und mit deren Freunden »geteilt« werden. Wenn Sie also ein eigenes tolles Foto oder Video in Ihrer Chronik veröffentlicht oder auf einen interessanten Artikel in einem Online-Magazin hingewiesen haben, können Ihre Freunde dies an andere weiterreichen, es »teilen«. Es entsteht ein Schneeballeffekt, und immer mehr Menschen aus Ihrem weiteren Bekanntenkreis oder darüber hinaus werden auf Ihr Foto, Ihr Video oder Ihre Artikel-Empfehlung aufmerksam.

Zusätzlich können Ihre Freunde nicht nur in deren eigene Chronik, sondern auch in Ihrer schreiben oder dort Bilder posten. Glückwünsche zum Geburtstag werden auf Facebook gerne in der Chronik eines Freundes ausgesprochen, und es gehört sich dann, dass sich das Geburtstagskind im Kommentar unter dem Glückwunsch artig bedankt.

Wichtig zu wissen ist, dass Ihre Einstellungen für die Chronik darüber entscheiden, ob und in welchem Maß Ihre Facebook-Aktivitäten für andere sichtbar sind. Nicht nur für Ihre Freunde oder bestimmte Freundes-Kategorien, sondern unter Umständen auch für alle anderen 860 Millionen Facebook-Nutzer, denn es ist eben auch möglich, die gesamte Facebook-Chronik komplett öffentlich zu machen.

Neben diesen Basis-Funktionen von Facebook gibt es viele, viele weitere. Sie können auf Facebook allein oder mit anderen Spiele spielen und Ihre Ergebnisse vergleichen. Sie können die »Pages«

(spezielle Seiten bei Facebook, die in erster Linie für kommerzielle Teilnehmer des Netzwerks gedacht sind) von Produkten, Musikern oder Ihrem Fußballverein mit einem Klick auf den berühmten »Like«-Button beschenken und damit anzeigen, dass Ihnen etwas gefällt – was wiederum andere Nutzer sehen können. Sie können aber auch gleich eine eigene »Page« für Ihre Theatertruppe einrichten, um alle Mitglieder auf dem Laufenden zu halten, oder auch »Gruppen« bilden, die dann Ihr Facebook-internes Internetforum sind. Dies ist sinnvoll, wenn Sie auf Facebook mit einigen Ihrer Freunde über Ihr wöchentliches Squashmatch diskutieren wollen, Sie können dann nur diesen Freunden Zugang zu der Gruppe gewähren. Wenn Sie sich hingegen mit anderen, Ihnen vielleicht noch unbekannten Menschen über »die Achtzigerjahre in Wuppertal« austauschen möchten, dann richten Sie eine »offene« Gruppe ein, der jeder beitreten kann.

Und wenn Sie eine große Geburtstagsfeier planen, dann können Sie aus dem Termin auf Facebook eine »Veranstaltung« machen und mit einem Klick alle Ihre Freunde einladen, die wiederum mit einem Klick ihr Erscheinen bestätigen oder ihre traurige Absage erteilen können. Sie können solche Veranstaltungen auch komplett öffentlich auf Facebook kundtun, und wenn Sie dies machen, etwa 17 Jahre alt sind und jede Menge wahnsinnig witziger Freunde haben, die dann diese öffentliche Veranstaltung an ihre Freunde weitersenden, die sie wiederum ihren Freunden mitteilen ... dann stehen am betreffenden Termin unter Umständen 800 Geburtstagsgäste vor Ihrer Haustür, und Sie haben hoffentlich genügend Kuchen für alle gebacken.

Ähnliches ist schon mehrfach passiert, wenn Facebook-Nutzer ihre Aktivitäten oder Veranstaltungen unbedacht öffentlich gemacht haben, und tatsächlich forderten Politik und Polizeivertreter bereits mehrfach ein Verbot von »Facebook-Partys«, denn die öffentliche Bekanntmachung bestimmter Termine und die damit verbundene Überraschung bei der Anzahl der Gäste von Jugendlichen kann auch mal beabsichtigt sein und nicht nur Eltern, sondern auch Behörden überfordern.

Die gezielte Einstellung der eigenen Privatsphäre ist daher der erste wichtige Schritt nach der Anmeldung bei Facebook, wenn sie kein Interesse an Massenpartys haben. Sprechen Sie darüber mit Ihren Facebook-Kindern, und nutzen Sie dabei für tiefergehende Informationen zu den einzelnen Funktionen am besten gemeinsam mit Ihrem Sohn oder Ihrer Tochter genau den Ort, an dem Menschen am meisten darüber wissen: das Internet.

Gerade durch den unfassbaren Erfolg von Facebook wird wirklich jede Frage online beantwortet. Tippen Sie »Kann ich einen Kommentar auf meiner Facebook-Chronik löschen?« oder »Wie kann ich bei Facebook aus einer Gruppe austreten, zu der ich ungefragt eingeladen wurde?« in eine Suchmaschine ein, und Sie finden mehr als genügend Antworten. Versprochen.

Um Ihre Frage zu beantworten: Wir haben unserem Sohn letztendlich die Nutzung von Facebook genehmigt, ein halbes Jahr, bevor dies der Dienst selbst offiziell erlaubt. Wir haben uns die Privatsphären-Einstellungen gemeinsam mit ihm angesehen und dabei parallel mit einem anderen Rechner ausprobiert, was Fremde auf seinem Profil nach jeweiliger Einstellung sehen können. Da sein Interesse allein an der Verbindung zu seinen bereits bekannten Freunden lag, tat er sich leicht damit, sein Facebook-Profil gegenüber anderen, nicht direkt mit ihm befreundeten Nutzern komplett abzuschließen, und wir haben ihm geraten, nur jene Menschen als Facebook-Freunde zuzulassen, die er bereits persönlich, also außerhalb des Internets, kennt. Wir haben ihm außerdem bewusst gemacht, dass sein Online-Verhalten auch innerhalb eines relativ geschlossenen Kreises auf ihn als Person zurückfällt – wie viel Tragweite die Ermahnung »Benimm dich« dabei hat, steht online natürlich ebenso in den Sternen wie in der körperlichen Welt, doch wir sind bester Dinge, dass insgesamt alles gut gehen wird. Und wir wissen zudem, dass das Kind eigene Erfahrungen sammeln muss, um zu lernen.

Was Facebook so mit Menschen macht

Seien Sie sich darüber bewusst, dass alle Ihre Privatsphären-Einstellungen nur Einfluss auf die öffentliche oder nicht-öffentliche Sichtbarkeit Ihrer Facebook-Angaben für andere Nutzerinnen und Nutzer haben. Das System Facebook selbst »weiß« grundsätzlich immer, was Sie auf Facebook tun, und manchmal sogar, was Sie woanders im Netz so machen.

Die teilweise wirklich großartig umgesetzten und nützlichen Funktionen von Facebook auf der einen und der oftmals mindestens fragwürdige, automatisierte Umgang mit unseren Nutzer-Daten auf der anderen Seite machen Facebook zu einem schwer einschätzbaren Service, den wir mindestens mit Bedacht nutzen sollten.

Denn Facebook ist ein Biest. Und vermutlich können noch nicht einmal die Betreiber selbst wirklich einschätzen, ob dieses Biest nur spielen, uns brav die Zeitung holen oder nicht doch beißen wird. Als Nutzer von Diensten wie Facebook sind wir keine Kunden, sondern das Produkt, denn verkauft wird nicht uns ein Dienst, sondern den Werbekunden eine Zielgruppe. Und die sind wir.

Nun ist es aber ebenso wichtig, die dramatisch anschwellende Musik an dieser Stelle auszublenden und sich stattdessen um eine möglichst nüchterne Betrachtung zu bemühen. Hierzu gehört: Internet-Unternehmen wie Facebook verdienen ihr Geld mit Werbung, die den Teilnehmern angezeigt wird und für welche die Werbenden an Facebook bezahlen. Ebenjene Werbenden haben in digitalen Zeiten wesentlich mehr Optionen bei der Platzierung ihrer virtuellen Werbeplakate als beim klassischen Papier-Poster, denn Facebook gestattet ihnen den Zugriff auf die demografischen Daten der Nutzer: Wer eine Werbeanzeige bei Facebook platzieren will, kann diese somit relativ gezielt an die Kundschaft bringen und sie beispielsweise nur »20- bis 25-jährigen Frauen, die sich für Technik interessieren und ihren Wohnsitz in einer Großstadt haben« anzeigen lassen. Diese Art der »personalisierten Werbung«, deren Mechanismen regelmäßig der heftigen Kritik von Verbraucher- und Datenschützern ausgesetzt sind, ist im Internet mittlerweile gang und gäbe und stellt das Kerngeschäftsmodell von vielen Online-Unternehmen dar. Wundern Sie sich nicht, wenn Sie bei Amazon mal eben nach einem Paar Schuhe Ausschau gehalten haben und Ihnen bei Ihrem nächsten Facebook-Besuch Schuh-Werbung angezeigt wird. Das ist kein Zufall, sondern das Geschäft, das wir eingehen: Wir bekommen Online-Services, die wir kostenfrei nutzen können, die Anbieter dieser Services erhalten dafür unsere Daten.

Wohlgemerkt: Facebook erlaubt Werbenden die Auswahl von Zielgruppen anhand bestimmter demografischer Daten und wertet zudem unsere Interessen und Online-Tätigkeiten aus, um uns

Werbung anzuzeigen, die uns dann hoffentlich interessiert und anspricht, damit wir die beworbenen Produkte kaufen oder uns wenigstens das tolle Produktvideo ansehen. Dem oft wiederholten Gerücht, man würde Nutzerdaten an andere Unternehmen oder Datenhändler verkaufen, widerspricht Facebook bisher vehement.

Dies ist erwähnenswert, da der tatsächliche Handel mit privaten Namen, Adressen und Interessen in Deutschland eine Tradition hat, die seit langer Zeit, ehe es so etwas wie das Internet auch nur in der Vision eines Computerfreaks gab, gepflegt wird und bei der klassische Versandhäuser, die Post, Banken und andere Unternehmen ebenso eine Rolle spielen wie die offiziellen Meldeämter in den Gemeinden. Man kann nicht behaupten, dass Facebook oder andere Internet-Unternehmen die Auswertung von privaten Personendaten zu Werbezwecken erfunden hätten, man könnte aber feststellen, dass zumindest aufmerksamen Bürgern diese Mechanismen bei Facebook bekannter sind als bei der Deutschen Post.

Das macht die Werbeauswertung bei Facebook und anderen natürlich nicht besser. Wie vertrauenswürdig solche Aussagen zur Datennutzung bei Facebook für die Zukunft sind, steht zudem auf einem ganz anderen Blatt, denn wie alle Unternehmen behält sich Facebook eine Änderung seiner Geschäftsbedingungen jederzeit vor. Es ist absurd, aber wahr: Nutzer von Online-Diensten bestätigen mit dem Absenden ihrer Registrierung Geschäftsbedingungen, die sie sowieso nicht lesen, und in denen steht, dass sie sich jederzeit ändern können. Man könnte zum Thema AGB also auch sagen: Sie sind geradezu wertlos.

Und so legen Facebook und genauso Google, Apple und viele andere die Spielregeln für ihre Dienste und Datensammlungen tatsächlich regelmäßig neu fest. Teils, weil es juristisch nicht anders geht, teils, weil man sich neue Möglichkeiten der Vermarktung sichern will.

Als Kontrollinstanzen für diese immer neuen Geschäftsbedingungen gelten neben Medien, staatlichen Stellen, Verbraucher- und Datenschützern, die regelmäßig mit den besagten Unternehmen aneinandergeraten, vor allem die Nutzer selbst. Bereits mehrfach gerieten Neuerungen bei Facebook in die Kritik der Nutzer, deren Protest zu Anpassungen in der Umsetzung besagter Neuerungen führte. Die Optimisten freuen sich dabei über die schnelle Reaktion von Facebook auf Nutzerkritik, die Pessimisten fragen sich, wieso das Unternehmen nicht von Anfang an korrekt gehandelt hat, und vermuten Hinterlist.

Doch nicht nur für Werbetreibende sind die gesammelten Nutzerdaten von Facebook interessant. Mark Zuckerbergs Unternehmen beschäftigt ein gutes Dutzend Sozialwissenschaftler, deren Aufgabe es ist, herauszufinden, was man mit der weltweit einzigartigen Masse an Personendaten anfangen kann. Facebook weiß von bald einer Milliarde Menschen mal mehr und mal weniger genau, was sie tun, was sie mögen, wie sie miteinander interagieren, vor allem aber: wie sie reagieren. Und zwar nicht nur innerhalb von Facebook, sondern beinahe Internet-weit. Denn der leicht in andere Webseiten zu integrierende »Like«-Button des Unternehmens und die Möglichkeit, sich auch auf anderen, nicht von Facebook betriebenen Seiten mit dem eigenen Facebook-Passwort einloggen zu können, zeichnen unsere Klick-Aktivitäten auch dann auf, wenn wir gerade gar nicht auf Facebook sind. Wer von Facebook aus weiter im Netz flaniert, aber auch, wer mit seinem Google-Konto nach Information oder

Ablenkung im Netz sucht oder auf seinem iPad eine App kauft, der hinterlegt eine detaillierte Datenspur und schärft ein digitales Profil, das er selbst nicht kennt und kaum kontrollieren kann. Und das bisher vermutlich zwar »nur« für Werbezwecke genutzt wird, über dessen zukünftige Verwendung jedoch niemand wirklich Aussagen treffen kann.

In einem Test gab Facebook im April 2012 einem Teil der US-amerikanischen Teilnehmerinnen und Teilnehmer die Möglichkeit, in ihrem Facebook-Profil freiwillig anzugeben, ob sie registrierte Organspender sind. Die Angabe löste im positiven Fall eine Meldung mit Hinweis an alle Facebook-Freunde der Organspender aus (»dein Freund Martin Schulze hat angegeben, dass er Organspender ist«), und siehe da: Als Ergebnis einer »Kaskade des sozialen Drucks«, wie es das Magazin »Technology Review« nannte, vervielfachten sich die Organspender-Neuanmeldungen in den 44 ausgewählten US-Bundestaaten um den Faktor 23!

Dass Sozialwissenschaftler wie Werbetreibende bei solchen Aussichten rote Gesichter vor Aufregung bekommen, ist nachvollziehbar. Und dass Forscher aufschlussreiche gesellschaftliche Erkenntnisse aus den Nutzungsdaten der Facebook-Teilnehmer gewinnen könnten, vorstellbar.

Ob so viel Macht in so jungen Händen wie denen von Mark Zuckerberg sicher aufgehoben ist – oder in wessen Händen sie sicherer wäre, ist dabei unmöglich zu beantworten. Schließlich kann niemand wissen, was Mark Zuckerberg, sein Team oder mögliche zukünftige Investoren oder Facebook-Inhaber mit unseren Daten noch anstellen und was mit diesen Daten passieren könnte, wenn sie in falsche Hände geraten oder einfach nur zu denjenigen, für die sie nicht bestimmt waren.

Bisher ist uns kein Fall bekannt, in dem eine Lebensversicherung nach dem Tod eines Menschen nicht gezahlt hat, weil sie in seinem Facebook-Profil ein Party-Foto von ihm mit einer Zigarette in der Hand gefunden hat – obwohl der Versicherte doch angegeben hatte, Nichtraucher zu sein. Doch der Fall könnte eintreten, und auch, wenn die rechtliche Grundlage dafür zweifelhaft wäre, ist bei der Debatte um Datenschutz bei Facebook die Nutzung unserer Angaben und Aktivitäten für Werbezwecke des Unternehmens somit offensichtlich nur die eine Sache. Eine weitere, die uns als Eltern vielleicht noch viel mehr interessiert, ist das, was Dritte mit unseren Facebook-Inhalten anstellen könnten.

Was Menschen so mit Menschen machen

Die oft erzählte Geschichte geht so: Da gibt es den Firmenchef oder den Personalentscheider, bei dem sich ein junger Mann und eine junge Frau nach ihrem Schulabschluss um einen Ausbildungsplatz bewerben. Der Personalentscheider sucht nach Erhalt der Bewerbung nach den Namen der beiden bei Facebook und findet von dem jungen Mann Fotos, auf dem der Jugendliche bei der Abifeier angetrunken zu sein scheint, und von der jungen Dame die »Like«-Angabe bei einer politischen Gruppierung.

Der Personalentscheider sagt beiden ab, denn er will in der Firma niemanden, der Alkohol trinkt, und vertritt eine andere politische Meinung als die Bewerberin.

Dieser Fall der Effekte von Facebook-Profilen, die nicht nur für Freunde einsehbar sind, ist konstruiert, doch er ist möglich und sogar wahrscheinlich. Es gibt Personalentscheider, die so funktionieren.

Hart gesagt gibt es also nur zwei mögliche Ratschläge für Sie und Ihre Kinder in Bezug auf die Nutzung von Facebook oder dem Internet generell, das schließlich auch an vielen anderen Stellen Möglichkeiten zur Selbstdarstellung bietet.

Der erste davon lautet: Veröffentlichen Sie keinerlei persönliche Meinungen, Fotos, Interessen oder Vorlieben im Internet. Egal, was Sie öffentlich im Netz tun – und fast alles, was Sie im Netz tun, ist mehr oder weniger öffentlich: Irgendjemand könnte im Verlauf Ihres Lebens daran Anstoß nehmen und Ihre Karriere negativ beeinflussen, indem er Ihnen zum Beispiel einen Job nicht gibt.

Oder aber Sie befolgen den zweiten Ratschlag: Erziehen Sie Ihre Kinder zu starken und eigenständigen Persönlichkeiten, die den Job von einem solchen Personalentscheider erst gar nicht wollen, der offenbar zu bigott ist, um zugeben zu können, dass er auch mal gefeiert hat, und der sich an der politischen Einstellung einer jungen Frau stört, noch bevor er sie als mögliche Mitarbeiterin kennengelernt hat. Und sorgen Sie, soweit dies in Ihrer Macht steht, vor allem dafür, dass Ihre Kinder in ihrem zukünftigen Berufsleben anders mit Menschen umgehen als dieser Personalentscheider.

Die beiden Ratschläge sind Extreme, das tatsächliche Online-Verhalten unserer Kinder wird im gesunden Mittelweg liegen. Doch im Kern sind die Aussagen korrekt, denn die gesellschaftlichen Herausforderungen, vor die uns das Internet im Allgemeinen oder Facebook im Speziellen stellen, sind menschlicher Natur, und für welchen persönlichen Umgang mit den digitalen Medien wir uns entscheiden, hängt von unserer individuellen Sozialisierung, unserem beruflichen und privaten Umfeld und unserem Charakter ab.

Niemand zwingt Sie, Facebook zu nutzen. Vielleicht haben Sie Freunde, die sie dazu drängen wollen, weil es »so schön einfach« sei, vielleicht wollen Sie von diesen Freunden jedoch gar nicht täglich über deren Aktivitäten informiert werden, vielleicht haben Sie auch einfach genug andere Dinge zu tun oder Ihnen ist ein bisschen unwohl bei dem Gedanken daran, dass Mark Zuckerberg weiß, welche Musik Sie mögen. Dann sagen Sie »Nein« zu Facebook. Sie schaffen das.

Für Ihre heranwachsenden Kinder stellt sich die Sache ab einem gewissen Alter unter Umständen jedoch etwas anders dar. Gerade bei angehenden Teenagern und Jugendlichen, die bereits mitten in der Pubertät stecken, kann der Wunsch nach Gruppenzugehörigkeit, der Drang zur Selbstdarstellung und die eigene Eitelkeit solche an sich freien Entscheidungen mit beeinflussen und der soziale Druck wachsen, bei Facebook mitmachen »zu müssen«. Weil alle anderen ja auch ... na, Sie wissen schon.

Natürlich geben wir unseren Kindern dabei generelle Empfehlungen mit auf den Weg. Wir legen ihnen den gewissenhaften Umgang mit ihren Privatsphären-Einstellungen bei Facebook ans Herz. Wir raten ihnen bei der Veröffentlichung von Fotos, auf denen Dritte zu sehen sind, diese vorher um Erlaubnis zu fragen. Und wir bitten sie inständig, nichts zu veröffentlichen, das nicht sowieso jeder sehen oder wissen darf – denn selbst, wenn ein Foto auf Facebook nur für drei Freunde sichtbar ist, kann jeder von ihnen das Foto auf seinem lokalen Computer speichern und es dann per Handy oder E-Mail an Dritte weiterleiten. Völlig kontrollierbar sind digitale Daten also nie.

Unsere Eltern-Einschätzung dessen, was jeder sehen und wissen darf, unterscheidet sich dabei aber wahrscheinlich massiv von der unserer Kinder. Als Eltern mögen wir ein wenig zu besorgt sein und eine endlose negative Tragweite im Falle eines Falles befürchten, während unsere Kinder naiver und sorgloser mit ihren Daten umgehen. Gerade für junge Menschen, denen Mode, Styling und Selbstdarstellung enorm wichtig sind und die sich gerne erwachsen und manchmal auch »sexy« präsentieren wollen, ist es mitunter nicht leicht, den Vorstellungen der Eltern zu entsprechen. Für die es wiederum oft schwer ist, den Selbstdarstellungsdrang ihrer Kinder zu ertragen.

Ein Stück weit müssen wir da durch. Und ein anderes Stück weit gilt es, im Gespräch mit den Kindern deutlich zu machen, warum wir uns sorgen, wenn wir z.B. ihre Fotos zu aufreizend oder zu privat finden. Reden Sie hierbei Klartext mit Ihrem Sohn und Ihrer Tochter: Es gibt Menschen, die freizügigere Fotos als Einladung für Flirtversuche oder im wahrsten Sinne des Wortes schlichte Anmache missverstehen. Und mit diesen will das Netzgemüse sicher nichts zu tun haben, denn sie sind mindestens nervig und aufdringlich und im schlimmsten Fall auch gefährlich.

Um solche Menschen generell zu vermeiden, sollten Sie sich und Ihre Kinder zusätzlich mit den diversen Sperr-, Melde- und Blockierverfahren bei Facebook und anderen Diensten vertraut machen. Zusätzlich zu den generellen Einstellungen zur Privatsphäre kann jeder Teilnehmer ohne Angabe von Gründen einzelne andere Facebook-Nutzer dauerhaft blockieren, also völlig vom eigenen Profil aussperren, diesen ist es danach nicht mehr möglich, Kontakt aufzunehmen oder Fotos oder andere eigene Veröffentlichungen einzusehen. Eindeutig aufdringliche Personen oder gar Menschen, die einem ungefragt Fotos mit etwa sexuellen Inhalten schicken, kann man zudem mit wenigen Klicks bei Facebook nicht nur sperren, sondern zusätzlich auch wegen Missbrauchs und Belästigung nicht nur bei Facebook, sondern in letzter Konsequenz auch bei der Polizei melden, also anzeigen.

Sprechen Sie auch über diese Möglichkeiten mit Ihren Kindern, bestehen Sie darauf, dass sie diese Funktion kennen und im Falle eines Falles auch nutzen. Und versichern Sie ihnen vor allem, dass sie auch im Fall von Online-Problemen mit Ihnen reden können und Beistand und Hilfe finden.

Schutzräume und Schmutzträume

So hilfreich all die Facebook-Sicherheitsfunktionen und unsere elterlichen Gesprächsangebote für unsere Kinder auch sein können: Was nützen sie, wenn Jugendliche völlig irrational oder gar bewusst »falsch« handeln, wie es gerade in der Pubertät nun einmal vorkommt? Wenn Experimentierfreude, alberne Mutproben, Gruppenzwang, öffentlich ausgeführte Streitigkeiten und Rivalitäten, verletzte oder zur Schau gestellte Eitelkeit und Neugier überwiegen, wenn das Netzgemüse auf die Ratschläge der Eltern oder Netzexperten pfeift und entweder mal richtig Mist baut, sich belügen oder zu etwas überreden lässt oder sich schlicht äußerst dämlich benimmt, jedenfalls aus Erwachsenensicht? Und was nützen die ganzen Sicherheitseinstellungen und Warnhinweise, wenn Unfälle passieren, jemand uns einen widerlichen Streich spielt, uns wirklich etwas Böses will, oder wenn das Schicksal eine Falle aufgestellt hat?

Die Antwort lautet in diesem Fall: Nichts.

Keine Technik und kein Ratschlag, keine Mutter und kein Vater der Welt kann Kindern hundertprozentige Sicherheit in allen Lebenssituationen garantieren. Dies gilt für die körperliche Welt ebenso wie für den virtuellen Lebensraum und ist Teil dessen, was wir Leben nennen.

Unter einem bestimmten Blickwinkel bietet dabei die virtuelle Welt unseren Kindern einen besseren Schutzraum als die physische, und eine unserer Vermutungen ist, dass diese Tatsache durchaus mit ein Grund dafür ist, warum viele junge Menschen die Online-Welten so lieben.

Ständige Warnungen und Besorgnis der Eltern, Nachrichten der Medien über böse und gewalttätige Menschen, Umweltkatastrophen und Unfälle hinterlassen ihre Spuren bei einer jungen Generationen, die sich als Reaktion heimisch und sicher fühlt in einer körperlosen Welt, die relativ gut kontrolliert und in der Unangenehmes meist mit einem Klick zum Verschwinden gebracht werden kann – zumindest, was Fotos, Videos, Chat- oder Mail-Nachrichten angeht.

Wer als Jugendlicher das Echtleben-Basiswissen für Heranwachsende beherrscht – lass dich nicht von Fremden anquatschen oder zu Treffen überreden; misstraue vorerst denen, die du nicht kennst und die dir komisch kommen; gib keinem Fremden deine Adresse oder Telefonnummer; lass dich nicht zu etwas überreden; sag »Nein«, wenn du etwas nicht willst –, der bringt die besten Voraussetzungen mit, um gut und sicher auch durchs Online-Leben zu tapsen. Niemand kann auf Facebook Ihre Tochter in ein Auto zerren, niemand kann Ihren Sohn online körperlich angreifen. Sexueller und körperlicher Missbrauch findet nicht virtuell statt – sondern in der Realität des Alltags und erschütternderweise in der Mehrzahl aller gemeldeten Fälle innerhalb des Familien- und Bekanntenkreises.

Mobbing

Verletzt werden können Kinder – ebenso wie Erwachsene – leider dennoch auch im Netz. Virtualität ist nicht die Abwesenheit von Realität, sondern von Körperlichkeit, und Emotionen lassen sich nicht wegklicken; Beleidigungen und verbale Angriffe schmerzen; Gemeinheiten, wie sie auch unter Kindern und Jugendlichen in unfassbarer Härte vorkommen, hinterlassen unter Umständen Wunden.

Auch auf Facebook fliegen bisweilen die Fetzen, wenn rivalisierende Klassengruppierungen sich gegenseitig »fertigmachen«, persönliche Streitigkeiten auch online weitergeführt werden oder gezieltes Mobbing (im Netz: Cyber-Mobbing) durch gehässige Kommentare, Links oder diffamierende Fotos stattfindet, und keineswegs sind Streit, Häme oder Attacken auf Netzwerke wie Facebook beschränkt. Und auch der »Identitätsklau« ist ein Mittel des Angriffs auf Personen, wenn sich jemand unter einem anderen Namen, etwa dem eines ungeliebten Mitschülers, bei einem Dienst wie Facebook anmeldet, um diesen Mitschüler durch »Fakes«, also gefälschte Einträge, zu diskreditieren oder in den Dreck zu ziehen.

Solches Mobbing passiert dabei nie ausschließlich im Netz, sondern zusätzlich. Ein im Netz gemobbtes Kind wird mit an Sicherheit grenzender Wahrscheinlichkeit auch im Schulalltag angegriffen, weshalb die Arbeit von Eltern, Lehrern und in schweren Fällen auch von Psychologen in erster Linie im körperlichen Leben stattfinden muss. Ein unter Mobbing leidendes Kind braucht zuallererst echte Unterstützung und Hilfe – und außerdem das Gefühl von Gerechtigkeit.

Sollten Sie durch das Verhalten Ihres Kindes, durch Berichte von Lehrern, Freunden oder dem Kind selbst den Eindruck haben, dass Streitereien und Gehässigkeiten bestimmte Grenzen überschritten haben, zögern Sie nicht, einzugreifen und aktiv zu werden.

Es gibt natürlich Auseinandersetzungen, die zwischen den Kindern selbst geklärt werden können und ohne schwere Folgen bleiben, da die Betroffenen in ihrem eigenen Familien- und Freundeskreis sicher aufgehoben und daher stark genug sind, kurzfristige Querelen auszuhalten und auch wieder zu beenden. Regelmäßig gemobbte Kinder, die sich nicht zur Wehr setzen können oder zu wenig Unterstützung haben, leiden jedoch ungemein und brauchen daher Hilfe, die im Familien- und Schulbereich beginnen muss. Da in vielen Fällen die Täter bekannt sind, gehören zunächst offene, durch die Lehrer begleitete Gespräche im Klassenverband zu den ersten Schritten, Eltern sollten sich ebenso miteinander kurzschließen, und wenn es dem Kind trotz solcher Maßnahmen weiterhin schlecht geht, sind psychologischer Rat und Hilfe vonnöten. Sollten Angriffe auf ihr Kind auch nach ersten Gesprächen weitergehen oder besonders harte Formen annehmen, gibt es auch keinen Grund, vor dem Einschalten eines Anwalts oder der Polizei zurückzuschrecken.

Im Alltag vereiteln dabei die Kinder selbst manchmal solche Schritte, wenn sie sich aus Angst vor weiteren und schlimmeren Attacken der Mitschüler still verhalten und größeren Wirbel um die Geschichte vermeiden wollen. In der Hoffnung, dass unsere Kindern offen mit uns auch über ihre Probleme reden und wir ihnen helfen können, sollten wir daher versuchen, ihnen klarzumachen, dass sie in jeder Lebenssituation ein Recht darauf haben, sich zu wehren, und dass es keineswegs eine Schmach ist, wenn sie es tun. Und dass dies kaum ein Mensch alleine schaffen kann, weshalb die Inanspruchnahme von Hilfe kein Zeichen von Schwäche ist.

Diese Hilfe gegebenenfalls auch über die Schule und andere Eltern hinausgehend einzuholen, ist dabei enorm wichtig, ihr Kind muss für das eigene Selbstwertgefühl wissen, dass es keineswegs ein Kavalierdelikt ist, wenn Menschen andere »fertigmachen« oder sich online als jemand anderes ausgeben, um einer Person zu schaden. Das Anlegen eines Benutzerprofils unter einem anderen Namen als dem eigenen stellt in Deutschland keinen Strafbestand dar – dieser Person dann aber durch Äußerungen oder Aufrufe Schaden zuzufügen, schon.

Erstaunlicherweise sorgen sich übrigens fast alle Eltern, mit denen wir gesprochen haben, ausschließlich darum, dass ihr Kind Mobbing-Opfer werden könnte. Dabei sollte die Sorge darum, dass ein junger Mensch zum Täter wird, mindestens ebenso groß sein. Wenn Sie bei Ihren Kindern viel Geläster über Mitschüler hören, wenn Sie den Eindruck haben, dass immer die gleichen Namen als »Loser« oder Außenseiter auftauchen: Greifen Sie auch an diesen Stellen ein, sprechen Sie mit Ihren Kindern, fordern Sie Empathie, Toleranz und Fairness ein. Und leben Sie diese Tugenden vor allem vor.

Das Leben in unserer Gesellschaft bringt nicht nur hohen Leistungsdruck und enormen Zeitaufwand für Bildung und Karriere mit sich, sondern auch zwischenmenschliche Härte. Das gezielte Übervorteilen von Dritten, Lästereien über vermeintlich Schwächere oder das aktive Ausgrenzen derjenigen, die aus irgendwelchen Gründen nicht den aktuellen gesellschaftlichen

Anforderungen entsprechen, sind keine naturgegebenen Verhaltensmuster von Kindern und Jugendlichen, sondern sie werden ihnen von uns Erwachsenen vorgelebt – wenn nicht direkt in der Familie, so doch durch den ständigen Anspruch, »besser sein« zu müssen als andere, durch die Medien, durch die Werbung.

Gegen solche Trends im Allgemeinen anzugehen, noch bevor es zu Mobbing kommt, ist unsere Aufgabe als Eltern und Lehrer, denn wir sind die Erwachsenen, die Kindern vormachen, wie die Welt, die Gesellschaft und das menschliche Miteinander im wünschenswerten Fall funktionieren. Und sobald Mobbing passiert, sind wir gefordert, uns einzumischen, zu schlichten, zu thematisieren und – mit der nötigen Sensibilität und gegebenenfalls professioneller Unterstützung – Täterinnen und Täter zur Verantwortung zu ziehen. Dabei das Gespür für die Balance zwischen feinfühliger Aufmerksamkeit einerseits und der Vermeidung von Überdramatisierung andererseits zu finden, ist nicht immer leicht, doch gemeinsam mit Eltern, Lehrern und natürlich den Kindern selbst definitiv machbar. Stehen Sie Ihrem Kind zur Seite, helfen Sie ihm, holen Sie dafür, wenn nötig, professionelle Hilfe hinzu, bemühen Sie sich darum, dass Opfern Gerechtigkeit widerfährt. Und behalten Sie bei alledem im Blick, dass »normale«, irgendwann auch wieder beigelegte Streitigkeiten für die Entwicklung der Kinder durchaus wichtig sind.

Tun Sie bitte eines auf keinen Fall: das Internet oder Facebook verbieten. Auch und gerade wenn Ihr Kind Opfer oder Täter im Bereich »Cyber-Mobbing« geworden ist, plädieren wir für mehr Internet für die Kinder statt weniger.

Zu Hilfe: Mehr Internet!

Diejenigen Jugendlichen, die Facebook regelmäßig nutzen und mit denen wir gesprochen haben, kannten alle oben aufgeführten Funktionen, um Kommentare und Gehässigkeiten zu löschen oder zu melden, und sie fühlten sich recht sicher in ihrem virtuellen Jugendzimmer. Nicht selten tauchten in unseren Gesprächen Sätze auf wie »Wenn mir einer blöd kommt, sperre ich den einfach und melde ihn«. Einige dieser Jugendlichen waren sogar bereits dazu übergegangen, ihre veröffentlichten Facebook-Aktivtäten in regelmäßigen Abständen inklusive der Kommentare ihrer Freunde zu löschen – die eigene, begeisterte Party-Meldung vom letzten Wochenende verschwand wenige Tage danach durch solche Löschungen; die für Freunde oder auch Dritte sichtbaren Aktivitäten waren also immer nur für einen Zeitraum weniger aktueller Tage zu sehen, nicht etwa rückwirkend für mehrere Wochen, Monate oder gar Jahre.

Diese Jugendlichen hatten einen eigenen Weg gefunden, die Vorteile von Facebook für sich zu nutzen, gleichzeitig aber keine endlosen Aktivitätsdatenspuren anzulegen, die ihnen im späteren Leben einmal hinderlich sein könnten.

Ob Facebook dabei vom Teilnehmer entfernte Daten tatsächlich auch gänzlich von den Servern des Unternehmens löscht, bleibt dabei ebenso ungewiss wie die Frage, ob nicht einer der Freunde das Partybild doch noch auf seinem Rechner gespeichert hat, doch zumindest führen solche Maßnahmen dazu, dass die Einträge nicht mehr sichtbar sind, besonders für neugierige Lehrer oder spätere Arbeitgeber nicht.

Viel unsicherer als die eben beschriebenen Facebook-Teilnehmer erschienen uns dagegen diejenigen Jugendlichen, die nur sehr selten, von den Eltern argwöhnisch betrachtet und »ausnahmsweise« das Internet nutzen konnten und auf Facebook nur ab und zu – und oft heimlich, also ohne das Wissen der Eltern, aktiv waren.

Während die komplexen Einstellungsmöglichkeiten für ihre Facebook-sicheren Altersgenossen zu einem ständig zu kontrollierenden Teil der Sache geworden waren, über den sich die Jugendlichen auch regelmäßig untereinander austauschten, konnten die heimlichen Facebook-Nutzer unsere Fragen zu ihren Sicherheits- und Privatsphären-Einstellungen nur selten beantworten. Die ihnen zur Verfügung stehende Online-Zeit reichte einfach nicht aus, um sich mit den einzelnen Funktionen wirklich vertraut zu machen, der Chat ging dann immer vor.

Wenn ihr Kind alt genug ist und ein Interesse an Online-Welten zeigt, wenn es Facebook nutzen möchte, wenn es chatten will: Sorgen Sie dafür, dass es so gut wie möglich weiß, was es tut, und geben Sie ihm genügend Zeit, Dinge und Funktionen kennenzulernen und auszuprobieren. Anfangs gemeinsam mit Ihnen, später aber auf jeden Fall auch allein. Nichts gibt Kindern mehr Sicherheit als eigene Erfahrung, dies gilt online genauso wie offline. Wenn Sie Ihr Kind jeden Tag zur Schule fahren und abholen, wird es am einzigen Tag im Monat, an dem es alleine mit dem Bus fahren muss, unsicher sein. Fährt es jedoch täglich alleine, gewinnt es Erfahrung und vor allem Selbstvertrauen, eine der wichtigsten Fähigkeiten für Ihren Sohn oder Ihre Tochter, auch im Online-Leben und ganz besonders in kritischen Bereichen.

Egal, ob es um den Schulalltag geht oder um die Nutzung von sozialen Netzwerken: Es gilt, Kinder stark zu machen, ihr Selbstbewusstsein zu fördern und mit ihnen frühzeitig auch über die Schattenseiten des menschlichen Wesens zu reden und darüber, wie sie diese meiden können. Technische Möglichkeiten und ihre Kenntnis bleiben dabei immer nur ein Teil der möglichen Maßnahmen gegen gehässige oder aufdringliche Menschen mit bösen Absichten; der viel größere und wichtigere ist Vertrauen – in sich selbst und in die Familie und Freunde.

Grausam(es) finden

Nicht nur emotionale Grausamkeit, sondern auch brutale oder furchterregende Bilder und Videos können sich in das Bewusstsein von jungen wie älteren Menschen einbrennen und zu psychischen Belastungen werden. Dass unsere Kinder in Netzwerken wie Facebook solche Bilder sehen, ist dabei relativ unwahrscheinlich, denn die Politik des US-Unternehmens ist derart rigide, dass sogar künstlerische und harmlose Akt-Fotos oder das Bild einer stillenden Mutter in kürzester Zeit von Facebook-Seiten verschwinden, also zensiert werden – sehr zum Ärger der Fotografen oder Mütter, die ihren Freunden und Bekannten ihre Arbeiten oder ihren Nachwuchs zeigen wollen und sich bevormundet sehen. Es bleibt in diesen Fällen eine Tatsache, derer wir uns bei der Nutzung von (trotz der Kostenfreiheit für uns) kommerziellen Angeboten wie Facebook, Apples AppStore, diverser Google-Services und anderen bewusst sein sollten: Unsere Freiheit hört dort auf, wo die Geschäftsbedingungen der Anbieter anfangen.

In einem völlig ungefilterten Internet, das ältere Kinder und Jugendliche benutzen, ist es dennoch möglich, dass sie Grausames zu Gesicht bekommen, was sie unter Umständen lange beschäftigen wird. Die Wahrscheinlichkeit, dass dies völlig unvermittelt und zufällig passiert, ist dabei jedoch vielleicht sogar geringer als im physischen Leben. Die Tatsache, dass auch der normale Alltag Schlimmstes für uns und unsere Kinder bereithalten kann, wurde uns während der Arbeit an diesem Buch auf eine sehr traurige Art erneut bewusst: Unser älterer Sohn war Augenzeuge eines Verkehrsunfalls geworden, bei dem ein Mensch auf grausame Weise und direkt vor den Augen unseres Kindes sein Leben verlor. Unser inniger Wunsch als Eltern, die Zeit zurückdrehen und das Erlebte ungeschehen zu machen, war ebenso groß wie sinnlos, und so können wir in diesem Fall nichts anderes tun, als ihm mit aller Kraft zur Seite zu stehen und zu hoffen, dass er mit dem Erlebten klarkommt.

Es ist höchst unwahrscheinlich, dass unsere Kinder im Internet ähnlich Furchtbares auf so unvermittelte Weise erfahren, wie es bei einem Unfall der Fall ist. In 22 Jahren der regelmäßigen und intensiven Internetnutzung ist uns noch kein Fall vorgekommen, in dem ein grausames Bild oder Video plötzlich auf unserem Monitor aufspringt, während wir recherchieren, schreiben, spielen, lesen, lachen, ein Video ansehen oder nach aktuellen Musiktipps suchen. Nicht einmal in den oft wirklich ätzenden Fällen von Spam, dieser ungefragt zugesandten und meist an Erwachsene gerichteten Werbung per E-Mail, sind uns ähnlich brutale Bilder vorgekommen, wie sie unser Sohn sehen musste.

Wirklich Schlimmes sieht man im Internet in der Regel dann, wenn man gezielt danach sucht oder sich bewusst und absichtlich in die dunkleren Seitengassen des Netzes begibt.

Was Sie selbst wahrscheinlich nie tun.

Aber Ihre Kinder.

Nicht nur aus Neugier steuern Kinder gezielt und absichtlich auch mal Dinge an, von denen sie genau wissen, dass ihre Eltern nicht entzückt darüber wären. Geschlossene Türen warten nur darauf, geöffnet zu werden. Neugierde und der Drang danach, etwas »Krasses« zu sehen oder sich gegenseitig beim »etwas Aushalten« zu übertreffen, ist dabei vielleicht irrational – der ein oder andere Leser wird sich dennoch an solche Situationen in der eigenen Jugend erinnern. Und nicht zuletzt kann auch das Gefühl der Gruppenzugehörigkeit eine Rolle spielen, wenn sich etwa manche Jugendliche besonders harte Bilder sogar gegenseitig in Bilder-Foren zeigen und diese Bilder auf zynische Weise kommentieren – was man kaum verstehen oder erklären kann, am Ende aber als Form einer Subkultur betrachten muss, die es als »Underground«, als kulturellen Untergrund schon immer gab und dessen verschiedene Formen und Schattierungen auch vor den Zeiten des Internets regelmäßig Eltern Sorgen bereitet und Jugendschützer auf den Plan gerufen haben. Wie oft haben wir in den letzten Jahrzehnten davon gelesen, wie sehr »die Jugend« verroht, wie ziellos sie ist und welchen fürchterlichen Trends sie wieder hinterherjagt? Wie viele TV-Dokus haben wir gesehen über Tattoos, Piercings, Orgien und natürlich ganz schlimme Musikrichtungen, denen unsere Kinder verfallen sind? Punks haben sich Sicherheitsnadeln durch die Wange gestochen, Techno-Kids haben Ecstasy-Pillen eingeworfen, es wird gekifft und gesoffen. Jugendliche tun Dinge, die Erwachsene weder verstehen noch gut finden (über Dinge, die Erwachsene tun und die Jugendliche weder verstehen noch gut finden, schreiben wir an dieser Stelle nicht).

Und das tun sie auch im Internet, wo aus einem der oben

erwähnten Bilder-Foren auch der Gruppierungsbegriff »Anonymous« entstanden ist, eine Überschrift für mal mehr und mal weniger miteinander abgestimmte Polit-Aktivisten oder auch »Hacktivisten«, die Computer und Netzwerke für Protestformen nutzen. Unter dem Titel »Anonymous« sind solche Hacktivisten, die sich in der Öffentlichkeit durch die aus dem Comic und Film »V for Vendetta« stammende »Guy-Fawkes-Maske« gleichzeitig zu erkennen geben und tarnen, nicht nur im Internet aktiv, und durch spektakuläre Aktionen gegen Scientology oder auch gegen Server von Regierungen und Unternehmen tauchte der Name häufiger in den klassischen Massenmedien auf. »Anonymous« ist ein Kind des Online-Undergrounds und dabei durchaus umstritten, wie es sich für Underground gehört.

Was Jugendliche tatsächlich zu bestimmten Taten, Interessen oder Gruppierungen treibt, wird für Erwachsene immer schwer (oder nahezu unmöglich) zu verstehen oder zu erklären sein. Es lohnt sich dennoch immer wieder, sich Mühe zu geben und hinzusehen, auch wenn es zunächst wehtut.

Als ich, Johnny, mich während der Arbeit an diesem Buch gezielt auf die Suche nach Grausamkeiten im Netz begeben habe, bin ich nach langen Reisen durch Webseiten voller merkwürdigster Meinungen und für meinen Geschmack absurdester Interessensgruppen sowie geschmacklosestem Humor auch bei einem Forum gelandet, in dem es wirklich darum ging, grausame Videos zu zeigen. Ich habe dort etwa zwei Stunden verbracht und danach noch viele Tage lang über das Gesehene und Gelesene nachgedacht, denn das Forum war etwas völlig anderes, als ich zunächst erwartet und befürchtet hatte.

Falls Sie schwache Nerven haben, empfehle ich Ihnen an dieser

Stelle ernsthaft, den nächsten Absatz zu überspringen, denn ich werde Ihnen in aller Kürze und Sachlichkeit eines der in dem Forum gezeigten Videos beschreiben, das ich ob seiner Grausamkeit bis heute nicht vergessen kann. Das Video war von einem der Forumsteilnehmer aus einer anderen Gasse des Internets auf die Diskussionsseite kopiert worden, er selbst war also nicht der Urheber des Videos, und er hatte dem Video als Warnung die Empfehlung vorausgestellt, wenigstens den Ton abzuschalten, falls man sich das Video wirklich ansehen würde. Der Empfehlung mit dem Ton kam ich nach und klickte das Video an.

In dem wenige Minuten langen, sehr real aussehenden Amateurfilm (es spielt letztendlich keine Rolle, ob der Film echt oder inszeniert war) sah man einen Mann, der auf einer Wiese hinter einem Bauernhof eine lebendige Katze in die Kamera hielt. Dann ging der Mann zu einem kleinen, auf der Wiese aufgestellten Käfig, sperrte die Katze dort hinein, übergoss das eingesperrte Tier mit Benzin, zündete es an und sah regungslos dabei zu, wie die Katze bei lebendigem Leib verbrannte.

Ich war sehr froh, dass ich der Empfehlung gefolgt war, den Ton des Films abzuschalten. Ich hätte nicht auch noch ertragen können, die Schreie des Tiers zu hören.

Ich weiß, dass auf Bauernhöfen junge Tiere getötet werden, und nicht immer nur zur Gewinnung von Nahrung, sondern im Fall von Katzen oder Hunden auch, um sich einer Überzahl von für den Bauern »nutzlosen« Tieren zu entledigen. Ich weiß das.

Dennoch schockierte mich die sadistische Art und Weise, wie diese Tötung vonstatten gegangen war, und fast noch mehr die Tatsache, dass jemand den Vorgang gefilmt und das Video auch noch ins Internet gestellt hatte.

Nachdem ich den Film gesehen hatte, wollte ich eigentlich gar nicht mehr lesen, was in den Kommentaren unter dem Video folgte, denn ich befürchtete Böses und Zynisches, schließlich ging es ja in dem ganzen Forum ausgewiesenerweise um grausame Videos, also waren die Teilnehmer vermutlich alle tier- und menschenquälende Sadisten, die sich an solchen Filmen ergötzen.

Natürlich las ich trotzdem weiter (beantworten Sie sich selbst die Frage, ob Sie weitergelesen hätten – hätte Ihre Neugier gesiegt oder Ihre Vernunft?). Und ich war froh darüber, denn das komplette Gegenteil von Unmenschlichkeit war in der dem Video folgenden Debatte der Fall.

Kein einziger Kommentar zu dem Film war arrogant, gemein, sadistisch oder tat auch nur so, als hätte er den Clip auf irgendeine Art toll gefunden. Die jungen Forumsteilnehmerinnen und -teilnehmer (ich vermutete anhand der Schreib- und Ausdrucksweisen sowie aufgrund der geschilderten Geschichten, dass es in erster Linie Teenager waren) schütteten sich stattdessen gegenseitig ihre Herzen aus ob der gesehenen Grausamkeit. Sie berichteten seitenweise, wie sehr sie das Video erschüttert und schockiert hatte, dass sie nächtelang nicht hatten schlafen können, dass sie es bereut hatten, das Video angeklickt zu haben. Den Schock-Schilderungen folgten immer weitere, und schnell war die Diskussion beim Austausch von anderen furchtbaren Geschichten, die man gesehen hatte. Im Internet. Oder auch im echten Leben. Zum Beispiel als Zeuge eines Unfalls.

Diese Menschen, unter denen garantiert auch ältere Kinder waren, halfen sich gegenseitig in ihrer Ohnmacht gegenüber den Grausamkeiten der Welt, indem sie sich darüber unterhielten und sich verbal beistanden. Sätze wie »Ich weiß, wie du dich fühlst«

oder »Das kann ich gut verstehen, denn mir ist einmal etwas Ähnliches passiert« las ich mehr als einmal an diesem Abend und in diesem Forum, das mir plötzlich so ganz anders erschien als bei meinem allerersten Blick.

Warum, mögen Sie sich fragen, gehen Menschen absichtlich zu einem Internetforum mit gewalttätigen Inhalten und unterhalten sich darüber?

Vielleicht, vermute ich, weil es ihnen hilft, mit dem Schrecklichen klarzukommen. Vielleicht, weil es selbst erlebte Grausamkeiten relativiert. Vielleicht, weil sie dort Menschen finden, die ihnen zuhören, sie verstehen und eine Gefühlswelt mit ihnen teilen, zu der auch Angst gehört. Und vielleicht, weil ihnen all dies an anderen Stellen in ihrem Leben nicht möglich ist.

Ich behaupte nicht, dass alle Orte im Internet, an denen man auf Schlimmes stoßen kann, in Wahrheit Selbsthilfegruppen sind, denn eine solche Behauptung wäre Blödsinn. Es gibt sadistische und grausame Menschen, auch im Internet, und es gibt auch jene, die ohne Rücksicht auf Anstand, Moral und Ethik ihren eigenen Profit aus der Sensationsgier anderer und aus der traurigen Tatsache schlagen wollen, dass es Leute gibt, die sich am Leid anderer erfreuen. Wir brauchen nicht ins Internet zu schauen, um uns ihrer Existenz zu versichern, dazu genügt schon ein Blick in die meistverkaufte Tageszeitung Deutschlands.

Trotzdem – oder deshalb – lohnen sich generelle Gedanken über den Umgang unserer Gesellschaft mit Themen wie Gewalt, Horror, dem Schrecklichen. Welche Bilder haben meine Kinder im Kopf, die im Auto sitzend den Radionachrichten lauschen, in denen zwischen Euro-Rettung und Wetterbericht von einem soeben verhafteten Mann berichtet wird, der seine Frau vor den

Augen der gemeinsamen Kinder getötet und zerstückelt hat? Wie erklären wir solche Taten, solche Kopf-Bilder? Ich kann es nicht. Sie können es nicht. Wir waren es doch, die unseren Kindern erklärt hatten, es gäbe keine Monster. Sondern? Menschen?

Doch unsere Kinder müssen ebenso wie wir lernen, damit umzugehen und auch die brutalen Schattenseiten des Lebens und der Welt irgendwie zu verdauen. Das beschriebene Forum schien mir für die Teilnehmer ein Weg zu sein, genau dies zu tun. Und es zeigt uns, dass Gewalt und Brutalität, Grausamkeiten und Schreckliches immer Teil unseres Daseins sind, ein Teil, der nicht einfach verschwindet, wenn wir uns auch noch so sehr bemühen, ihn auszublenden. Weshalb wir ihn manchmal eher thematisieren als totschweigen müssen, und das geht im Internet hin und wieder besser als im physischen Leben.

Wir schützen junge Kinder vor grausamen Bildern und Filmen, so gut es eben geht, im physischen Leben durch unsere Obhut, im Internet durch die begleitete Nutzung oder technische Hürden und Filtersysteme. Irgendwann jedoch entziehen sich unsere Kinder unserem dauernden Schutz, und sie werden lernen, ihren eigenen zu entwickeln. Erinnern Sie sich an Ihre eigenen Erlebnisse mit Grausamkeiten, erinnern Sie sich auch daran, wann Sie zum ersten Mal bewusst an einer bestimmten Stelle eines Filmes weggeschaut haben oder einen Film gar absichtlich nicht angesehen haben. Diesen Selbstschutz entwickeln auch Ihre Kinder, vertrauen Sie darauf.

Wir werden als Eltern die womöglich absichtliche Suche nach »krassen« Dingen im Internet nicht verhindern können, wir helfen den Kindern aber hoffentlich dabei, sich selbst zu definieren, eigene Limits auszuloten und den Punkt zu erkennen, an dem die

Grenze des für sie Erträglichen erreicht ist, um dann abschalten zu können.

Das aufgeführte Beispiel des Forums zeigt zudem: Nicht immer ist das, was Sie von Ihrem Kind vielleicht vermuten oder um was Sie sich sorgen, in Absicht und Wirkung so eindeutig definierbar, wie es vorerst scheint. Das gilt auch für Pornografie.

sperma gesicht, geile nackte teenies, sexkontakte, ficken bilder, nuten

Eine Bekannte erzählte mir, Tanja, dass sich ihr zehnjähriger Sohn im Internet ein pornografisches Video angeschaut habe. Sie hatte nur zufällig davon erfahren, weil sie einen eindeutig betitelten Link im Browserverlauf (also dort, wo man die zuletzt aufgerufenen Webseiten sehen kann) des Rechners entdeckt hatte, den kurz zuvor ihr Sohn benutzt hatte.

»Irgendein YouTube-Video über Sperma-ins-Gesicht-spritzen!«

»Oh nein!«

»Oh doch! Na, den hab ich mir erst mal vorgeknöpft! Er hatte auch selbst ein total schlechtes Gewissen und wusste gleich, worum es ging. Er hat mir versprochen, dass er nie wieder so was guckt, und fand es okay, dass ich ihm für einen Monat Internetverbot erteilt habe.«

»Und das Video war auf YouTube?« fragte ich. »Da ist doch Pornografie streng verboten.«

»Ja, kannste mal sehen!«

»Aber hast du das Video gemeldet?«

»Natürlich nicht, dazu hätte ich das Video ja noch mal aufrufen müssen. Das war mir echt zu eklig!«

»Du hast dir das Video gar nicht angeschaut?«

»Natürlich nicht!«

Mal ehrlich: Ein zehnjähriger Junge weiß, was Sperma ist, und dass es im Gesicht eigentlich nichts verloren hat. Wenn dieser Junge also die für ihn völlig absurde Kombination der Begriffe »Sperma« und »Gesicht« liest, ist doch völlig klar, dass er darauf klickt! Und zwar aus der gleichen Neugierde heraus, mit der er auf ein Video mit dem Titel »Elefant fährt Achterbahn« klicken würde.

Es ist sehr viel wahrscheinlicher, dass »Sperma ins Gesicht spritzen« für einen Zehnjährigen nach einer Geschicklichkeitsübung in Richtung »Namen in den Schnee pinkeln« klingt, als dass er dabei an eine Variation des erotischen Miteinanders zwischen Menschen denkt.

Hin und wieder den Browserverlauf des Kindes zu checken kann nicht schaden, ist völlig legitim und bis zu einem bestimmten Alter sogar ratsam. Damit man aber weiß, ob und worüber man mit dem Nachwuchs ein Wörtchen zu reden hat, muss man sich die Sache wenigstens auch ansehen.

Im genannten Beispiel ist davon auszugehen, dass das Video einfach nur interessant betitelt wurde, damit es angeschaut wird. Wozu das gut sein soll? Nun, den Titel dieses Kapitels erhielt ich aufgrund meiner YouTube-Sucheingabe »Sperma, Gesicht«. Die Kombination der beiden Begriffe förderte etliche Videos mit noch expliziteren Titeln zutage, in denen aber nichts zu sehen ist als schlecht gefilmte Frauen, die mit dem Hintern vor der Kamera wackeln. Das braucht man zwar auch nicht, aber pornografisch ist das zu null Prozent. Alle diese Videos dienten nur dem Zweck, ein Dating-Portal zu bewerben, das sich zwar sicherlich nicht auf »Singles, die sich für Botanik interessieren« spezialisiert hat, das aber registrierungs- und kostenpflichtig war. Nichts für Zehnjährige ohne Kreditkarte also.

Diesen YouTube-Trick, Videos mit bestimmten Suchbegriffen und Schlüsselwörtern zu versehen, sogenannten »Tags«, um neugierig oder auch harmlos suchende Nutzer mit völlig anderen Videos und vor allem Links zu ködern, kennt übrigens nicht nur die Industrie für Partnerschafts- oder Kontaktbörsen im Internet, sondern auch die orthodoxe Kirche. Die gleiche Sucheingabe wie oben bringt nach den Arschwackelvideos jede Menge christlich-orthodoxe Bilder zum Vorschein, verpackt in einem Video und vertont mit »WAHR Jungfrau Maria wir Sie zu vergrößern! Byzantinisch Orthodoxen Rumänischen Gesang«, so zumindest der Titel eines der Clips. Der Beschreibungstext zu diesem Video besteht aus endlosen, (automatisch und daher schlecht) aus dem Rumänischen übersetzten Texten über den »einzig wahren Glauben«.

Ja, manche Leute im Netz nerven furchtbar. Dem Zehnjährigen ist jedoch auf YouTube nichts Schlimmes widerfahren, tatsächlich wäre noch zu beurteilen, welches der genannten Videos einen schlechteren Einfluss auf ihn gehabt haben könnte, doch das überlassen wir Ihnen.

Okay, durchatmen. Aber wie zum Teufel kam der Junge überhaupt auf diese Videos? Hatte er danach gesucht? Vielleicht ja, vielleicht nein. Es gibt vielerlei sexuelle Spielereien mit von Erwachsenen erdachten, verspielten Namen. Was kann das Kind dafür, wenn es nach einer lustigen Verkleidung für das kommende Faschingsfest sucht und dabei auf einen sehr potenten, aber echt schlecht verkleideten Harry Pöter trifft?

Es ist in jedem Fall nicht fair, zu schimpfen und Verbote zu erteilen, vielleicht hat sich Ihr Kind selbst heftig erschrocken und wird nun auch noch bestraft für etwas, das es weder absichtlich sehen wollte noch vorher einschätzen konnte. Und vielleicht ist wie im beschriebenen Fall auch gar nichts Arges passiert, scheuen Sie daher nicht den Blick auf das, was Ihr Kind sich angesehen hat. Nur so erfahren Sie, ob Sorge vielleicht völlig überflüssig war und ob Sie bei YouTube ein wirklich pornografisches Video als Verstoß melden könnten. Oder aber, worüber tatsächlich ein Wörtchen gesprochen werden sollte, denn je nach Alter des Kindes kann die Sache natürlich auch anders aussehen.

Ich, Johnny, hatte garantiert nicht vor, dem zwölfjährigen Freund meines Sohnes hinterherzuspionieren, er hatte mir sein iPhone selbst für ein paar Minuten überlassen mit der Bitte, ein technisches Problem für ihn zu lösen.

Ich rief den integrierten Internet-Browser auf, um auf einer Website nach Hilfe zu suchen, und landete während dieser Suche in der Verlaufshistorie. Und ich staunte nicht schlecht, als ich die Namen dieser Webseiten aufgelistet bekam, die der junge Mann offenbar zuletzt besucht hatte:

»Two lesbians ...«
»Hot girls and ...«
»Hardcore sex ...«
»...«

Der schmale Bildschirm des Smartphones zeigte keine längeren Sätze an, doch ich konnte mir den Rest denken und wusste ein, zwei kurze Klicks später, dass hinter den Titeln durchaus das zu finden war, was selbige ankündigten.

Ich war etwas irritiert, weil mich die Pornovideos auf dem Smartphone eines Zwölfjährigen so unvermittelt »erwischt« hatten; in erster Linie aber überkam mich eine Mischung aus schlechtem Gewissen und Ernsthaftigkeit. Es ging mich nämlich zunächst überhaupt nichts an, was der Junge sich auf seinem Handy ansah, auch ein Zwölfjähriger hat ein Recht auf Privatsphäre. Gleichzeitig aber verspürte ich die Pflicht, über das zu reden, was man in einem Pornofilm zu sehen bekommt, und zwar zuallererst mit meinem eigenen Sohn.

Denn so viel war mir urplötzlich klar: Wenn sich der Kumpel meines Sohnes pornografische Filme und Fotos ansah, lag die Wahrscheinlichkeit, dass mein Sohn das ebenfalls tat, bei geschätzten 112 Prozent.

Ähnlich wie bei gewalttätigen Inhalten ist auch bei Pornografie eine der wichtigen Erkenntnisse für Eltern, dass die Wahrscheinlichkeit recht klein ist, dass ein junger Mensch zufällig auf die wirklich dunklen oder strikt für Erwachsene gemachten Seiten im Internet gelangt. Viel größer ist die, dass das Kind danach gesucht hat ... und fündig wurde.

Um Missverständnissen vorzubeugen: Unsere Söhne waren zu dem Zeitpunkt der oben begonnenen Geschichte natürlich aufgeklärt. Und dass die Suche nach nackten Körpern irgendwann stattfinden würde, war mir klar, ich hatte schließlich im etwa gleichen Alter die Bücher meiner Eltern in ihrer Abwesenheit nach den »spannenden« Stellen durchforstet, und wo der Vater eines guten Freundes damals seine Playboy-Sammlung versteckt hielt, das wusste ich von seinem Sohn, der die halbe männliche Klassengemeinschaft regelmäßig zur gemeinsamen Lektüre einlud.

Mir war außerdem immer bewusst gewesen, dass mir ein Gespräch über das Thema irgendwann bevorstand. Aber doch nicht jetzt schon! Ich war völlig unvorbereitet!

Ich gab dem Jungen sein Handy nebst gelöstem Problem zurück, ohne ihn auf meinen zufälligen Fund anzusprechen, und grübelte drei Tage lang schwerer, als ich es erwartet hatte. Ich musste mir zunächst einmal eingestehen, dass ich das Thema bis dahin erfolgreich verdrängt hatte. Weil es nämlich eine Sache ist, zu wissen, dass man mit seinem Sohn irgendwann über Pornografie reden muss – eine völlig andere jedoch, es auch zu tun.

Denn man kann es drehen und wenden, wie man will, man kann noch so aufgeklärt und offen mit allen Themen dieser Welt umgehen, man weiß doch sehr genau: Die Eltern sind die Allerletzten, mit denen Kinder oder Jugendliche über Sex jenseits der prinzipiellen Aufklärung reden wollen. Es gibt einfach Lebensbereiche, die man als Heranwachsender im Detail nur mit sich selbst und vielleicht noch mit Gleichaltrigen ausmachen möchte – dieser gehört mit Sicherheit dazu.

Dennoch beschloss ich, mir den Älteren zum Gespräch zu schnappen, denn ein paar Dinge wollte ich zu dem Thema doch loswerden. Ich sprach ihn also in einer ruhigen Minute direkt an und ersparte ihm und mir sowohl schwerfällige Umschreibungen als auch Vorwürfe oder Vermutungen. Ich hielt es für geschickt, die Dinge beim Namen zu nennen und vorausschauend statt reagierend zu wirken (»Also, falls du mal Pornokram im Internet sehen solltest …«), und ja, ich habe oft genug gestottert dabei, und zugegebenermaßen war unser Gespräch eigentlich keines, sondern eher ein Monolog meinerseits, der nur mit dem ein oder anderen »Hm …« von meinem Sohn quittiert wurde. Doch ich hatte auch nicht ernsthaft ausführlichere Fragen erwartet. Ich wollte ihn nur wissen lassen: Ich weiß, dass es das gibt, und ich weiß, dass das manchmal schwer zu verstehen ist.

Meine dringendsten Anmerkungen wurde ich los: Dass Pornografie genau wie andere Filme eine Fantasie- und Scheinwelt darstellt, die mal wenig, mal gar nichts mit der Realität zu tun hat; dass man Schauspielerinnen und Schauspieler sieht; dass man sich und andere nicht zwingen sollte, etwas anzusehen, das man nicht sehen möchte; dass es auch in diesem Bereich diesen merkwürdigen Drang einiger Menschen gibt, immer alles noch krasser und härter darzustellen, und dass dies auch zu Darstellungen führen kann, die selbst Erwachsene schockieren und beunruhigen können ... und dass er bitte nicht auf die Idee kommen soll, seinen kleinen Bruder damit zu schocken.

Am allerwichtigsten war es mir jedoch, zwei Dinge zu erwähnen, die mich selbst am meisten an Pornografie stören: Dass man nämlich a) das Wichtigste beim Sex so gut wie nie zu sehen bekommt: den Spaß an der Lust. Pornografie sieht oft nach Qual aus, verzerrte Gesichter und angestrengte Laute und Schreie vermitteln gerade jungen Menschen ohne eigene Erfahrung und Relativierungschancen den Eindruck, die ganze Sache wäre in jeder Form schmerzvoll und brutal – und die Ausnahmen von dieser Regel sind nicht unbedingt diejenigen, die man nach einer kurzen Internet-Suche zuerst findet. Meinem Sohn zu versichern, dass Sex Spaß macht und toll und schön sein soll (man die Sache aber vor allem in Ruhe angehen und keine Filme nachspielen muss), das war mir wichtig. Und auch, dass es b) im echten Leben um Respekt geht. Um Behutsamkeit gegenüber der oder dem anderen, um beiderseitiges Vertrauen und darum, niemals jemanden zu irgendetwas zu zwingen – und sich auch zu nichts zwingen zu lassen.

Sagen Sie Ihrem Nachwuchs, was wichtig ist in Bezug auf Sex und den körperlichen Umgang mit anderen Menschen. Trauen Sie sich, denn allein dies zeigt Ihrem Kind, dass Sie wissen, was es alles gibt auf dieser Welt, und dass es nicht allein ist mit möglichen Gedanken oder Sorgen über das, was es früher oder später ohnehin zu sehen bekommt.

Viel mehr werden Sie kaum tun können, denn es wird unter Garantie passieren, und Sie werden es höchstens zufällig mitbekommen: Versehentlich oder aufgrund gezielter Suche wird Ihr Kind – im Internet und auch an anderen Stellen – auf Pornografie stoßen. Trotzdem in den allermeisten Fällen niemand ein Interesse daran hat, Minderjährige gezielt mit Pornografie zu konfrontieren, ist die Darstellung von Sex im Netz problemlos auffindbar, und manchmal auch durch Zufall oder die simple Neugier, die ein Kind dazu bringt, »gerade-neu-gelerntes-schmutziges-wort.com« in die Adresszeile des Browsers einzutippen.

Um solche Irrtümer für die Jüngsten zu vermeiden oder die Suche ein wenig kniffliger zu gestalten, können Sie die Suchmaschine Ihres Rechners oder den Internetzugang zu Hause etwas einschränken (wir geben dazu am Ende des Buches ein paar Tipps), doch es wird Ihnen ebenso wenig wie unseren Eltern gelingen, einem neugierigen Kind diese Seiten des Lebens vorzuenthalten. Es kann daher nur unsere Aufgabe als Eltern sein, Kindern den Unterschied zwischen Realität und Fiktion zu erklären (ein Unterschied, den sie im maßgeblichen Alter anhand anderer, nicht-pornografischer Spielfilme vermutlich auch schon selbst erlernt haben) und Ihnen den respektvollen zwischenmenschlichen Umgang so gut wie möglich vorzuleben. Denn nach wie vor orientieren sich Heranwachsende am allermeisten an ihren Eltern. Auch wenn wir das manchmal kaum glauben können.

Ich war selbst etwa zwölf Jahre alt, als ich unter der Rückbank eines Linienbusses die zerrissenen Seiten eines wirklich fiesen Pornoheftes fand, das voller Brutalität war und mich tagelang beschäftigte, und zwar nicht in einem positiven Sinn. Ich trug große Verwirrung und auch Verzweiflung mit mir herum und redete mit niemandem darüber, schließlich blendete ich das Gesehene immer mehr aus. Mir war bewusst, dass ich in bestimmte Ebenen des menschlichen Daseins geblickt hatte, ich hatte gelernt, dass es diese gibt, und ich hatte beschlossen, sie zu ignorieren. Mein erst einige Jahre später einsetzendes wirkliches Interesse an nackten Menschen und Sex blieb unbeeinträchtigt von diesem Erlebnis.

Während ich sicher bin, dass unsere Kinder heute genauso wie ich damals diesen »Ausblendmechanismus« beherrschen, den sie sich sowieso schon früh in anderen ihnen unverständlichen oder sie überfordernden Lebensbereichen zulegen müssen, zeigt mein Beispiel aus einer komplett internetlosen Zeit, dass die Konfrontation mit Pornografie kein Phänomen des Netzes ist. Sehr wohl aber erleichtert das Netz den Zugang, senkt die Hürden und lässt vor allem eine sinnvolle Selektion kaum zu. Es ist eine interessante Frage, inwieweit sich daran überhaupt etwas ändern ließe oder inwieweit es als Mangel der Netzstrukturen zu sehen ist, den man zu beheben versuchen sollte. Ein Vierzehnjähriger kann sich noch so viel Mühe geben, sich im Netz altersgerecht – oder zumindest zunächst vorsichtig – mit Sexualität zu beschäftigen, die Wahrscheinlichkeit ist groß, dass er bei aktiver Suche in Bereichen landet, die ihn unter Umständen überfordern oder schockieren. Das Netz hat einen Teil der Sexualerziehung von Jugendlichen übernommen, lehrt dabei aber überwiegend nur Sexismus. Der kommerzielle Hintergrund der meisten Angebote und die daraus folgende Konzentration auf Männerfantasien stellt ein Sexual- und vor allem Frauenbild fern jeder Realität dar.

Über Lösungen für solche Herausforderungen wird viel geredet und nachgedacht. Die kommerzielle Porno-Industrie unterstützt zwar diverse Filterprogramme, doch decken diese nur einige Bereiche des Netzes ab. Und der staatliche Jugendschutz bleibt in diesen Fragen eine äußerst knifflige Angelegenheit, denn bei Gedanken über Kennzeichnungspflichten von Websites und internetweiten Filtermechanismen müssen auch Fragen des Datenschutzes, der Zensur-Möglichkeiten und der technischen Machbarkeit und Verlässlichkeit beantwortet werden. Schließlich will und kann man nicht einfach nach Stichworten oder Bildern filtern, denn der Zugang zu Informationen zur Sexualität, die mit Pornografie nichts zu tun hat, dennoch aber ähnliche Stichworte und auch Bilder benutzen kann, muss auch und gerade jungen Menschen erhalten bleiben. Zudem bleibt jede Form des nationalen Jugendschutzes zweifelhaft und schwierig ob seiner Wirkung in einem internationalen Netzwerk.

Vielleicht wird es in den nächsten Jahren für Eltern einfacher werden, ein »Kindernet« zu verwalten, wahrscheinlich werden die meisten Lösungen dafür aus dem Netz selbst kommen. Mit ziemlicher Sicherheit jedoch wird uns niemand unsere Verantwortungen und Pflichten als Eltern abnehmen, und das ist gut, denn nur so können wir selbst entscheiden, wie wir erziehen. Auch wenn mehr Unterstützung und Hilfe dabei wirklich wünschenswert wäre.

Doch es bleibt dabei: Kleine Kinder nicht unbeaufsichtigt in ein ungefiltertes Netz zu lassen und die größeren zur Verantwortung zu erziehen und darauf vorzubereiten, dass die Welt und ihre Einwohner nicht immer leicht verständlich und verdaulich sind – das sind unsere gar nicht so neuen Eltern-Aufgaben. Je besser wir diese wahrnehmen oder je besser uns dies gelingt, desto leichter fällt es uns später, den noch älteren Kindern zu vertrauen und uns auf sie und ihre eigenen Instinkte zu verlassen. Wofür es viele Gründe gibt, wie verschiedene Studien beweisen.

Denn seit Jahrzehnten forscht man über den Einfluss von Pornografie auf den – insbesondere jungen – Menschen, und das Internet macht das Thema noch erforschenswerter. Die Studie »Jugendsexualität 2010« der Bundeszentrale für gesundheitliche Aufklärung (BZgA) stellte dabei fest, dass die höhere Präsenz und Verfügbarkeit von Pornografie diese zu einer Alltäglichkeit degradiert und nicht zur Verwahrlosung und Verrohung von Jugendlichen führt. Zudem attestierte nicht nur diese Studie, dass es keine Veränderung bei Männern und Frauen gibt hinsichtlich der Intimität in ihrer aktuellen Beziehung und der Vorstellung davon, was guten Sex ausmacht, egal, ob die Befragten während ihrer Pubertät häufig oder selten Pornos konsumiert hatten. Verschiedene aktuelle Studien der Deutschen Gesellschaft für Sexualforschung (DGfS) belegen weiterhin, dass Jugendliche sich von eher konventionellen Sexdarstellungen erregt fühlen, ungewöhnlichere oder brutalere Darstellungen finden sie dagegen »null erregend« oder gar abstoßend. Wir können uns also beruhigen: Das Internet macht offensichtlich keine Sexmonster aus unseren Kindern. Es mögen dennoch Sorgen und Überlegungen bleiben, dass Pornografie die Sexualerziehung bei gerade denjenigen Jugendlichen übernehmen könnte, in deren Familien Sex niemals ein Thema ist – und dass es in diesen Fällen zu jeder Menge Missverständnissen kommen kann, das wusste schon die BRAVO, und sie weiß es noch heute. Vertrauen Sie daher auch nicht allein auf die Schule, sondern sprechen Sie das Thema Sex selbst an.

Denn problematisch kann Pornografie für Pubertierende – und durchaus ebenso für Erwachsene – auch in dem Moment werden, da diese davon konstant abgelenkt sind und einem Sog verfallen, der sie immer wieder zu bestimmten Seiten oder Videos treibt. Ein Freund von uns berichtete, dass sein damals 15-jähriger Sohn ihn irgendwann darum bat, Pornoseiten im heimischen Netzwerk zu sperren, da er zu oft der Versuchung erlag, unter der auch seine schulischen Leistungen litten. Der Vater ist ob des großen Vertrauens seines Sohnes, dem die Bitte ganz sicher auch etwas peinlich war, zu beglückwünschen. Die Regel sind solch vertrauensvolle Sperr-Bitten sicher nicht.

Harte Pornografie unterliegt dem Jugendschutzgesetz und ist erst ab 18 Jahren freigegeben. Es bleibt dabei je nach persönlicher Haltung zu dem Thema und der eigenen Einschätzung der möglichen Gefahren für jugendliche Kinder unsere Entscheidung als Erwachsene, den Zugang zu Pornografie oder einem komplett offenen Internet generell zu Hause durch technische Filter zu ermöglichen oder weitestgehend zu verhindern. Obwohl wir dabei sicher sein können, dass Jugendliche bei genügend vorhandenem Willen trotzdem einen Weg des Zugangs finden (sei es, indem sie die heimischen Filtermechanismen austricksen oder indem sie den Internetzugang ihres Handys nutzen anstelle des heimischen Routers), setzen wir damit zumindest ein Signal und erschweren die Sache. Ob – oder bis zu welchem Alter – dies sinnvoll und richtig ist, müssen wir Eltern entscheiden, und diese Entscheidung hängt gewiss maßgeblich von dem Eindruck ab, den wir selbst von unseren pubertierenden Kindern haben. Gemeinsame Gespräche und das klare Ausdrücken der elterlichen Bedenken oder Sorgen sind in jedem Fall hilfreich.

Wenn Sie dann schon mal wieder beim allabendlichen »Wir wollen mit Ihnen übers Internet reden« sind: Bleiben Sie doch noch eine halbe Stunde länger sitzen. Denn es hat sich laut der Studien zur Sexualität bei Jugendlichen durch die digitalen Medien doch etwas geändert.

Jugendliche filmen oder fotografieren sich demnach nämlich immer häufiger beim Sex oder nackt und tauschen diese Bilder oder Filme mittels Internet oder Handy untereinander aus. Nun kann man diese Form der sexuellen Kommunikation so betrachten wie das Mitglied eines Internetforums, das die Erkenntnis lapidar mit: »Na und? Früher hat man sich hinter der Scheune gegenseitig gezeigt, was man hat« kommentierte. Aber der Austausch solcher Daten hat genau dann unangenehme Folgen, wenn Fotos oder Videos in falsche Hände geraten und den Rahmen des persönlichen, direkten Austauschs zufällig, durch eine Unachtsamkeit oder mit böser Absicht verlassen. Dies passiert digital nun mal leichter und schneller als bei den Super-8-Filmen unserer Eltern-Generation, manchmal aus Versehen, oder auch nach einem Streit, bei dem jemand einem anderen »eins auswischen« will. Bei privaten Bildern kann das bedeuten, dass sie durch Dritte an die Öffentlichkeit gelangen oder als Mittel zum Spott oder zur Diffamierung eingesetzt werden, womit wir im Kern wieder beim Cyber-Mobbing wären.

Der Hinweis an das jugendliche Kind, dass die unbefugte Weitergabe von höchstpersönlichen Fotos strafbar ist, man beleidigte oder fies agierende Exfreundinnen oder Exfreunde also verklagen könnte, nützt dabei wahrscheinlich wenig. Dennoch ist es wichtig, Ihrem Sohn oder Ihrer Tochter klarzumachen, dass es sich dabei tatsächlich nicht allein um eine Gemeinheit, sondern um ein Delikt handelt, das bestraft werden kann, und in harten und Ihrem Kind schadenden Fällen sollten Sie auch nicht davor zurückschrecken, rechtliche Schritte einzuleiten. Das macht die Sache nicht ungeschehen, sorgt aber vielleicht für eine gewisse Genugtuung und beim Täter oder der Täterin für eine Lektion.

Viel früher muss hier aber der immer gleiche Rat erfolgen: Reden Sie rechtzeitig mit Ihren Kindern. Bringen Sie ihnen bei, dass Daten, die einmal im Netz sind (das kann auch das Handynetz sein), für immer dort bleiben können und dass es so gut wie keine Garantie dafür gibt, dass Privates privat bleibt. Es wäre allerdings auch fatal, Jugendlichen ständig Angst zu machen, Paranoia zu schüren und ihnen jeglichen Spaß am digitalen Unsinn zu nehmen, selbst wenn er uns als Eltern überhaupt nicht zusagt. Denn nicht jedes Foto, das im Netz auftaucht, erweckt das Interesse von Hunderten, und würden wir gegenseitiges Vertrauen zwischen Menschen konstant in Frage stellen, müssten wir uns einbunkern. Sie mögen es unverständlich finden, aber die Nutzung von digitalen Spielzeugen und Möglichkeiten ist nun einmal auch im Bereich der Sexualität ein Teil des Lebensraumes unserer Kinder. Es mag nicht helfen, kann aber auch nicht falsch sein, mit dem Kind das eine oder andere Horrorszenario durchzuspielen, um sicherzugehen, dass es das Risiko kennt, auf das es sich einlässt, wenn es wie auch immer geartete Foto-, Film- oder Audioaufnahmen von sich machen lässt. Das Gerät, mit dem die Aufnahmen gemacht wurden, geht vielleicht verloren und wird von jemandem gefunden, der die Dokumente veröffentlicht. Oder das Gerät wird einfach nur verliehen oder weiterverkauft, und man hat vergessen, die Dateien vorher zu löschen, die nun wieder in falsche Hände geraten. Falls sich die Bilder oder Filme gar nicht auf dem eigenen Gerät befinden, wäre das nicht einmal die eigene Doofheit, die sich immer noch besser einschätzen lässt als die Doofheit anderer. Und dann gibt es natürlich noch die Fälle von Boshaftigkeit, in denen intimes Material absichtlich veröffentlicht wird und der oder die Betroffene davon noch nicht einmal etwas bemerkt und folglich auch nicht eingreifen kann.

Wenn solche Unfälle passieren, wenn sich also entweder jemand, in den man einmal wahnsinnig verknallt war, später als Miststück herausstellt und intime Fotos unbefugt an Dritte gibt, oder wenn versehentlich private Bilder in fremde Hände geraten, dann ist das unter Umständen wirklich furchtbar für das betroffene Kind. Es kann nichts anderes empfohlen werden, als ihm in dieser Situation zur Seite zu stehen, statt es noch mehr zu bestrafen oder ihm Vorwürfe zu machen, und etwaige Täterinnen oder Täter zur Verantwortung zu ziehen. Die tatsächlichen Fälle von wirklichen Gemeinheiten mögen eher die Ausnahme als die Regel sein, doch es bleibt Fakt: Die digitale Welt bedeutet einen gewissen Kontrollverlust für uns und unsere Kinder.

Wir können kaum einschätzen, welche Auswirkungen dieser Kontrollverlust auf die Gesellschaft von morgen haben wird. Kultur-Optimisten bauen auf eine offenere Gesellschaft, die Jugendsünden und andere menschliche Schwächen ob ihrer Omnipräsenz im Netz verzeiht, ignoriert und als normal akzeptiert. Für manche Erwachsene ist das vielleicht sogar schon der Fall, bei Jugendlichen brechen womöglich aber Welten zusammen, wenn sie öffentlich bloßgestellt oder diffamiert werden. Die Pessimisten befürchten zudem eine Zukunft der gegenseitigen Kontrolle und Häme und raten von jeder Nutzung digitaler Medien ab.

Die jeweilige Sichtweise hat hierbei sicher mit der generellen Weltsicht der jeweiligen Betrachter zu tun, weshalb wir die Realität zwischen den beiden Extrempositionen vermuten. Die Gesellschaft, unsere Kinder und wir selbst werden aus Peinlichkeiten, Missglücken und leider auch schlimmeren Fällen ebenso lernen, wie wir im Umgang mit unseren eigenen Daten immer bewusster, vorsichtiger und bedachter agieren werden. In Fällen des jugendlichen Leichtsinns werden wir vieles erleben, über das wir später lachen können, und auch einiges, das weniger komisch ist. Wir können dabei nur versuchen, wirklich dramatische Geschehnisse durch Gespräche und Aufklärung weitgehend zu verhindern, völlig ausschließen können wir sie – genauso wie in nicht-digitalen Lebensbereichen – leider nie. Diese letztlich etwas bittere, aber überhaupt nicht neue Einsicht gilt für alle anderen Herausforderungen der dunkleren Seiten des Lebens und somit auch der digitalen Welten und ihrer Gefahren, die wir trotzdem mit möglichst viel Augenmaß und Realismus betrachten sollten. Dabei müssen wir auch erkennen, dass sich die Definition von Privatheit und Öffentlichkeit durch das Internet verändert.

Privatheit und Öffentlichkeit

Ich selbst, Johnny, habe wenig Probleme damit, viele meiner kulturellen Interessen und Vorlieben, meine Meinung und meine Haltung zu gesellschaftlichen Themen im Internet zu veröffentlichen. Und ich bin heute, als Erwachsener, relativ unabhängig von der

Einschätzung Dritter meiner Person. Denn ich bin selbstständig, habe also zwar manchmal Auftraggeber, aber keinen dauernden Arbeitgeber, und ich bin durch meine Arbeiten als Radiomoderator, Musiker oder Autor ohnehin teilweise eine Person des öffentlichen Lebens. Andere Menschen leben jedoch in völlig anderen Lebenssituationen und treffen mit Sicherheit andere Entscheidungen als ich, wenn es um ihre digitalen Aktivitäten geht.

Durch mein eigenes Online-Dasein finden Sie im Netz über mich größtenteils das, was ich selbst veröffentlicht habe. Auch die Informationen in der Wikipedia zu meiner Person speisen sich, trotzdem der Eintrag nicht von mir stammt, hauptsächlich aus meinen eigenen oder zumindest als seriös eingeschätzten Drittveröffentlichungen. Ich lebe dennoch wie jeder andere auch mit einem gewissen Kontrollverlust, was meine Daten und Informationen über mich angeht, wenn etwa Dritte etwas über mich schreiben, aber ich habe im Großen und Ganzen selbst und bewusst entschieden, was ich von mir preisgebe.

Und auch, was nicht. Die Namen unserer Kinder beispielsweise fanden Sie bisher ebenso wenig im Netz wie Fotos von ihnen, wir haben sie als Eltern ganz bewusst nicht ins Netz gestellt, denn die Vorstellung, dass unsere Kinder im Alter von zehn oder zwölf Jahren durchs Internet streifen und dort ihr halbes Kinderleben öffentlich von uns dokumentiert sehen, fanden wir ziemlich furchtbar. Dies alles hat sich etwas geändert, seitdem die Kinder selbst im Netz aktiv sind und hin und wieder Fotos von sich veröffentlichen, doch allein um ein Ziel sollte es gehen: um weitestgehende Möglichkeiten zur Selbstbestimmung.

Wir konnten vor 13 Jahren nicht wissen, wie unsere Söhne das Netz einmal benutzen werden. Sie müssen und werden das –

zunächst unter unserer Anleitung und mit unseren von ihnen beachteten oder ignorierten Ratschlägen – selbst herausfinden, und das tun Sie als Leserin oder Leser und Ihre Kinder auch. Wir alle werden zu Identitätsmanagern im Internet.

Dass dieses Identitätsmanagement nicht immer ganz einfach und leider auch nicht immer völlig selbstbestimmt umzusetzen ist; dass es von Unternehmen und Staaten oder anderen Menschen streckenweise missachtet wird oder noch gesetzliche Grundlagen dafür fehlen; dass Fehler, Missgeschicke und Unfälle passieren können; dass das Internet in den meisten Fällen durch die immerwährende Datenspeicherung (im Gegensatz zu Menschen) nicht vergisst, und dass die Fragen eines solch umfangreichen kollektiven Wissensarchivs wie dem Internet die Weltgesellschaft noch viele Jahre lang beschäftigen und auch vor immer neue Herausforderungen stellen wird – das alles wissen wir.

Doch ein Zurück in eine Welt vor dem Internet und vor Facebook gibt es nicht mehr. Es nützt daher wenig, sich gegen eine Welt mit Internet zu wehren, stattdessen sollten wir uns mit ihr beschäftigen, sie kennen(lernen), sie aktiv zum Besten formen und uns gemeinsam mit unseren Kindern: kümmern.

Während manche Menschen angesichts des Internets in Paranoia verfallen und Facebook mit dem orwellschen »Großen Bruder« vergleichen, der unsere Privatsphäre ausspioniert, um uns zu willenlosen Konsumenten der angebotenen Produkte zu machen, sprechen andere bereits von einer Ära der »Post Privacy«, in der Privatheit der Vergangenheit angehört und wir unser Leben zu einem gewissen Teil eben auch öffentlich führen.

Tatsächlich ist es dabei nicht unwahrscheinlich, dass Facebook, andere Anbieter sozialer Netzdienste oder das gesamte

Internet, das ohne eine gewisse Offenheit der Teilnehmer schlichtweg nicht funktioniert oder einfach nur keinen Spaß macht und sinnlos wird, auch unser Denken und Handeln und sogar unsere Definition dessen beeinflussen, was wir unter Privatheit überhaupt verstehen. Diese Definition variiert nämlich ohnehin von Generation zu Generation, von Land zu Land und manchmal sogar von Familie zu Familie, und sie ist damit hochgradig individuell. Schauen Sie sich nur einmal in Ihrem eigenen Bekanntenkreis um. Manche Familien laden sämtliche Freunde zum festlichen Heiligabendschmaus, für andere findet Weihnachten nur im Kreis der Familie statt. Gemischte Saunen sind in weiten Kulturkreisen selbstverständlich, in anderen aber undenkbar, und während manche ihre Wäsche niemals sichtbar für die Nachbarn im Garten aufhängen würden, ziert sie vielerorts ganze Straßenzüge.

Vielleicht könnte das angeblich vornehmliche Ziel der Facebooks dieser Welt, die größere gesellschaftliche Offenheit nämlich, unser Leben sogar tatsächlich positiv beeinflussen und für mehr Verständnis und Empathie unter den Menschen sorgen. Dennoch bleiben viele Fragen im Zusammenhang mit der neuen Transparenz offen; und wie diese ausgewertet und genutzt werden darf und kann, beschäftigt nicht zuletzt die Gesetzgeber und Datenschützer der Länder, in denen Facebook und andere Internet-Unternehmen agieren, und das ist auch gut so.

Der enorme Erfolg von Facebook – trotz der vielen datenschutzrechtlichen Fragen – erklärt sich nur bedingt mit der blinden Sorglosigkeit der Nutzerinnen und Nutzer. Er zeigt uns auch, dass Menschen ganz offensichtlich nach einem offenen Austausch miteinander dürsten, führt uns stellvertretend für viele andere

Internet-Bereiche vor, wie komplex die Fragen sind, welche die digitale Welt aufwirft, und wie schwierig sie zu beantworten sind. Lösungen werden nur im Zusammenspiel von Nutzern, Unternehmen und Staat gefunden werden, doch die Tatsache, dass dieses Trio nicht gerade als »harmonisch wie die Andrew Sisters« bekannt ist, macht die Sache weder einfacher noch schneller. Welche gesellschaftlichen Normen sich also hinsichtlich Facebook, Google, Apple und Co. im wahrsten Sinne des Wortes einbürgern und welche Gesetzesgrundlagen an welchen Stellen der digitalen Medien zur Anwendung kommen werden, das wird erst die Zukunft zeigen.

Fest steht aber schon jetzt: Bei der Nutzung des Internets tragen wir für uns und unsere Kinder eine hohe Eigenverantwortung, mit der wir uns der Funktionsweisen der Dienste, die wir nutzen, bewusst sein müssen, um entscheiden zu können, ob und wie wir mit diesen Diensten interagieren wollen. Je regelmäßiger und intensiver wir und unsere Kinder das Internet und privatwirtschaftliche Systeme wie Facebook nutzen, desto sichtbarer sind wir in der Online-Welt und desto mehr Daten geben wir den Unternehmen. Und egal, wie wir uns im Detail verhalten: In der Online-Welt werden wir zu unseren eigenen »Identitätsmanagern«, verlieren immer ein wenig die Kontrolle, gewinnen aber gleichzeitig ein Meer und Mehr an Informationen, Möglichkeiten, Ein- und Aussichten. Und dabei ist es sinnvoller, im Netz aktiv zu sein, als sich ihm zu verschließen, denn »mehr Internet« bedeutet für unsere Kinder auch mehr Kompetenz. Die Praxiserfahrung, die unsere Kinder im Internet sammeln, ist unerlässlich für ihr Leben und Arbeiten im Heute und Morgen, und je besser sie sich auskennen, desto besser können sie auch tatsächliche Risiken und Nebenwirkungen einschätzen. Wofür es manchmal nicht nur hilfreich, sondern unerlässlich ist, dass sich unsere Kinder ebenso wie wir selbst auch im Internet anonym bewegen können.

Anonymität und Pseudonymität

»Mir macht dieses Internet Angst«, berichtete uns die Mutter einer Schulkameradin unserer Söhne. »Jeder kann da irgendeinen Blödsinn reinschreiben, und man weiß nicht einmal, wer er ist.« Gleichwohl erlaubte sie ihrer zwölfjährigen Tochter – wenn auch widerwillig – die Nutzung von Facebook; allerdings »nicht unter ihrem echten Namen«; aus Angst vor Erwachsenen, die dem Kind nachstellen könnten.

Allein diese kurze Anekdote zeigt, wie komplex das Thema Anonymität sein kann. Während wir Menschen, die im Netz unter einem Pseudonym agieren, oft per se schlechte Absichten unterstellen, finden wir selbst genügend Gründe, warum wir oder unsere Kinder nicht immer mit unserem echten Namen auftauchen wollen, und diese Gründe finden wir in bester Absicht.

Im physischen Leben ist Anonymität normal, im digitalen wird sie immer seltener. Wir können mit Bargeld in einem Geschäft einkaufen, ohne dabei unseren Namen und unsere Adresse anzugeben und ohne dass der Einkauf personalisiert und zu Werbezwecken registriert wird – im Netz ist das kaum möglich. Wir können uns auf der Straße oder im Restaurant mit fremden Personen unterhalten, ohne zunächst unseren gesamten Daten vorweisen zu müssen – im Netz erwarten immer mehr Dienste unsere persönlichen Angaben. Die Einfachheit, mit der digitale Daten verknüpft und ausgewertet werden können, ist an vielen

Stellen auch für uns als Konsumenten praktisch, an vielen anderen jedoch problematisch, weshalb wir uns gerade als Eltern für ein Recht auf Anonymität einsetzen sollten, selbst wenn wir ebenso gewisse Nachteile sehen und erkennen, dass dieses Recht – wie beinahe jedes andere auch – leider auch missbraucht werden kann.

Es gibt ja zunächst viele profane Ursachen für Fantasienamen und Pseudonyme im Netz. Vielleicht war der gewünschte Nutzername bei einem Dienst nicht mehr frei (versuchen Sie mal, bei irgendeinem E-Mail-Anbieter die Benutzernamen »johnny« oder »tanja« zu bekommen), und es genügte auch die Zugabe des Nachnamens nicht mehr, denn es gibt eben weit mehr als einen »Andreas Meyer« auf dieser Welt. So kann es dann zu »amey67« gekommen sein. Oder aber der jeweilige Internetnutzer fand es in dem von ihm häufig genutzten Diskussionsforum für Brettspiele einfach schicker, sich »gameguru« zu nennen und verwendet diesen Namen nun auch in anderen Foren. Ohne sich dabei hinter einem Pseudonym verstecken zu wollen, denn er verhält sich keineswegs anders, als würde er mit seinem echtem Namen auftauchen, und ist unter seinem Pseudonym mitunter im Netz sogar bekannter als unter seinem Geburtsnamen. Ein gewisser Grad an Anonymität im Netz bietet aber auch uns und unseren Kindern persönlichen Schutz, der für eine demokratische Gesellschaft unerlässlich ist, wie das folgende Beispiel zeigt.

Anfang 2010 erreichte mich, Johnny, als ehemaliger Schüler eines hoch angesehenen, von Jesuiten geleiteten Gymnasiums in Berlin die Nachricht, dass es zu meiner Schulzeit in den Achtzigerjahren mehrere Fälle von sexuellem Missbrauch an Kindern durch Geistliche an der Schule gekommen sei. Die aktuelle Schulleitung hatte sich entschlossen, nach Jahrzehnten mit dieser Tatsache an die Öffentlichkeit zu gehen, und ich erinnerte mich in einem Artikel auf Spreeblick an meine Schulzeit und an Merkwürdigkeiten, die mir als Kind aufgefallen waren und die ich damals verdrängt hatte. Ich war kein Opfer gewesen, aber ich war dennoch betroffen.

Der Artikel löste eine deutschlandweite Medienlawine und eine neue Debatte um sexuellen Missbrauch an Schulen und in kirchlichen Einrichtungen aus. Weniger wegen meines Textes, sondern vielmehr wegen der Tatsache, dass sich in rund 500 Kommentaren zu meinem Artikel sowohl ehemalige Mitschüler als auch Lehrkräfte der Schule zu Worte gemeldet hatten, von ihren damaligen Erfahrungen berichteten und sich teilweise auch als Opfer zu erkennen gaben. Die meisten von ihnen taten dies anonym, und hätten sie nur mit ihrem Klarnamen reagieren können, hätten die meisten wohl auf ihre Berichte verzichtet. Unser Weblog war zum Forum für Betroffene geworden, die sich ob der vertrauensvollen Umgebung offen äußern, bisher geheim Gehaltenes preisgeben und ihrer jahrzehntelang angestauten Wut und Verzweiflung Gehör verschaffen konnten. Und ihre Berichte wurden von Hunderttausenden gelesen. Die mögliche Anonymität hatte dazu einen wesentlichen Teil beigetragen, und die Geschichte zeigt somit nicht nur, dass sexueller Missbrauch unfassbarerweise genau in den vermeintlichen Schutzräumen passiert, in denen wir unsere Kinder sicher und behütet glauben, sondern auch, dass es falsch wäre, frei wählbare Anonymität aufzugeben. Wie in vielen gesellschaftlichen Fragen gilt es auch in der Debatte um Anonymität im Netz, die Vor- und Nachteile für unser Leben gegeneinander abzuwägen – Entscheidungen, die nur aufgrund von negativen Möglichkeiten getroffen werden, sind dabei oft die falschen.

Wenn Sie also die Sorge haben, dass ein Unbekannter ihr Kind im Netz ansprechen könnte, halten Sie sich bitte vor Augen, dass dies auch auf dem Schulweg passieren kann, wo ihr Kind nicht die Möglichkeit hat, diesen Fremden »wegzuklicken«, zu sperren oder sonstwie aus seinem Umfeld zu blockieren. Wir müssen im Netz unsere Kinder genauso wie in der physischen Welt dazu erziehen, Fremden mit gesundem Misstrauen zu begegnen, zumal wir online selbst bei einem Klarnamen nicht wissen können, wer wirklich am anderen Ende der Datenleitung sitzt. Mit dieser Tatsache gilt es umzugehen, ohne dabei in Panik zu verfallen und ohne dabei die Aufgabe von Anonymität im Internet als Lösung zu fordern.

Bringen Sie Ihren Kindern bei, dass nicht jeder Mensch gut ist und die Wahrheit sagt. Fordern Sie das Versprechen ein, sich niemals allein und an privaten Orten mit Fremden zu treffen, mögen diese im Netz auch noch so vertrauenswürdig geklungen haben. Kurz: Bringen Sie Ihren Kindern im Zusammenhang mit dem Internet genau das bei, was Sie ihnen auch für alle anderen Lebensbereiche ans Herz legen.

Wir wissen, dass speziell pubertierende Jugendliche oft irrational handeln, und unsere Worte, Erfahrungsvermittlungen und Ermahnungen mögen nicht immer fruchten. Zudem stehen gerade Teenager in der Blüte ihrer Eitelkeit, lassen sich gerne von Komplimenten umgarnen und suchen gezielt neue Bekanntschaften. Doch dieses Risiko existiert seit Menschengedenken, und es ist keineswegs Netz-exklusiv. Keine Regel und keine Technik der Welt kann unser Leben oder das unserer Kinder hundertprozentig sicher machen, doch ein starker Charakter, die Fähigkeit zum

Nein-Sagen und eine auch durch die Eltern vermittelte realistische Weltsicht können dabei helfen, Schlimmes zu vermeiden.

Es fällt uns als Eltern manchmal schwer, mit unseren Kindern offen über die dunklen Seiten des menschlichen Daseins und über mögliche Gefahren für sie zu sprechen. Wir möchten ihre Naivität und Lebensfreude, die Unschuld der Kindheit so lange wie möglich bewahren, sie nicht verschrecken und sie so spät wie es nur geht in die große weite Welt entlassen, sie in gewisser Hinsicht also vor der Realität behüten. Doch es wäre dabei fatal, wenn wir ihnen nicht auch die »echte« Welt erklären und ihnen so dabei helfen, erwachsen zu werden. Denn je früher wir sie dabei unterstützen, desto sicherer können sie sich in dieser Welt bewegen – offline wie online. Ihrem kindlichen oder jugendlichen Willen folgen sie auch ohne unser Zutun und blicken dabei der Realität teilweise schon früher ins Auge, als wir denken. Für offene Gespräche über Gut und Böse auf dieser Welt ist es also nie zu früh. Später und immer wieder werden unsere Kinder dabei ebenso wie wir lernen, zwischen Gut und Böse oder Gut und Schlecht zu unterscheiden.

Gemeinsam statt einsam – Inklusion dank sozialer Medien

Die Anonymität des Netzes und die Ungewissheit darüber, wer genau die Person ist, mit der wir uns im Netz gerade austauschen, ist in vielen Fällen ein Segen.

Bei der zwölfjährigen Peggy, mit der sich Ihre gleichaltrige Tochter womöglich seit Wochen im Hannah-Montana-Forum austauscht, könnte es sich ebenso gut um den 57-jährigen Günther handeln, ohne dass Ihre Tochter dies ahnt. Das ist wohl richtig.

Die zwölfjährige Peggy könnte aber genauso gut taubstumm oder querschnittsgelähmt sein, ohne dass Ihre Tochter davon etwas ahnt. Und nicht zuletzt könnte die zwölfjährige Peggy Ihre eigene Tochter sein, die trotz Handicap im Internet einfach nur eine von vielen Hannah-Montana-Anhängerinnen ist.

Nirgendwo ist Inklusion, also die wahrhaftige Vermischung fast aller Menschen diesseits oder jenseits dessen, was uns als Normalität verkauft wird, besser praktizierbar als im Internet.

Rasse, Geschlecht, sexuelle, religiöse oder politische Ausrichtungen, Besonderheiten der Physiognomie, chronische Krankheiten aber auch psychische oder physische Behinderungen spielen im Netz keine Rolle, wenn der oder die Betroffene dies so wünscht oder es beim online Spielen, Diskutieren oder Twittern einfach tatsächlich egal ist. Vor dem Monitor haben wir die Chance, die Person zu sein, als die wir gesehen werden möchten, und wer sein Äußeres oder seine Behinderung lieber für sich behält, kann dies ohne Weiteres tun. Wahrscheinlicher aber ist, dass er oder sie früher oder später den anderen Weg gehen und den Austausch mit Gleichgesinnten oder anderen Menschen mit ähnlichen Problemen suchen wird. Dies ist insbesondere für Heranwachsende wichtig, denn kein noch so liebevolles Elternhaus und kein noch so kompetenter Therapeut kann die wichtige Aufgabe des Miteinanders unter Altersgenossen oder in der Interessensgemeinschaft ersetzen. Selbst wenn es heute für einen 15-Jährigen kein gesellschaftliches Problem mehr sein mag, sich in seinem Zweitausend-Seelen-Dorf als schwul zu outen und eine Querschnittsgelähmte dort behüteter als irgendwo sonst auf der Welt lebt – sie geraten doch schnell zum Einzelfall.

Im Netz aber gibt es eine Unmenge von Selbsthilfeportalen,

Foren und Interessensgruppen die beweisen: Selbst als transsexuelle, taubstumme deutsche Veganerin mit afrikanischen Wurzeln bist du eine von Vielen!

Und nicht selten dringen die Stimmen derer jenseits der Norm dank der geballten Kraft des Netzes an die Oberfläche der gesellschaftlichen Wahrnehmung. Sie verschaffen sich Gehör in der Öffentlichkeit oder besinnen sich auf ihre vereinten Kräfte und ergreifen selbst die Initiative.

Raul Krauthausen etwa wurde mit der sogenannten Glasknochenkrankheit geboren. Statt sich allein auf die Hilfe anderer zu verlassen, gründete er den Verein »Sozialhelden« und initiierte unter dessen Dach großartige Projekte wie Wheelmap.org, eine digitale Weltkarte für Rollstuhlfahrer. Er rief dazu auf, Kneipen, Kinos, Bahnhöfe, Banken, kurz: alle öffentlichen Orte auf ihre Rollstuhltauglichkeit zu überprüfen und das Ergebnis in die Wheelmap einzutragen. In nur 18 Monaten wurden so in Deutschland 230.000 barrierefreie Orte und Einrichtungen markiert. Im Zuge der Paralympics wurde London 2012 zu einem weiteren »Hot Spot« der Wheelmap, die inzwischen von Rollstuhlfahrern aus der ganzen Welt genutzt und ständig weiter ausgebaut wird.

Ein anderes Beispiel ist Julia Probst, die wohl prominenteste gehörlose Bloggerin Deutschlands. Dem Internet misst sie für Gehörlose dieselbe Bedeutung zu wie der Erfindung des Telefons für Hörende. Seit sie bei der Fußball-WM 2010 den Spielern und Trainern von den Lippen las und deren für Hörende nicht verständliche Worte auf Twitter veröffentlichte, folgen ihr dort über 20.000 Menschen. Ein Publikum, mit dessen Aufmerksamkeit sich zum Thema Barrierefreiheit durchaus etwas bewirken lässt: Als erste deutsche Gehörlose kandidiert Julia Probst nun für den Bundestag.

Neue Medien dienen aber nicht nur als Sprachrohr oder Kommunikationshilfe, sondern werden heute auch konkret zu Therapiezwecken eingesetzt.

Der Austausch über Soziale Medien und Games kann für all jene eine Hilfe sein, deren eigentliches Problem die Kommunikation selbst ist. Autisten, denen die verbale Interaktion mit Menschen kaum möglich ist, schaffen es über den »Mittler« Internet als gleichberechtigte Gesprächspartner zu agieren. Um den sozialen Austausch zu üben, haben Therapeuten schon länger »Social Games« wie Die Sims oder Second Life für ihre Arbeit mit Autisten genutzt. Und seit der Erfindung des Touch-Pads bieten technische Geräte wie das iPad eine enorme Hilfestellung für Menschen, die gar nicht oder nur sehr eingeschränkt verbal kommunizieren können. Verlässliche medizinische Studien über tatsächliche Verbesserungen des eigentlichen Krankheitsbildes gibt es bislang zwar noch nicht, dafür ist die Technik wohl auch noch zu jung, doch Eltern von autistischen Kindern oder solchen mit Down-Syndrom lassen sich allein schon deshalb von den digitalen Hilfen im Alltag begeistern, weil der Nachwuchs nicht mehr dreimal täglich ausflippt, wenn Mama statt des gewünschten Marmeladenbrots eine Käsestulle, ein Glas Milch, einen geschälten Apfel, Hund, Katze, Maus, *Herrgottnochmal!* serviert. Dank der Handlichkeit dieser neuen Geräte kann Junior jetzt sogar unterwegs im Supermarkt aus seiner persönlichen Bildergalerie das begehrte Produkt auswählen, das er im Einkaufswagen vermisst, oder über die auf dem Monitor angetippte Darstellung seine körperlichen Bedürfnisse (Hunger, müde, Pipi) oder emotionale Verfassung (»Will zurück ins Auto«, »Ruhe, bitte!«) kommunizieren. Mithilfe differenzierter Piktogramme lassen sich über das entsprechende Gerät selbst komplexe Bedürfnisse oder Gedanken formulieren, und auch verbale Kommunikation kann man auf diese Weise trainieren.

Inzwischen gibt es eine Unmenge an Apps für jedes erdenkliche Handicap, und Eltern von Betroffenen steht eine große Anzahl an Informations- und Austauschmöglichkeiten mit anderen Eltern, Lehrern und überhaupt Menschen, die ähnliche Herausforderungen meistern möchten und bereitwillig ihre Erfahrungen teilen, zur Verfügung. Dies ist nicht zuletzt für die Betroffenen selbst eminent wichtig. Zu erkennen: Außergewöhnlich zu sein bedeutet nicht, außen vor zu sein.

Schutz, Zensur und Freiheit

Ende 2008 donnerte es gewaltig in den Foren und Weblogs des deutschsprachigen Internets. Die Bundesprüfstelle für jugendgefährdende Medien (BPjM) hatte ein privates Weblog indizieren lassen, also den Betreiber der Seite dazu gezwungen, dafür Sorge zu tragen, dass die Inhalte seines Angebots nur Erwachsenen zugänglich sind.

In der Praxis bedeutete dies das Aus für die Webseite, die dieser Aufforderung nämlich überhaupt nur durch teure und aufwändige Altersnachweis-Systeme hätte nachkommen können. Solche Systeme funktionieren in Deutschland zum Beispiel durch das Einreichen einer Ausweiskopie per Fax, bevor man Zugang zur betreffenden Seite bekommt, ein Vorgehen, das auch für die Nutzer nicht gerade praktisch ist und Unsicherheiten provoziert, denn wer faxt schon gerne seinen Ausweis an irgendeinen Webseitenbetreiber und wartet dann auf die Freigabe, um die Seiten aufrufen zu können?

Die indizierte Webseite beschäftigte sich nicht etwa mit Pornografie oder Gewaltdarstellungen, sondern mit Anorexia nervosa, Magersucht, die von einigen betroffenen Jugendlichen verharmlosend »Ana« genannt wird. Doch nicht um Aufklärung, Ursachenforschung oder Selbsthilfe ging es auf den betreffenden Seiten, sondern um einen Kult um die meist seelisch bedingte Essstörung, die in dem Blog – als einem von vielen weltweit – durch Handlungsanweisungen *für* das Hungern und durch »Glaubensbekenntnisse« zu einer Art Religion stilisiert wurde.

Nun könnte man meinen, dass die Indizierung einer solchen Seite, die suggestiv und fordernd auf Kinder und Jugendliche einwirken könnte, von niemandem abgelehnt werden sollte. Viele Reaktionen im Internet waren jedoch alles andere als begeistert von der staatlichen Indizierung und sprachen von Zensur und einem Eingriff in die Meinungsfreiheit. Sie setzten die Indizierung der Seiten mit einem Meinungsverbot gleich.

In der Sache waren die Zensur-Vorwürfe nicht haltbar, und das Urteil der BPjM, die übrigens nicht selbstständig im Netz recherchiert, sondern nur auf Antrag tätig wird, wurde nicht revidiert. Doch während das Vorgehen der BPjM zunächst einmal bewies, dass es durchaus möglich ist, gesetzliche Regelungen auch im Internet durchzusetzen (der Indizierung waren sämtliche rechtlichen Schritte wie der Versuch der Kontaktaufnahme zum Betreiber der Seiten vorausgegangen), zeigte der Aufschrei von Teilen der Netzgemeinde auch, wie wichtig vielen Internetnutzerinnen und -nutzern – und ganz besonders den jungen unter ihnen – ein Internet ohne inhaltliche Einschränkungen und staatliche Einmischung sind.

Tatsächlich liegt in dieser Haltung vielleicht die wahre Kluft zwischen den Generationen. Denn während ältere Menschen eine gewisse staatliche Obhut und Einmischung nicht nur akzeptieren, sondern auch begrüßen, empfinden viele jüngere Menschen, die mit dem Netz aufgewachsen sind, sie als Gängelung und Bevormundung. Das Internet gilt ihnen als ureigener Lebensraum und wird daher gegen staatliche Eingriffe verteidigt.

Ein Freund unserer Söhne brachte diese Haltung einmal auf den Punkt und sprach etwas aus, dem vermutlich ein großer Teil einer ganzen Online-Generation zustimmen würde. Im Schulunterricht war über Rechtsextremismus gesprochen worden und darüber, was in diesem Zusammenhang in Deutschland verboten ist. Beim nachmittäglichen Gespräch bei uns zu Hause ging es dann um die Frage, ob Webseiten mit rechtsextremistischen Inhalten ebenfalls verboten sind. Ich bejahte die Frage und erklärte, dass auch Google keine Suchergebnisse mit rechtsextremistischen Inhalten anzeigt, da die Suchmaschine innerhalb Deutschlands dem deutschen Recht unterliegt.

»Das ist doch Quatsch«, kommentierte der Zwölfjährige. »Wenn man eine Internetseite verbietet, gibt es die Nazis trotzdem noch, sie machen dann eben im Geheimen weiter und sind noch schwerer zu finden. Statt die Seiten zu verbieten, sollte man lieber dafür sorgen, dass die Leute nicht so dumm sind, den Unsinn zu glauben, und dass Nazis bestraft werden, wenn sie Verbrechen begehen.«

Es geht hier nicht um die Entscheidung, ob der Junge recht hatte, sondern allein um die Tatsache: So wie er denken viele junge Menschen, die mit dem Internet, mit größtenteils ungefilterter Information, mit Meinungsflut und endloser Themenvielfalt aufwachsen. Jede Einmischung, jeder Versuch der Kontrolle der

Inhalte wird als Angriff auf die gesamte freie Struktur des Netzes bewertet – in der beständigen Sorge, dass es auch in Deutschland eines Tages ein Internet geben könnte, in dem sämtliche Inhalte durch den Staat oder Unternehmen reguliert werden, so wie es in totalitären Staaten oft der Fall ist. Lieber nimmt es diese Generation in Kauf, dass ihr im Netz etwas inhaltlich Falsches begegnet, das sie selbst bewerten und analysieren muss, als dass sie sich vorschreiben lässt, was gut und was schlecht (für sie) ist. Die freie Rede, die Meinungsfreiheit, die für jeden und alle gelten soll, verteidigt sie mitunter vehement, wie unter anderem die Reaktionen auf die Indizierung der Anorexia-Website zeigten. Ob das Engagement für Meinungsfreiheit dabei übers eigentliche Ziel hinausschießt oder ob es unsere Demokratie auf ein neues Niveau hebt – das werden erst die Debatten und Entscheidungen der nahen Zukunft zeigen. Fest steht schon jetzt, dass das Netz besonders für junge Generationen ein gegen zu starke Kontrolle zu verteidigender Lebensraum geworden ist.

Und dabei kratzt die Netzgeneration auch immer wieder an den Grenzen der Legalität oder stellt bestehende Gesetze und Regeln in Frage. So wie es sich für junge Menschen gehört.

Legal. Illegal. Trololo

Der jüngere Sohn sitzt vor seinem Blog. Und hat da mal eine Frage: »Janek hat mir ein Lied auf mein Handy gespielt, das er auf iTunes gekauft hat, und das ist voll cool, wie bekomme ich das jetzt auf mein Blog, damit andere es auch hören können?«

Ich seufze. Denn ich habe eigentlich überhaupt keine Lust, dem Zehnjährigen eine juristische Einführung in Urheberrecht zu geben und ihm jeglichen Spaß zu nehmen, indem ich ihm sage, dass das alles leider nicht ganz so einfach ist.

Das Netzgemüse liebt das Teilen. Auf Tumblr, einem speziellen Blog-Dienst, der das Veröffentlichen von im Internet gefundenen Zitaten, Fotos oder Links besonders einfach macht, erstellen Netz-Menschen ihre digitalen Poesie- und Sammelbildalben. Mit Twitter, dem Kurznachrichtendienst, dokumentieren sie ihre Tagesstimmung, werfen gute und schlechte Laune in die Runde und geben ihren Senf sowohl zum politischen Geschehen als auch zur neuesten Folge von »Schlag den Raab« dazu. Urlaubs- und Partyfotos werden auf Facebook kommentiert und ge»like«d, eigene Videoclips der YouTube-Gemeinde präsentiert. Mit Smartphone-Apps wie Instagram stellen Profis ebenso wie ambitionierte Amateure ihre Fotoarbeiten ins weltweite Netz, und in eigenen Blogs schreiben Journalisten ebenso ihre Artikel wie Teenager ihre Tagebücher, die sie mit romantischen Fotos bebildern, die sie über die Google-Bildersuche gefunden haben.

Und wenn auf YouTube wie aus dem Nichts ein TV-Mitschnitt aus dem Jahr 1976 auftaucht, in dem der inzwischen verstorbene, russische Bariton Eduard Khil einen absurden Song singt, dessen Text fast ausschließlich aus einem freundlich vorgetragenen »Trololololo!« besteht (was stark an das Netz-Kürzel »LOL« für »Laughing Out Loud« erinnert), dann verbreitet die Netzgemeinde dieses Video vor lauter Freude und Spaß so schnell und massiv auf all ihren Kanälen, dass es innerhalb kurzer Zeit über zehn Millionen Menschen bekannt wird. Parodien und Remixe entstehen. Und eine Facebook-Seite mit über hunderttausend Fans gibt dem Sänger den Spitznamen »Trololo-Mann«.

Nicht selten führen die Verbreitungsmechanismen des Netzes

bei Profi- oder Amateurkünstlern über Nacht zu Weltruhm, der im Fall von peinlichen oder unfreiwillig komischen Werken nicht immer begrüßenswert sein muss. Eine der ältesten Kulturtechniken der Menschheit, das Tauschen und Teilen, erfährt im Netz eine Renaissance mit voller Fahrt voraus, und schnell entstehen auch »Meme«, Running Gags im Internet, die in immer neuer Form oder Erweiterung für jede Menge Spaß sorgen.

Bis dann irgendwann womöglich ein Anwaltsschreiben mit einer Rechnung über ein paar Hundert Euro ins Haus der Eltern flattert, weil das Kind die Rechte eines Fotografen, eines Filmverleihs, einer Plattenfirma oder einer Tageszeitung verletzt haben soll. Und vielleicht sogar hat.

Die Rechte an jeglichen Werken und Kreationen, wozu Musik ebenso gehört wie Zeitungsartikel, Fotos oder Filme, liegen bei denjenigen, die sie erdacht, produziert oder finanziert haben, und sie sind durch Urheber-, Verwertungs-, Nutzungs-, Leistungsschutz- und andere Rechte gesichert, um Missbrauch zu verhindern.

Die Durchsetzung dieser Rechte stellt in digitalen Zeiten jedoch eine völlig neue Herausforderung dar. Jedes Werk, das in digitaler Form vorliegt, kann binnen weniger Sekunden oder Minuten vervielfältigt und von einem Ort der Welt zum nächsten kopiert werden. Das Original bleibt dabei unbeschädigt, die Qualität bleibt gleich. Während unsere Mixkassetten schlechter klangen als die Original-LP oder die CD, ist die Kopie eines MP3-Songs ein exaktes Abbild des Originals ohne klangliche Verluste.

Kein Wunder also, dass diese technischen Möglichkeiten zu einem Schlaraffenland für Musik- und Filmfreunde im Netz geführt haben. »Filesharing«, die digitale Form der Tauschbörse, stellt seit über einem Jahrzehnt einen Teil der digitalen Jugendkultur dar, mindestens genauso lange schon stellen Menschen anderen Menschen mithilfe bestimmter Programme ihre Musik- oder Filmdateien über das Internet zur Verfügung und erhalten im Tausch dafür Zugriff auf die Dateien der anderen Teilnehmer. Es entsteht ein schier endloser Pool von digitalen Kulturgütern, auf den alle kostenfrei Zugriff haben, was nicht nur in der Theorie, sondern auch in der Praxis ein Traum für Konsumenten ist – der für die Urheber und die Unterhaltungsindustrie jedoch zum Albtraum geworden ist. Denn verdienen tun am digitalen Tauschhandel indirekt nur die Internet-Provider und vielleicht noch die Anbieter von Filesharing-Suchmaschinen, die sich über Werbebanner finanzieren. Die Urheber und Hersteller der Werke gehen vorerst leer aus und laufen daher Sturm gegen die kostenfreie Weitergabe ihrer Kreationen, die nach wie vor illegal ist. Solange betreffende Musik- oder Filmwerke nicht vom Anbieter selbst erstellt wurden, dieser also alle Rechte daran besitzt, oder die kostenfreie Verbreitung der betreffenden Werke durch jedermann explizit genehmigt ist, stellt die massenhafte Verbreitung von rechtlich geschützten Werken eine Straftat dar.

Wenn Ihr Kind also einen Song legal gekauft hat, hat es zwar das Recht zur eigenen Nutzung des Liedes erworben, und auch die sogenannte »Privatkopie«, also die Kopie für eigene Zwecke, ist erlaubt. Die massenhafte Weiterverbreitung, wie sie im Internet schnell der Fall ist, ist ihm damit jedoch nicht gestattet.

Die meisten Internetnutzer wissen das sogar, doch trotzdem wird munter weiterkopiert und getauscht. Nicht in erster Linie, weil man dem Urheber aktiv schaden will. Sondern weil es geht. Weil es schnell ist, Spaß macht, im Gegensatz zu vielen legalen

Musik- oder Filmangeboten im Netz unkompliziert ist und keine Kreditkarte oder Kontoverbindung braucht, und ja, auch, weil es kostenlos ist.

Die Vertreter der Unterhaltungsindustrie und der Urheber kämpfen seit vielen Jahren in unterschiedlicher Form gegen das Kopieren ihrer Werke im Netz an. Es gibt Werbekampagnen zur Aufklärung von Internetnutzern, es gab und gibt Massenabmahnungen mit hohen Forderungen und Einnahmen durch die Rechteinhaber. Es gab und gibt teure, aber erfolglose Versuche, das Kopieren von digitalen Dateien technisch zu unterbinden. Und es gab und gibt Lobbyarbeit innerhalb der Politik, die härtere Strafen für »Raubkopierer« fordert, welche bis zu Internetverboten oder der kompletten Überwachung unserer aller Datenströme gehen sollen, also der dauernden Überprüfung all dessen, was wir im Netz tun.

Das Resultat solcher Forderungen durch Rechteinhaber oder Industrie ist dabei selten ein Rückgang der Kopiererei, sondern häufiger ein Aufschrei in der Netzwelt, der neue und einfacher zu verstehende Gesetze fordert sowie eine Anpassung der bisherigen Gesetze an die digitale Wirklichkeit. Dauerhafte Lösungen, so geht die Argumentation, können nicht durch endloses Kräftemessen zwischen Hollywood-Anwälten und Computerfreaks, nicht durch Massenabmahnungen und die pauschale Kriminalisierung aller Kulturkonsumenten und Internetnutzer erreicht werden. Der Geist ist aus der Flasche, Verbote bestimmter Techniken werden nur neue hervorbringen, und eine komplette Kontrolle aller durch das Internet fließenden Daten bedürfte eines Überwachungsstaates, den niemand ernsthaft fordern sollte.

Und so entstehen vor allem innerhalb der Netzgemeinde neue Gedankenansätze und Vorschläge für den Umgang mit digitalen

Kulturgütern und mögliche Vergütungsformen für die Urheber und Rechteinhaber bei gleichzeitiger Legalisierung von Techniken wie Filesharing. Die auch von einigen Politikern unterstützte Idee der »Kulturflatrate« steht dabei im Raum, eine geringe Pauschalzahlung aller Internetnutzer, deren Einnahmen an die Urheber von Unterhaltungsinhalten verteilt werden, eine Art »Kultursteuer« also. Auch die Einführung einer speziellen Internet-Kultur-Währung wird diskutiert.

Alternative Lizenzmodelle wie »Creative Commons« (CC) können außerdem sowohl den Erschaffern von Werken als auch den Konsumenten mehr Möglichkeiten geben, Kultur zu verbreiten, ohne sich in die Illegalität zu begeben. Unter bestimmten CC-Lizenzen veröffentlichte Songs, Filme oder andere Werke dürfen straffrei weitergegeben, verändert oder sogar verkauft werden, bei anderen ist nur dieser Verkauf ausgeschlossen, die kommerzielle Verwendung behält sich der Urheber dann also vor. Bereits heute gibt es Bücher, Filme und Musik und andere Werke unter CC-Lizenzen, erfolgreiche Autoren wie Cory Doctorow nutzen diese Lizenzform ebenso wie die Wikipedia – die unter bestimmten Bedingungen sogar kommerziell genutzt werden darf. Sie selbst könnten also zum Beispiel eine gedruckte Version der Wikipedia auf den Markt bringen und verkaufen.

Und dass Filesharing keineswegs nur negative Folgen für Urheber hat, bewies unter anderem der brasilianische Schriftsteller und Bestsellerautor Paulo Coelho, dessen Schaffen einen wesentlich größeren Bekanntheitsgrad erreichte, nachdem er seine Bücher zum kostenfreien und legalen Download auf seiner eigenen Website und in Tauschbörsen angeboten hatte – seine Umsätze in den klassischen Buchhandlungen stiegen durch diese Art der

Verbreitung und Bewerbung an, und Coelho empfiehlt daher, »die Vorteile der neuen Technologie zu nutzen, um gute Literatur zu unterstützen und zu verbreiten«.

Wenn die digitale Welt und ihre Kopiermöglichkeiten auf die Gesetzeslage einer Prä-Internet-Zeit aufeinandertreffen, und wenn moderne Kulturtechniken einerseits jedem zur Verfügung stehen, ihn andererseits aber wissentlich oder auch unwissentlich in die Illegalität treiben, dann sind Unternehmen, Nutzer und Politik gefordert, mit den Gegebenheiten und Argumenten umzugehen und Lösungen zu finden.

Doch das Thema ist komplex und die Interessen oftmals weit auseinander, so dass leicht verständliche Lösungen wohl noch eine Weile auf sich warten lassen werden.

Als Eltern netznutzender Kinder und Jugendlicher haben wir daher die Aufgabe, Grundsätzliches zu vermitteln: Die Verwendung von urheberrechtlich geschützten Werken für eigene Zwecke und ihre ungenehmigte Verbreitung – zum Beispiel über Tauschbörsen – ist nicht erlaubt. Und führt unter Umständen zu Strafen in Form von Abmahnungen, Klagen oder kostenpflichtigen Unterlassungserklärungen.

Falls Ihnen aber aus welchem Grund auch immer Post vom Anwalt ins Haus flattert: keine Panik. Unterschreiben und zahlen Sie nichts, bevor Sie mit einem Anwalt gesprochen haben, der sich mit Internetrecht auskennt. Sie finden einen solchen Anwalt in Ihrer Nähe schnell über eine Suche im Internet, und er kann Ihnen unter Umständen nicht nur jede Menge Ärger und Stress ersparen, sondern auch Ausgaben. Denn nicht immer ist die Rechtslage der einzelnen Fälle so einfach und eindeutig, wie die Gegenseite es darstellt, was auch in Fällen der Abzocke gilt.

Taschengeld-Diebe

»Papa? Ich brauche eine neue Handykarte. Meine ist leer.«

Leer? Der ältere Sohn hat eine dieser Prepaid-Karten in seinem Handy, zur Kostenkontrolle und um keinen zweijährigen Vertrag abschließen zu müssen. Und gerade gestern hatte ich ihm 20 Euro neues Guthaben gekauft, wie kann das bereits verbraucht sein?

»Hast du denn so viel telefoniert?«

»Nee, gar nicht.«

Es ist bereits das dritte Mal, dass das Handy-Guthaben meines Sohns nach einem Tag verbraucht ist. Anfangs dachte ich, er habe halt zwei Stunden telefoniert, aber das könnte er mir ja sagen. Die mobile Datennutzung, also das Internet übers Handy, habe ich beim Provider sperren lassen, hier kann die Kostenfalle also nicht liegen.

Auch ein möglicherweise abgeschlossenes Premium-SMS-Abo kommt als Ursache für die leere Karte nicht in Frage, denn ich hatte diese Bezahlfunktion beim Mobilfunkbetreiber des Sohns ebenfalls sperren lassen. Mit solchen SMS-Einkäufen schließen Kinder meist unabsichtlich (weil sie das Kleingedruckte nicht lesen) bei irgendeiner Firma ein Abo über Handy-Spiele oder Klingeltöne ab, indem sie eine simple SMS an eine bestimmte Nummer schicken, die sie auf der Rückseite von Jugendmagazinen oder in der TV-Werbung gesehen haben. Nach dem Absenden der SMS werden regelmäßig und bis zur Kündigung des Abos Gebühren von der Handy-Karte des Kindes abgebucht, das kann dann gerne mal fünf Euro pro Woche kosten. Eine Kündigung solcher Abos ist oftmals schwer, wenn man nicht einmal den Anbieter des Dienstes kennt, also weiß, an wen man sich wenden soll. Zwar schicken die meisten Klingelton-, Spiel- und Musik-Anbieter nach vielen Jahren der Rechtsstreite und Auseinandersetzungen mit Verbraucherschutzverbänden inzwischen eine Hinweis-SMS nach Abschluss des Abos zurück, in der eine Kurzanweisung zur Kündigung zu finden ist, aber herrje, es sind Kinder, die eine solche SMS auch mal löschen! Langwierige Recherchen beim Mobilfunkanbieter sind dann die Folge, bis man die Kostenfalle endlich gestoppt hat. Das bis dahin bereits von der Prepaid-Karte oder vom Mobilfunk-Konto des Handy-Besitzers abgebuchte Geld ist meistens futsch.

Die Mobilfunkanbieter sind hierbei nicht die Anbieter der Abos oder der Klingeltöne, sie verdienen aber ordentlich mit am Geschäft mit den Premium-SMS-Diensten, die nicht allein für Klingelton-Abos, sondern für viele andere Services genutzt werden, und zwar völlig legal. Das Bezahlen per Handy-SMS kann zum Beispiel im Fall von Parkplatzgebühren durchaus praktisch sein, doch während man als Erwachsener (hoffentlich) auf den Preis im Kleingedruckten achtet, ist diese Aufmerksamkeit von Kindern kaum zu erwarten, die ein buntes Bild, ein Spiel oder eine Klingelmelodie auf ihr Handy laden wollen.

Nur einige Mobilfunkanbieter bieten dabei die komplette Sperrung von Premium-SMS-Diensten an, und niemand weist Sie im Vorfeld als Kunde darauf hin. Erkundigen Sie sich also vor dem Abschluss eines Handyvertrags oder vor dem Kauf einer Prepaid-Karte für Ihr Kind explizit, ob der Mobilfunkbetreiber die »Sperrung von Premium-SMS-Diensten« anbietet, nur dann können Sie sicher sein, dass Ihr Kind keine Zahlungen per SMS abschließen kann.

Aber genau das hatte ich doch getan, und trotzdem donnerte das Geld von der Handy-Karte binnen weniger Stunden runter!

Irgendetwas stimmte hier nicht, und nach kurzer Recherche im Internet wusste ich auch, was: Neben der Bezahlung per SMS gibt es nämlich einen weiteren Weg, Handynutzern ihr Geld aus der Tasche zu ziehen oder sie teure Abos abschließen zu lassen, und zwar meist ohne dass diesen Nutzern eine Zahlung bewusst wird. Dieser Weg funktioniert über Werbung in kostenlosen Smartphone-Spielen und ist damit eine weitere und ganz besonders perfide Art, in erster Linie Kinder über den virtuellen Tisch zu ziehen und ihnen ihr Taschengeld (oder das der Eltern) abzuknöpfen. Das funktioniert dann so:

Aus den fest ins Gerät integrierten »Stores«, also den »Geschäften« von Smartphones wie dem iPhone oder auch Android-Handys, können die Benutzer des Kleincomputers viele Programme auf ihr Handy laden, sogenannte »Apps« (eine Kurzform von »Application«, dem englischen Begriff für Computerprogramme). Der Download einiger dieser Apps, die auch Spiele sein können, ist kostenpflichtig, erfordert also die Eingabe von Kreditkartendaten oder anderen Zahlungsarten, weshalb Kinder lieber zu den ebenfalls zahlreich erhältlichen kostenlosen Apps greifen. Selbige finanzieren sich dann oftmals eben nicht über den Kaufpreis, sondern über Werbung, die ins Spiel integriert ist und die der Bannerwerbung im Internet ähnelt. Das Kind spielt also gerade ein nettes Spiel, und plötzlich erscheint am oberen oder unteren Bildschirmrand eine Werbung: »Hier gibt es tolle andere Spiele!« Die Neugier gewinnt, das Kind drückt mit dem Finger auf die Werbung.

Was danach passieren kann, ist keineswegs die Regel bei Werbung in Spielen, kommt aber vor und war auch in unserem Fall die Wurzel des Übels: Auf dem Handy-Bildschirm erscheint ein großes Bild (technisch gesehen ist es eine sogenannte »WAP-Seite«, eine besondere Form der mobilen Webseite und eine Technik, die eigentlich als veraltet gilt), und auf diesem Bild gibt es eine klare Aufforderung wie »Schau dir jetzt viele tolle bunte Bilder auf deinem Handy an!« oder »Du willst noch mehr Spiele? Dann klicke jetzt hier!«.

Das Kind will bunte Bilder sehen oder noch mehr Spiele haben, also klickt es. Was das Kind dabei nicht bemerkt hat: Keineswegs immer, aber manchmal finden sich ganz, ganz unten auf dem Bildschirm noch weitere Hinweise, vielleicht in dunkelgrauer klitzekleiner Schrift auf schwarzem Hintergrund. Dass man nämlich zum Beispiel mit dem einfachen Klick ein Abo abschließt, das vier Euro pro Tag (!) kostet und bis auf Widerruf von der Karte abgebucht wird. Die als buntes Bild gestaltete WAP-Seite kann nämlich tatsächlich die sogenannte »Kunden-MSISDN« auslesen, damit den Handynutzer bei seinem Mobilfunkanbieter identifizieren und einen Bezahlvorgang starten.

Sie halten das für einen ungeheuerlichen Vorgang, für fieseste Abzocke und für eine Schweinerei? Wir und vermutlich 99,9 Prozent der Bevölkerung auch. Und dennoch ist dies alles derzeit noch völlig legal. Und auch hier verdienen an dem System namens »WAP-Billing« nicht nur die jeweiligen Anbieter der Spiele oder Bilder, sondern auch der Mobilfunkbetreiber sowie der Anbieter der Werbung innerhalb des zunächst kostenlosen Spiels, der nicht selten die Google-Werbetochter »AdMob« ist, eine der Marktführerinnen bei den sogenannten »In-App-Bannern«.

Für die Mobilfunkbetreiber ist diese Form des Bezahlens übers Handy eine »Micropayment-Lösung«, wir halten sie aber besonders im Fall der perfiden Abzocke bei Kindern für eine

Makro-Schweinerei. Denn als Eltern werden wir auch vor solchen Systemen weder gewarnt noch darauf hingewiesen, wenn wir einen Mobilfunkvertrag für unsere Kinder abschließen, wir erfahren davon meist erst nach langer Recherche und wenn das Handy bereits in den Abkassierbrunnen gefallen ist. Auch hierbei gibt es bei einigen Mobilfunkanbietern die Möglichkeit, diese Zahlart sperren zu lassen, doch erneut ist dies keineswegs bei allen Providern möglich. Fragen Sie daher vor dem Abschluss eines Handyvertrags danach, ob Sie das »Inkasso für Drittanbieter« sperren lassen können, dies ist der korrekte Fachbegriff, alles andere verstehen die Provider nicht. Können Sie dieses Inkasso sowie die Premium-SMS-Dienste nicht sperren lassen, wählen Sie einen anderen Handy-Provider. Aber glauben Sie bitte nicht, dass Sie damit alle Möglichkeiten der Abzocke im Griff hätten.

»350 Euro!? – Warum bitte buchen die 350 Euro von unserer Telefonrechnung ab?«

Unser Freund war außer sich. Er hatte bei seinem Telefonanschluss zu Hause eine Flatrate inklusive Internetzugang, Gespräche ins Festnetz waren allesamt im Preis inbegriffen und Telefonate zu Handys führte er nicht über das Festnetz. Schon gar nicht in dieser Höhe. Sein Sohn hatte ein eigenes Handy und benutzte den heimischen Festnetzanschluss nie.

Dachte unser Freund. Und lag falsch.

Denn wie sich nach langer Forschungsarbeit herausstellte, hatte der Sohn doch ein paar Mal auf den Festnetzanschluss zugegriffen, nämlich um ein Online-Spiel spielen zu können. Manche dieser sehr beliebten Internet-Games, die im Browser gespielt werden, fordern die Spieler nach einer gewissen Zeit auf, ihre

Festnetz-Telefonnummer einzugeben und dann eine bestimmte Rufnummer anzurufen. Danach könnten sie das bis dahin als »kostenlos« beworbene Spiel weiterspielen oder sind plötzlich mit zusätzlichen Fähigkeiten oder Ausrüstungen innerhalb des Spiels ausgerüstet.

Wahrscheinlich stand irgendwo auf der Website des Spiels auch, wie viel der Anruf bei dem automatischen System kostet, das nach dem Wählen der angegebenen Nummer binnen weniger Sekunden meldet: »Danke für deinen Anruf! Du kannst jetzt auflegen und weiterspielen!«. Und wahrscheinlich hatte der Sohn unseres Freundes diesen Hinweis übersehen. Vielleicht gab es sogar einen Hinweis auf die AGB des Anbieters, und vielleicht hatte der Sohn diese nicht gelesen. Mit Sicherheit aber fand sich auf der Telefonrechnung unseres Freundes zusätzlich zur regulären Abbuchung eine Summe von rund 300 Euro, eingesammelt durch mehrere kostenpflichtige und enorm teure Anrufe bei der Sondernummer eines Spiele-Anbieters.

Unser Freund tat das einzig Richtige: Er teilte seiner Telefonfirma mit, dass er zunächst nur die regulären Telefonkosten bezahlen werde, und bat sie um detaillierte und ausführliche Mitteilung darüber, welche zusätzlichen Leistungen er wann und in welchem Umfang angeblich genutzt haben soll, die zu der erhöhten Abrechnung geführt haben sollen. Den ganzen Fall übergab er dann sofort an einen auf Internetrecht spezialisierten Anwalt, der tatsächlich dafür sorgen konnte, dass die erhöhten Beträge nicht gezahlt werden mussten.

Denn ganz so eindeutig, wie viele Anbieter solcher Spiele oder ähnlicher Systeme es gerne hätten, ist die Rechtslage nicht. Minderjährige dürfen zum Beispiel bestimmte Geschäfte nicht ohne die durch Unterschrift bestätigte Einwilligung ihrer Eltern abschließen, und manche Geschäftsvorgänge im Internet sind schon aufgrund ihrer Grundstruktur nicht rechtmäßig.

Wir können, wollen und dürfen in diesem Buch keinerlei Rechtsberatung leisten, wir können nur vor den Tricks und technischen Mitteln einiger im Internet tätigen Unternehmen warnen. Da der Erfindungsreichtum besonders im Abzockerbereich ständig neue Systeme und gut getarnte Tricks hervorbringt, fallen keineswegs nur Kinder auf Fallen herein, und es wäre daher nicht fair, ihnen einen Vorwurf zu machen oder sie zu bestrafen, stattdessen sollten sie über mögliche Fußangeln so gut wie möglich aufgeklärt werden.

Als Faustregel kann man davon ausgehen, dass jemand an unser Geld will, sobald wir aufgefordert werden, bestimmte Telefonnummern anzurufen oder eine SMS zu senden (und natürlich erst recht, wenn wir irgendwo unsere Kontodaten eingeben sollen), da es jedoch natürlich auch seriöse Anbieter von Online-Bezahlsystemen gibt oder wir gelegentlich bewusst einen Kaufvorgang tätigen wollen, bleibt uns nur, immer auch das Kleingedruckte zu lesen, mögliche Abos mit automatischer Verlängerung zu vermeiden und im Zweifel mal wieder das Internet nach bestimmten Anbietern zu befragen. Die »schwarzen Schafe« haben schnell einen schlechten Ruf, über den viele Menschen im Netz berichten.

Wenn Ihr Kind oder Sie selbst auf Abzocker hereingefallen sind, ist es also auch sinnvoll, eigene Erfahrungsberichte im Internet zu veröffentlichen, Sie könnten damit anderen eine große Hilfe sein. Achten Sie bei solchen Berichten etwa in einem eigenen Blog oder in einem Forum darauf, sachlich zu bleiben, nur belegbare Fakten wiederzugeben und niemanden zu beleidigen oder zu beschimpfen, auch wenn das mitunter schwerfällt. Denn ansonsten flattert ihnen womöglich noch eine Klage wegen Verleumdung oder Rufschädigung ins Haus, und das wollen Sie nicht.

In jedem Fall der Abzocke gilt aber immer wieder: Übergeben Sie die Sache einem auf Internetrecht spezialisierten Anwalt.

Let's play: Videospiele

Die Entmystifizierung der Konsole

Playstation, PSP, Xbox 360, Nintendo Wii, DS, Gameboys aller Generationen und Namen, sie alle liegen bei uns zu Hause rum, surren bei Nutzung vor sich hin und fangen den Rest der Zeit ziemlich erfolgreich Staub ein.

Das liegt zwar auch daran, dass mich die elektronische Spielkultur schon immer fasziniert hat, doch die eigentlichen Gründe für den Besitz des ganzen tollen Plunders sind beruflicher Natur. Ich habe aus einem Hobby einen Job gemacht und dabei auch eine Zeit lang Videospiele für Online-Magazine getestet, wofür auch die entsprechenden Konsolen nötig waren, welche die Betreiber der Magazine als Arbeitsmittel teilweise zur Verfügung gestellt hatten.

Ein Traum für fast jeden Jungen zwischen fünf und fünfzig Jahren, ich weiß. Und als unsere Kinder aus dem Krabbelalter heraus waren und elektronisches Flimmern immer interessanter wurde, hatte ich daher die Dinger zur Vermeidung von Herzinfarkten im Alter von vier bzw. sechs Jahren vorerst versteckt und ausgelagert. Außerdem sorgte ich mich um den Eindruck, den das elektronische Schlaraffenland bei uns zu Hause auf Besuch unserer Söhne machen könnte. Ich befürchtete sabbernde, hyperventilierende

Horden junger Männer in unserem Wohnzimmer, die danach in der Schule das Gerücht verbreiten würden, die Eltern ihres Freundes hätten im Lotto gewonnen, weil sie schließlich nicht nur eine, sondern quasi *alle* Spielkonsolen besaßen.

Und so wanderten zwei der Konsolen ins Büro (eine Abstimmung unter den Kollegen hatte zwar die Übersiedlung aller Geräte gefordert, doch schließlich war ich der Chef), eine übrige, die ich am ehesten für kinderkompatibel hielt, blieb zu Hause.

Unsere Wahl fiel dabei auf die Wii. Grund dafür war, dass diese Konsole damals die einzige war, die Bewegungsspiele ermöglichte und deren Hersteller, Nintendo, eben die Spiele produzierte, die uns am kinderfreundlichsten erschienen.

Die grundsätzliche Frage nach der besten Spielkonsole ist so wenig zu beantworten wie die Frage nach dem besten Computer oder dem tollsten Handy. Inzwischen werden Bewegungsspiele und generell fast alle Spiele für die verschiedenen Konsolen produziert, also probiert man am besten herum und macht sich selbst ein Bild. Die meisten Videotheken verleihen beides: Konsolen und Spiele. Wenn Sie also über die Anschaffung einer Spielkonsole nachdenken, müssen Sie nicht gleich das Sparschwein schlachten.

Ich selbst platzierte die Geräte nach etwa einem Jahr wieder unter dem heimischen Fernseher. Es war mir einfach zu blöd geworden, die verschiedenen Dinge, mit denen ich mich beschäftigte, vor meinen Kindern zu verbergen, schließlich bringen andere Väter ihre Arbeit auch mit nach Hause. Und weiterhin hielt ich es für eine richtige erzieherische Maßnahme, den Kindern Unterhaltungselektronik als etwas Unmystisches zu präsentieren und als etwas, das es qualitativ zu bewerten und geschmacksabhängig zu beurteilen gilt – genauso wie anderes Spielzeug, das mit großem »Hallo« begrüßt worden war und doch irgendwann auf dem Flohmarkt landete.

Also gab es auch ein großes »Hallo« für Playstation und x-Box und die spannenden, lustigen, kniffligen Spiele, die man auf ihnen spielte, und ein »Gähn« für solche, die eben keinen Spaß machten.

Gerade bei elektronischen Medien, deren Reiz auch im konstanten, hell leuchtenden Input liegt, ist es wichtig, die Inhalte getrennt von der Form beurteilen zu können und zu wissen: Ein Spiel ist nicht automatisch begehrenswert, nur weil es auf einem Bildschirm passiert. Es kann durchaus auch mal Mist sein oder eben nichts für Kinder.

Spielmedienkompetenz

Mein Teilzeitjob »Spieletester« erschien den Jungs und ihren Freunden als absolut einleuchtendes Berufsziel. Offenbar hatte man nichts anderes zu tun, als den lieben langen Tag vor sich hin zu daddeln und wurde auch noch dafür bezahlt. Wie cool ist das denn, bitte?

Ich nahm sie also in die Pflicht und ließ sie selber Spiele testen, von denen ich wusste, dass sie trotz der glänzenden Verpackung wenig Spaß machten. Ein auf einem Comichelden basierendes Spiel bekam so nach einer Stunde das Prädikat »langweilig«, einem weiteren wurde attestiert, dass es »schlecht gemacht« sei. Oder konkreter: Die Steuerung war holprig, die Herausforderungen hatten nichts mit der Handlung zu tun, und die Zwischenkommentare nervten.

Begehrlichkeiten wecken auch immer Spiele, die auf erfolgreichen Kinofilmen basieren. Hier mussten wir nicht selten erkennen, dass Filme und Videospiele unterschiedlichen Gesetzen folgen und klar voneinander getrennt werden müssen. »Harry Potter« oder »Der Herr der Ringe« mögen atemberaubende Filme sein, ihre jeweiligen Game-Adaptionen waren das aber oftmals nicht. Sogar der jüngere Sohn verstand, dass eine Geschichte im Film anders erzählt werden muss als im Spiel und dass einige Spiele mit der Filmvorlage herzlich wenig zu tun hatten.

Natürlich waren ihre Kriterien eher emotional als analytisch, aber daran war ja nichts falsch, schließlich ging es um Spiele.

Interessant wurde es, wenn wir gemeinsam versuchten herauszufinden, woran es lag, dass ein Spiel, das auf einer Filmidee basiert, doof und langweilig war, obwohl man den Film toll und spannend gefunden hatte. Es ist auch nicht leicht, den Grund für die Großartigkeit eines Spiels zu benennen. »Weil es Spaß macht.« Klar, aber *warum* macht es Spaß? »Weil der Held toll ist.« Okay, aber *warum* ist er toll?

Ein schlechtes Spiel abzuwatschen fiel den Jungs leicht, aber zu begründen, was genau ein gutes Spiel zu einem gutem Spiel machte, schien viel komplizierter. Für uns Eltern war immer leicht zu erkennen, wann ein Spiel den Kindern Spaß machte. Dann nämlich, wenn man sie operativ von der Konsole trennen musste, wenn es kein Halten gab, wenn es weiter, weiter, weiter gehen musste. Und wenn es eben darum in der Familie zu Streit bezüglich der Spielzeiten kam.

Gute Eltern sind wie gute Spiele oder Spiele als Erziehungsberater

Haben Sie sich schon einmal die Frage gestellt, warum ihr Kind bereitwillig seine Freizeit dafür opfert, immer und immer wieder die gleichen Knöpfe zu drücken und geduldig achtfach zu wiederholen, was zuvor missglückt war, nur um bei »Super Mario«, einen miserabel Englisch sprechenden italienischen Klempner, beim Pilzesammeln zu unterstützen?

Warum ist dieser Quatsch interessanter als so vieles, was das richtige, echte Leben für den Nachwuchs bereithält, und vor allem: Warum ist es faszinierender als Sie selbst?

Die Antwort finden Sie in den Games selbst, und es lohnt sich, einen Blick auf deren Psychotricks zu werfen. Wenn Sie der Meinung sind, elektronische Spiele seien wenig hilfreiche Alltagsgegner, dann werden Sie zu einer ernst zu nehmenden Konkurrenz, indem Sie sich die Mittel des Spiels zu eigen machen.

Jeder Spieleentwickler muss sich zwingend mit der Frage auseinandersetzen: Wie halte ich meine Spieler über lange Zeit bei der Sache? Wie erreiche ich, dass sie herausgefordert, aber nicht überfordert werden, dass also Erfolg als Glück und Scheitern als Ansporn empfunden wird?

Ein Adventurespiel kommt locker auf 50 bis 70 Stunden Spielzeit, bevor das Spiel komplett durchgespielt ist. Kein Spieler der Welt tut sich das nur wegen toller Grafik oder irren Effekten an, da muss schon eine ordentliche Portion psychologische Finesse mit im Spiel sein!

Wenn elektronische Spiele es schaffen, unsere Kinder zu Höchstformen anzutreiben und sie zugleich zu glücklichen Menschen zu machen, wieso fällt uns als Eltern das oft so schwer? Warum scheitern Lehrer an gelangweilten Schülern?

Das Games-Magazin GEE hat 2009 verschiedene erfolgreiche Spieleentwickler nach ihren Tricks gefragt. Bitteschön: bedienen Sie sich!

Viel hilft viel!

Sidhu Sukhbir, PopCap, Gamedesigner von »Peggle«:

»Spieler können gar nicht genug Punkte bekommen. Wir haben einmal einen Test gemacht und zwei Gruppen von Spielern haargenau dasselbe Game vorgesetzt. Mit einem kleinen Unterschied: Die eine Gruppe wurde für dieselben Aktionen mit einem wesentlich höheren Score belohnt. Das Ergebnis: Diese Leute fühlten sich beim Spielen nicht nur glücklicher, sie fanden das Game auch erheblich toller!«

Das glaubt man sofort! Wir hatten uns irgendwann einmal an einem Punktevergabesystem für Hilfe der Jungs im Haushalt versucht – hat leider nicht geklappt. Vielleicht lag es einfach daran, dass es für »Tisch abräumen« zwei und für »Zimmer aufräumen« nur fünf Punkte gab, vielleicht wäre alles gut geworden, hätten sie damit 2000 und 5000 und am Ende des Monats unfassbare Spitzenwerte von 256.000 Punkte erreicht!

Verteile Belohnungen!

Jesse Abney, EA, Producer von »Need For Speed: Shift«:

»Lob macht glücklich, im richtigen Leben wie im Spiel. Wir belohnen den Spieler deshalb für alles, was er macht. Egal, ob der Spieler in »Need For Speed« aggressiv fährt oder die Kurven mit emo-

tionsloser Präzision angeht: Sofern er es nur ein wenig richtig macht, klopfen wir ihm auf die Schulter und überhäufen ihn mit Punkten, Autos und Strecken.«

Nach jeder Rennstrecke, jedem vollendeten Level, jedem gelösten Rätsel bekommt der Spieler Applaus, Lob und digitale Leckerlis, egal, wie gut oder auch schlecht er die Herausforderung gemeistert hat.

Zugleich aber wird er zu Höherem angetrieben. Dabei heißt es übrigens nie: »Das war nicht gut, du musst mehr üben!«, sondern »Das war super! Los! Leg' noch eins drauf, da geht noch was!«

Und es funktioniert!

Auch darüber kann man als Eltern oder Lehrer mal nachdenken, oder?

Positive Verstärkung, der Klassiker! Warum nutzen wir diesen simplen Trick so selten im Alltag?

Super, dass du daran gedacht hast, das Sportzeug mitzubringen!

Müll runtergebracht? – High Five!

Schön, dass du Oma zum Geburtstag angerufen hast! – Kussss!

Eine Zwei in Deutsch? – Ich flipp aus und koch dir Pudding!

Du hast unaufgefordert geduscht? Ich fass es nicht ... Sohn ... schnell, das Riechsalz, ich glaub, ich werde vor Freude ohnmäch...

Im Ernst: Wir vergessen schnell, aus wie vielen Aufgaben der Alltag von Kindern und Jugendlichen besteht. Und während sie, als sie klein und niedlich waren, für jedes Pipitröpfchen ins richtige Töpfchen gelobt wurden, scheinen sie uns jetzt zu groß, um für jede Kleinigkeit betätschelt zu werden. Natürlich müssen wir nicht nach jedem Zähneputzen vor Freude durchdrehen, aber es gibt viele Gelegenheiten, einfach nur zu *sehen*, was gut gemacht wurde, und mit der besten Währung, einem echten Lächeln, zu loben – und damit selbst zu punkten!

Fehler machen glücklich!

»Super Mario«-Erfinder Shigeru Miyamoto ist der Superstar unter den Spieleentwicklern. Über sein Geheimnis, Spieler glücklich zu machen, sagt er:

»Da gibt es keinen speziellen Trick. Damit sich der Spieler glücklich fühlen kann, muss aber zuallererst ich selbst glücklich sein. Das passiert immer dann, wenn ich in meinen Videospielen etwas erreiche, das noch nie zuvor realisiert wurde. Auf dem Weg dahin gibt es viele Fehlversuche, aber wenn es funktioniert, fühle ich mich gut und bin sicher, dass es dem Spieler genauso geht, wenn er die neuen Möglichkeiten entdeckt.«

Was Miyamoto uns damit für den Elternalltag rät: Lassen sie Ihre Kinder, wo es möglich ist, in Fallen tappen. Es macht uns nicht froh, wenn wir gut gemeinte Warnungen beachten und dadurch Fehler vermeiden – es macht uns froh, wenn wir aus eigenen Fehlern lernen und erfahren dürfen, dass wir imstande sind, unser Handeln zu korrigieren und ein Ziel auf unsere ganz persönliche Weise, schleichend, stolpernd oder im Schlusssprung, zu erreichen. Es ist nicht leicht, Kindern tatenlos dabei zuzuschauen, wie sie scheitern, aber früher oder später kommen wir ohnehin nicht darum herum. Denn während es noch einfach ist, die Kleinen vor nassen Füßen durch den Sprung in die Pfütze zu bewahren, werden wir die Großen nur schwerlich davor schützen können, am Erbrechen des billigen Weins oder Zerbrechen des betrogenen Herzens zu leiden.

Umso besser, wenn sie bis dahin gelernt haben, dass ein Fehler oder eine Panne keine finale Weiche, sondern nur eine falsche Abbiegung ist, die man ab sofort kennt und (hoffentlich!) in Zukunft meidet.

Fehler müssen sein dürfen!

Patrice Désilets, Ubisoft, Creative Director von »Prince Of Persia: The Sands Of Time« schließt sich Miyamotos Theorie in etwas abgewandelter Form an:

»In meinen Spielen soll der Spieler ein Gefühl von Macht erleben. Damit ihm das auch Spaß macht, versuche ich, nicht zu streng mit ihm zu sein. Wer etwas ausprobiert und dabei scheitert, darf dafür nie bestraft werden. Deshalb lasse ich den Spieler in »Prince Of Persia: The Sands Of Time« nicht sterben. Beim Verlust der Lebensenergie wird einfach die Zeit zurückgespult, und der Spieler erlebt die Geschichte noch einmal und kann es dann besser machen.«

Das versteht sich von allein: Wer auf die Finger bekommt, weil er die Milch verschüttet hat, wird beim nächsten Einschenken so verunsichert sein, dass bestimmt wieder die Hälfte danebengeht. Wer für eine schlechte Note mit Liebesentzug gestraft wird, dem sitzt bei jeder Arbeit die Angst im Nacken – wie soll man sich da konzentrieren? Was für den persischen Prinzen gilt, gilt für unsere Prinzen und Prinzessinnen erst recht: »Dumm gelaufen, beim nächsten Mal klappt's bestimmt besser!«

Lass andere für den Spieler arbeiten!

Benedikt Grindel, Blue Byte, Producer von »Die Siedler 7«:

»Damit der Spieler glücklich wird, erfüllen wir ihm einen Traum: Alle Figuren im Spiel arbeiten nur für ihn. Ohne Pause und Beschwerden. Je mehr Arbeit der Spieler verteilt, desto mehr wird erledigt. Damit dieses Machtgefühl auch richtig ausgekostet werden kann, lassen wir ihn das Geschehen sowohl aus der Entfernung betrachten, um die schiere Masse an Arbeitern zu bewundern, als auch ganz nah ranzoomen, sodass die Schweißperlen jeder einzelnen Figur zu sehen sind.«

»Super Tipp« werden Sie sagen, »mache ich doch! Ich ackere den lieben langen Tag für den Nachwuchs – wo bleibt der Applaus?«

Obwohl es eine beeindruckende Armee von Eltern gibt, die ihren Kindern den Tuschepinsel in die Schule hinterhertragen, dem Achtjährigen beim Ankleiden Socken reichen und Schuhe schnüren, Referate tippen, bebildern und das eigene Essen kalt werden lassen, weil die Zehnjährige ihre Kartoffeln gern noch flugs püriert bekäme, scheint die Zahl der Kinder, die über den ihnen gewidmeten Elterneinsatz jauchzend in die Hände klatschen, verschwindend gering.

Logisch, denn auch, wenn Eltern den Lebensweg ihrer Lieben wie Curlingwischer vorwegpolieren – im Großen und Ganzen ist deren Leben eben doch nicht widewidewie-es-ihnen-gefällt. Selbst, wenn wir uns noch so große Mühe geben, die Wünsche unseres Kindes zu berücksichtigen, kommt irgendwann der Punkt, an dem es tun muss, was es nicht will.

Eine Freundin klagte einmal gegenüber der Erzieherin ihrer damals vierjährigen Tochter, die gegen Abend regelmäßig ausflippte:

»Selbst wenn wir den ganzen Tag lang nur Schönes zusammen gemacht und ihr jeden Wunsch von den Lippen abgelesen haben, beendet Emma den Abend, indem sie Türen knallt und sich brüllend auf dem Boden windet, weil sie sich die Zähne putzen soll. Warum muss sie jeden noch so perfekten Tag abends ruinieren?« Die Erzieherin antwortete: »Genau dasselbe fragt sich deine Tochter auch! ›Eben war's noch so toll, und jetzt kommt ihr mir wieder mit diesem blöden Zähneputzen und macht alles kaputt!‹«

Am Ende des Tages gibt es eben doch Regeln, Pflichten oder einfach nur äußere Umstände, denen sich ein Kind unterwerfen muss. Kein Wunder, dass gerade ein Spiel wie »Die Sims« oder das erwähnte »Die Siedler«, die eine kleine, perfekte Welt simulieren, die allein vom Spieler kontrolliert wird, so erfolgreich sind! Im Spiel ist man Chef, hat das Sagen, darf richten oder einfach nur *ein*richten, weshalb sich Kinder (und Erwachsene!) mit Puppenhäuschen, Modelleisenbahn und anderen Realitätsnachbauten immer schon eigene, beherrschbare Mikrokosmen gebastelt haben.

In den Alltag übertragen lässt sich ein Hauch von Macht mithilfe des Bestimmertags, den wir eine Zeit lang in der Familie zelebriert haben. Immer samstags hatte einer von uns Bestimmertag und also die komplette Tagesplanung in der Hand, durfte entscheiden, was gekocht, getan und gelassen wurde. Zwar musste die Macht innerhalb des Machbaren ausgeübt werden, aber kein Nein durfte sein.

Interessanterweise wollten die Kinder in den allermeisten Fällen einfach gar nichts machen, während wir unseren Bestimmersamstag, auf unvergessliche Familienwochenenderlebnisse hoffend, schon Tage zuvor irrsinnig perfekt durchplanten. Am

Ende mussten wir zugeben, dass das Familienwochenende mit dem geringsten Pi-Pa-Po-Anteil das entspannteste ist. Seither sind wir uns (mit Ausnahmen) selbst Wochenenderlebnis genug, eine Erkenntnis, die wir nicht zuletzt der Machtergreifung unserer Söhne an ihren ereignislosen Bestimmersamstagen zu verdanken haben.

Treibe den Spieler bis an die Grenze!

Bryan Walker, Retro Studios, Senior Producer von »Metroid Prime 3: Corruption«:

»Das Glücksgefühl nach dem Sieg über einen Gegner ist am größten, wenn der Spieler dafür bis an seine Leistungsgrenze gehen musste. Gibt sich ein Endboss bereits beim zweiten Treffer geschlagen, ist die Begeisterung nicht sonderlich groß. Dasselbe natürlich auch, wenn der Spieler dafür geschlagene acht Anläufe gebraucht hat. Er fühlt sich aber äußerst gut, wenn er den Endgegner beim ersten Anlauf meistert, dafür aber alles an Können und Munition aufbringen muss und gerade noch mit dem letzten Fitzel Lebensenergie durchkommt.«

O ja, daran erinnern wir uns! Erste Urlaube ohne Eltern: Rucksack im Zug vergessen, kaum noch Geld, und es regnet aus Eimern, während man versucht, ein Zelt aufzubauen, grandios! Wir haben es alle er- und überlebt und gingen aus jedem Abenteuer stolz und glücklich hervor.

Ohne Erwachsene, ohne doppelten Boden, mit einem knapp kalkulierten Etat und nach eigener Organisation ein selbst gesetztes Ziel erreichen – eine Chance zur Selbstbehauptung, die jungen Menschen heute nur selten zuteilwird.

Unsere Gesellschaft bietet Kindern und Jugendlichen kaum noch Freiräume, um sich zu beweisen, sich auf die eigene Kraft zu verlassen, Hindernisse zu bewältigen und an praktischen Erfahrungen zu reifen.

Man staunt, wenn Eltern oder Großeltern, die in der Nachkriegszeit unter widrigsten Bedingungen aufwuchsen, von ebendieser Zeit schwärmen.

Man spielte zwischen ungesicherten Trümmern, stibitzte Kartoffeln für Mama, rettete aus einem muffigen Keller den fehlenden Fahrradschlauch für Papa und entwischte geschickt jedem Schaffner. Die Kinder dieser Zeit hatten es schwer, und wir möchten unsere eigenen Kinder keinesfalls ihr Schicksal teilen lassen. Trotzdem müssen wir feststellen, dass Glück sich nicht automatisch einstellt, wenn die äußeren Umstände glücklich sind, man also wohlhabend und gesund in sicheren, geordneten Verhältnissen aufwächst. Wenn wir heute von der verwöhnten Generation unserer Kinder reden, dann meinen wir eigentlich deren beklagenswerten Mangel an Herausforderungen.

Glück lässt sich weder kaufen noch lernen, und auch, wenn unsere Kinder vermutlich nicht glücklich auf ihr Leben zurückblicken werden, weil sie in *»Metroid Prime 3: Corruption«* den Endboss geschlagen haben, können wir vom Erfolgsrezept der Spieleentwickler naschen, indem wir dem Netzgemüse Aufgaben geben, Verantwortung übertragen und dabei die Latte keinesfalls zu tief hängen.

Shigeru Miyamoto behauptet: *»Videospiele können einem etwas für das Leben beibringen. Und zwar, dass wir für unser gesamtes Handeln und die Konsequenzen, die sich daraus ergeben, verantwortlich sind.«*

Damit mag er recht haben, aber gilt das nicht für jedes Spiel? Etwa wenn man durch den Fehlpass beim Fußball ein Tor mitverschuldet oder sich eine fiese Knieverletzung zuzieht, weil man beim Skateboardfahren auf die Knieschützer verzichtet hat? Anders als in der Realität verzeihen Videospiele eben vieles und ermöglichen dem Spieler in der Wiederholung eine schnelle Korrektur seines Handelns. Anders sieht es bei »Massive Multiplayer Online Role-Playing Games« (Massen-Mehrspieler-Online-Rollenspiele), sogenannten MMORPG, aus, die überhaupt eine Sonderstellung unter elektronischen Spielen einnehmen, schon allein, weil sie ausschließlich über das Internet gespielt werden und etliche Tausend Rollenspieler sich in einer virtuellen, über Server verwalteten Welt tummeln.

Bist du OFF, bist du draußen

MMORPGs, wie das von rund zehn Millionen Spielern weltweit gespielte »World of Warcraft« (WoW), sind so etwas wie die Königsdisziplin unter den elektronischen Spielen und werden entsprechend kontrovers diskutiert. Renommierte Psychologen und erfolgreiche Unternehmer schwärmen von den Kompetenzen, die ein Spieler durch diese Echtzeit-Strategie-Spiele erlangt, während andere, ebenso renommierte und erfolgreiche, sie verfluchen. MMORPGs spielen in einer gnadenlosen Virtualität, die strategische Fehlentscheidungen eben nicht verzeiht, sondern bestraft, wie es sonst nur die reale Welt tut. Wer sich in einem Spiel wie WoW behaupten will, benötigt Weitsicht, Ausdauer, Flexibilität und Autorität, die in langen Spielsitzungen mühevoll erkämpft wurde. Hier schließen sich die Avatare, also die virtuellen Vertreter realer Spieler, in Echtzeit zusammen, um sich gegen andere, ebenso reale Gegner durchzusetzen. Loyalität und Zuverlässigkeit sind hier das Maß der Dinge, und wer zur verabredeten Schlacht um acht am Abendbrottisch sitzt, kann einpacken, denn bei Massive Multiplayer-Spielen wird im Gegensatz zu Einzelspielen massiv gemeinsam gespielt.

MMORPGs sind faszinierend und fesselnd wie nur wenige andere Spiele, und aus genau diesem Grund werden immer wieder Stimmen laut, die eine Hochstufung der aktuellen Altersfreigabe von zwölf auf 18 Jahre für WoW fordern, da Verantwortungen wie Schule und Familie oft nur mit derart viel Eigendisziplin unter einen Hut zu bekommen sind, wie man sie von Kindern und Jugendlichen kaum erwarten kann. Auch für manche Erwachsene ist solche Selbstdisziplin schwer genug, was die Spiele-Industrie sehr genau weiß: Mini-Spiele mit ähnlichen Funktionen und Aufgaben wie die von MMORPGs sind als sogenannte »Multiplayer Online Casual Games«, also »Mehrspieler-Online-Gelegenheitsspiele«, der Hit unter Erwachsenen, die nicht selten den halben Bürotag damit verbringen, einen virtuellen Garten zu pflegen.

Man muss erfolgreichen MMORPGs-Spielern dabei höchsten Respekt zollen, denn diese Spiele suchen ob ihrer Komplexität und Vielschichtigkeit ihresgleichen, und aus ihren Reihen gingen wahre Helden hervor, die weit über die nationalen Grenzen hinaus gerühmt werden, Interviews für die Presse geben oder auf Konferenzen umjubelte Vorträge halten.

Wenn sich Ihr Kind hier eine Führungsposition nebst eigener Gilde erarbeiten konnte, gebührt ihm also zunächst einmal Anerkennung. Dennoch beherbergen Spiele mit solch ausgeprägten sozialen Aspekten, zu denen auch die einzuhaltenden

Verabredungen und die generelle Loyalität innerhalb des Teams gehören, neue Herausforderungen. MMORPGs finden nicht im Raum-Zeit-Kontinuum des familiären Zuhauses statt, und es ist extrem schwierig, einem verantwortungsvollen WoW-Spieler familieninterne Regeln oder Spielzeiten zu vermitteln, wenn er oder sie Mitglied einer zum Großteil aus japanischen Spielern bestehenden Gilde ist, die sich folglich um 04:00 Uhr MEZ zur Schlacht einfindet. Ganz nebenbei verliert, wer die Schlacht zu nachtschlafender Zeit verpennt, nicht nur Ruhm und Ehre, sondern findet am nächsten Morgen sein virtuelles Hab und Gut in Schutt und Asche und muss sich mühsam erkämpfte Titel entweder mit extremem Zeitaufwand aufs Neue erspielen oder ganz real in Euro büßen.

Machen Sie sich den Spaß und suchen Sie einmal nach virtuellen WoW-Werten auf eBay, nach Spiel-Gegenständen und Punkten also, die sich Spieler in oft monatelanger Arbeit innerhalb des Spiels erkämpft haben und die sie nun anderen Spielern zum Kauf anbieten – gegen ganz unvirtuelle Euros natürlich:

WoW account, high end, 14590 Erfolgspunkte, 2x85, Krieger, Hexer, Diablo 3, Star.2

»Ich verkaufe, aus Zeitgründen meinen geliebten WoW ACCOUNT !

Sie bieten hier auf 2 Level 85 WoW Accounts + Diablo 3 (Level 12 Char) + Starcraft 2.

Sie erhalten diverse Zugangsdaten inkl. Battle-net Zugang, sowie der Geheimfrage + Antwort !

Das Herzstück des WoW Accounts bildet der **KRIEGER !**

Der Krieger hat aktuell **14590** ! Erfolgspunkte auf seinem Konto und zählt somit zur absoluten Spitzenklasse !

Der Krieger ist im Besitz von unzähligen schwer zu bekommenden Erfolgen wie ...

KAMPFMEISTER ! -

Er ist fast auf jedem Schlachtfeld, MEISTER !

RUHM DES KATAKLYSMUS SCHLACHTZÜGLERS

RUHM DES SCHLACHTZÜGLERS DER FEUERLANDE

uvw.

Er war in einer High-End-Gilde und ist dementsprechend ausgerüstet !

5/5 heroische T13 Teile !!!

Sie sollten also kein Problem damit haben in fast jede High-End-Gilde zu kommen !

Ein paar Fakten:

PVE durchschnittlich angelegtes Item-Level - 400/401 (Je nach Skillung und Waffen)

PVP durchschnittlich angelegtes Item-Level - 397

TANK - durchschnittlich angelegtes Item-Level 394

67 Titel !!!

132 Pets !!!

113 Mounts !!!

Er hat unter anderem schwer zu bekommende Titel wie »Nemesis der Pechschwingen, von den vier Winden, Kampfmeister« uvw.

Er besitzt viele seltene Mounts, welche nicht mehr zu erhalten sind wie zB

KRIEGSBÄR DER ARMANI

VERSEUCHTER PROTODRACHE

uvm.

Auf dem WoW Account befindet sich auch noch ein Level 85 Twink - Gnom Hexenmeister

Der Hexer hat das komplette ICC - T-set gefarmt !

Dieses für Laien nur schwer verständliche Angebot von komplett virtuellen Gütern stammte von Jessica aus Österreich, die bereit war, sich für schlappe 799 Euro von ihren Spielkräften zu trennen.

Hui! Schon mal an einen lukrativen Nebenjob für ihr Kind gedacht? WoW spielen statt Zeitung austragen? Warum nicht? Wir geben allerdings zu bedenken, dass Jessicas Stundenlohn vermutlich hart erspielt war und weit unter dem eines Zeitungsausträgers lag – vielleicht aber deutlich mehr Spaß gemacht hat!

Adventurespiele – Das Königreich braucht uns alle!

Videospiele finden als Kulturgut in einer merkwürdigen gesellschaftlichen Grauzone statt, was nicht nur aufgrund ihres Erfolgs, ihrer Verbreitung und der Tatsache überrascht, dass die Gaming-Industrie teilweise über höhere Budgets verfügt und mehr Gewinne macht als manches Hollywood-Filmstudio. Auch inhaltlich und in Sachen »Storytelling« sind viele Spiele enorm aufwändig und von hoher Qualität und fesseln Spielerinnen und Spieler beinahe jeder Altersklasse zurecht, weshalb die Konsolen bei uns auch im Wohnzimmer stehen, denn ein Spiel kann wie ein Film ein gemeinsames Erlebnis sein, selbst wenn nur ein oder zwei Personen spielen und die anderen zusehen.

Wir verbrachten auf diese Art viele, viele Nachmittage und Abende mit dem Spielen von Adventurespielen, Abenteuerspielen also. Dieses Genre ist ob seiner Dauer am ehesten mit einer spannenden Telenovela oder einem dicken Abenteuerroman zu vergleichen. Als großartiges Beispiel blieb uns bis heute das Spiel »Zelda« in Erinnerung, das schon heute zu den absoluten Klassikern gehört. Über einen Spielzeitraum von bis zu 70 Stunden fieberten, kämpften, litten und jubelten wir mit dem Helden »Link« und tauchten in dessen Welt ein.

Die Spielhandlung verläuft bei Adventurespielen mehr oder weniger linear, ist also weitestgehend vorgegeben, was den Vorteil hat, dass ein gutes Spiel einer guten Dramaturgie folgt. Wenn also einer von uns nicht beim Spiel dabei sein konnte, wurde er anschließend informiert: »Du glaubst es nicht! Wir haben das goldene Schwert gefunden!«

»Nein!«

»Doch! Es war im Drachentempel!!!«

Wer nie ein Videospiel gespielt hat, dem fällt es sicher schwer zu glauben: Selbst uns erwachsenen Mitspielern wurde am Ende des Abenteuers (nach vielen Wochen also!) das Herz schwer, weil wir Abschied von unserem Helden nehmen mussten. Und zwar genau so, wie wir Harry Potter, Pu der Bär oder die Schatzinsel vermissten, wenn die letzte Seite gelesen war.

Doch im Gegensatz zu Buchkritiken wird man auf Artikel über Videospiele in den Feuilletons oder Magazinbeilagen der intellektuellen Massenmedien wohl noch ewig warten müssen.

Oder eben nicht.

Denn während sich die besagten Papiermedien über den Jungleser-Schwund zu Tode beklagen, sind selbige längst über das reine Rezipientendasein hinaus und kreieren online ihre eigenen Medienkanäle, in denen sie sich in beeindruckender Tiefe mit ihren Themen – wie eben Videospielen – auseinandersetzen und diese vom Storyboard über die grafische Umsetzung bis zu technischen Produktionsdetails analysieren, kritisieren, diskutieren. Hinzu kommen unzählige Audio- und Videosendungen mit Hilfestellungen und Anleitungen für jedes erdenkliche Spiel.

Es mag nicht immer völlig klar sein, wo dabei der amateurhafte Selfmade-Bereich aufhört und wo die Hersteller der Spiele ihre PR-Finger mit im – Achtung! – Spiel haben. Doch es steht fest: Junge Menschen, die ihrer Leidenschaft auf diese Weise zu eigenen Kanälen verhelfen, haben die Medien ihrer Eltern nicht mehr nötig. Die Medien nämlich, die den Kulturkreis der Jungen und damit sie selbst nicht nur ignorieren, sondern auch diskreditieren, indem sie Videospiele eher im Zusammenhang mit »Killerspielen« erwähnen, als sie als kulturelle Bereicherung wertzuschätzen.

Es ist nur ein Spiel, oder?

Als unser älterer Sohn elf Jahre alt war, wollte er unbedingt »GTA« (»Grand Theft Auto«) spielen, eine mit über zehn Millionen verkauften Exemplaren pro Folge äußerst erfolgreiche Spielserie, in der die Hauptperson durch das Erfüllen verschiedener Missionen eine Verbrecherkarriere startet und die überall auf der Welt nur für Erwachsene freigegeben ist, da sie moralisch höchst fragwürdig ist. Im gesamten Spiel ist Gewalt gegen Personen möglich, die zwar im Spiel durch Verhaftungen und Geldstrafen geahndet wird, jedoch keinen wirklich negativen Einfluss auf den Spielverlauf hat.

Die GTA-Serie ist dabei keineswegs so brutal wie viele andere gewalthaltige Spiele. Als Erwachsener empfinde ich sie als geradezu satirisch überzogen und sehe sie daher als Gewalt stilisierendes Comic-Spiel für Erwachsene an. GTA ist in meinen Augen am ehesten mit einem wirklich überdrehten Actionfilm zu vergleichen, ohne jedoch dessen Geschwindigkeit zu erreichen, denn das aufgabenbasierte Spielprinzip erfordert selten hektisches Handeln.

Doch auch Actionfilme sind nicht für Kinder freigegeben, die den Unterschied zwischen Überspitzung und Realismus noch nicht einschätzen können und die man einfach nicht vor einen Film oder ein Spiel setzen mag, in dem es darum geht, innerhalb einer Mafiaartigen Geschichte möglichst verbrecherisch zu handeln.

Ich versuchte also meinem Sohn zu erklären, warum ich ihn das Spiel nicht spielen lassen würde:

»GTA ist nicht für Kinder gemacht. Es ist für Erwachsene, die verstehen, dass das Spiel nur ein Spiel und sowieso ziemlicher Blödsinn ist. Außerdem fluchen die Personen im Spiel die ganze Zeit, und ich will nicht, dass du dich stundenlang mit so etwas beschäftigst, es gibt viele andere tolle Spiele.«

Der Sohn verstand das.

Und akzeptierte es.

Nicht.

»Aber, Papa, das ist doch Quatsch, natürlich ist das nur ein Spiel, was denn sonst? Ich trete doch auch keine Schildkröten, nur weil ich gerade »Super Mario« gespielt habe. Und in der Schule fluchen auch alle die ganze Zeit, willst du mir jetzt die Schule verbieten?«

»Nein, aber wir können gerne versuchen herauszufinden, *warum* dort so viel geflucht wird, hm?«, antwortete ich. »Wieso willst du dieses Spiel eigentlich spielen? Und woher kennst du es überhaupt?«

»Fabio hat es und hat mir davon erzählt, du kannst *alles* machen in dem Spiel, man kann durch die ganze Stadt mit einem Auto fahren, man kann sogar das Autoradio anmachen und verschiedene Sender einstellen, und man kann lang fahren und aussteigen, wo man will, und ...«

Interessant, was Elfjährige unter »alles machen« verstehen. Doch im Prinzip stimmte es: Der Erfolg von GTA, das attestierten nicht nur die Tests und Besprechungen in den videospielorientierten, sondern auch in den sonst so zurückhaltenden klassischen Medien, basierte nicht in erster Linie auf der verbrecherischen Handlung, sondern auf der damals einmaligen Handlungsfreiheit des Spielers innerhalb der Serie (sowie auf ihrem klaren Bekenntnis zur Hip-Hop-Kultur). Scheinbar völlig frei konnte man sich durch die Spielewelt bewegen und brauchte sich dabei kaum an Vorgaben zu halten. Man musste das Spiel nicht einmal wirklich spielen, man konnte auch einfach nur die ganze Zeit mit einem Auto durch die Stadt fahren (und sich bei Gesetzbrüchen Verfolgungsjagden mit der Polizei liefern ...). Offenbar war es diese spielerische Handlungsfreiheit, die meinen Sohn und seine Freunde so faszinierte an der Simulation einer Unterweltkarriere.

Ich blieb dennoch bei meiner Entscheidung und sagte ihm, dass ich das Spiel trotz seiner Argumente für zu brutal für ein Kind hielt. Er wusste selbst, dass das Spiel nicht für Kinder freigegeben ist, denn auf der Verpackung prangte ein großer, roter »18«-Aufkleber. Um ihm deutlich zu machen, wie und warum der Aufkleber auf die Packung gekommen war, zeigten wir dem Sohn die Begründung der USK (Unterhaltungssoftware Selbstkontrolle), der man vor allem entnehmen kann, dass Altersbeschränkungen zuallererst den Zweck haben, jüngere Kinder zu schützen. Ein wichtiger Punkt, der Kindern oft nicht klar ist, denn für sie stellt eine solche Beschränkung eher ein »Nicht dürfen« dar. An dieser Stelle sei übrigens kurz erwähnt, was viele Eltern missverstehen: Auch Spiele, die nur für Erwachsene freigegeben sind, enthalten keinerlei Inhalte, die in unserem Land verboten sind.

Die USK formuliert es wie folgt:

»Die Kennzeichnung ›Keine Jugendfreigabe‹ schließt jedoch aus,

- *dass Spielinhalte Gewalttaten in der Alltagswirklichkeit legitimieren und Parallelen zur Realität nahelegen;*
- *dass sich ›Selbstjustiz‹ als bewährtes Mittel zur Durchsetzung von Gerechtigkeit vermittelt;*
- *dass drastisch inszenierte und grafisch detailliert aufbereitete Gewalttaten gegen menschlich oder menschenähnlich gestaltete Spielfiguren die Spielhandlung prägen;*
- *dass gewaltbeherrschte Spielaufgaben alle anderen Spielelemente dominieren;*
- *dass das Spiel nur erfolgreich beendet werden kann, wenn Spielfiguren eliminiert werden, die nicht als Gegner auftreten;*
- *dass Kriegsbegeisterung vermittelt und Gewaltfolgen explizit bagatellisiert werden.*
- *Computerspiele mit dem Kennzeichen ›Keine Jugendfreigabe‹ enthalten auch keine in Deutschland gesetzlich verbotenen Inhalte (z. B. exzessive Gewaltdarstellungen, Rassismus, Kriegshetze und Pornographie). Sieht das Prüfgremium bei der* USK *die Indizierungskriterien der Bundesprüfstelle für jugendgefährdende Medien (BPjM) nach der Prüfung eines Spiels als erfüllt an, wird die Alterskennzeichnung durch die Obersten Landesjugendbehörden (OLJB) verweigert.«*

Gewalt in Videospielen

»Och nö, nicht die süßen Schafe töten!«
»Das sind keine Schafe, Mama. Das sind Pixel.«

Videospiele, in denen Gewalt vorkommt, sind nicht immer gleich und sollten daher nicht über einen Kamm geschoren werden. Ihr Spektrum gleicht dem von Filmen, in denen Gewalt gezeigt wird. »Tom & Jerry«, stopfen sich zwar gegenseitig in den Schredder, laufen aber trotzdem im Kinderprogramm, wohingegen Coppolas Trilogie »Der Pate« als filmisches Meisterwerk zwar etliche Auszeichnungen bekam, ob seiner detailverliebt realistischen Gewaltdarstellung aber eher nicht im Frühstücksfernsehen läuft.

Die generelle Auseinandersetzung mit Gewalt ist normal und wichtig, und wer einen geschichtlichen Rückblick in die Welt der Literatur wagt, der erkennt sowieso schnell, dass die reine Anwesenheit von Gewalt kein Ausschlusskriterium für ein Medium sein kann, außer Sie möchten im Zuge dessen die Märchen der Brüder Grimm, den Großteil der klassischen und modernen Weltliteratur sowie das Alte Testament zusammen mit »Tom & Jerry« vernichten.

Wir müssen Kriegsspiele ebenso wenig wie Zombiefilme oder Pornos lieben, die Freiheit dieses Landes, die ihre Existenz ermöglicht, aber schon!

Werden Sie deshalb hellhörig, wenn in einer Talkshow wieder einmal jemand das generelle Verbot sogenannter »Killerspiele« fordert.

Gewalt ist – leider – ein Teil unserer Gesellschaft und der Menschheit generell, unsere Kinder werden nicht nur in den

Nachrichten tagtäglich mit Gewalt konfrontiert, und die Beschäftigung mit ihr oder ihre Thematisierung komplett aus ihren Medien auszuschließen, wäre fatal. Die vereinfachte Darstellung von Gewalt ist für Kinder auch deshalb wichtig, weil sie ihnen hilft, zwischen Gut und Böse zu trennen.

Wer böse ist, kriegt »Bamm!« auf die Mütze – fertig. Konflikte diplomatisch zu lösen erfordert ein hohes Maß an sozialer Kompetenz, die man bei langen Reisen durch das weite Land ebenso lernt wie die Tatsache, dass mit »Bamm!«-auf-die-Mütze langfristig nichts gewonnen ist und »Bamm!«-Karrieren ganz flott mit »Bamm!« beendet werden.

Eltern schmeckt es trotzdem selten, wenn Kinder sich mit der Darstellung von Gewalt und/oder ihren Symbolen umgeben. Allein das andauernde »Piuh-Piuh!« eines nachgespielten Schusswechsels und das ihm folgende »Aaaargh!« des zu Boden sinkenden Getroffenen zerrt an unseren Nerven. Erst recht, wenn es aus den Lautsprechern irgendeines Monitors schallt. Dann können wir uns hundertmal gut zureden, es sei ja nur ein Spiel. Es nervt! Um also zu vermeiden, dass die Gewalt aus dem Spiel heraus in die Familienharmonie schwappt, ist es immer gerechtfertigt zu sagen: »Mach. Es. Aus.«

Es ist sicherlich richtig, dass Verbote zu Heimlichtuerei führen können, und eben darum tut man sich selbst keinen Gefallen, wenn man seinen Kindern jede noch so abstrakte Schlacht in Spielen verbietet. Aber man kann einem Kind durchaus erklären, was man mag und was man eben nicht mag. In manchen Fällen ist es eine ebensolche einfache Frage des Geschmacks, in anderen eine Frage der Verantwortung. In unserem Fall galt und gilt: Spiele mit der leuchtend roten 18 sind für Erwachsene. Punkt.

Aber so, wie selbst die pazifistischsten Eltern irgendwann die selbst geschnitzte Uzi des Sohnes hinterm Schuppen entdecken, mussten auch wir erkennen, dass unsere deutlichen Worte schon an der nächsten Kinderzimmertür keinerlei Wirkung mehr haben.

Die Spiele der anderen

Wenige Wochen später holte ich meinen Sohn von einem Freund ab, bei dem er den Nachmittag nach der Schule verbracht hatte. Und sah die beiden Elfjährigen nebst wesentlich jüngerem Bruder des Freundes vor dem Fernsehbildschirm hocken, auf dem sie Grand Theft Auto spielten. Es überraschte mich, dass die Regeln im Haushalt des Freundes offenbar dermaßen anders waren und sogar der Fünfjährige zusehen durfte. Und ich stand vor der Frage, ob ich seine Mutter darauf ansprechen sollte, denn die Erziehungsmethoden anderer Leute gehen mich natürlich nichts an. Ich versuchte es auf subtile Art.

»Was spielt ihr denn?«, fragte ich die Jungs im Beisein der Mutter. »Schitiej!«, rief der Kleinste begeistert, und mein Sohn warf mir einen schelmischen, aber immerhin auch etwas schuldbewussten Blick zu.

»Aha!«, antwortete ich. Und mit Blick zur Mutter: »Ist das nicht ab 18?«

»Ich kenne mich damit gar nicht aus«, winkte sie freundlich lächelnd ab. »Die tauschen die Spiele ja immer untereinander aus, ich glaube, das da hat er von seinem Cousin.«

Ich beschloss, das Thema nicht zu vertiefen. Ich kannte die Familie nicht so gut, als dass ich mir Belehrungen oder Erziehungskritik hätte erlauben können, aber doch gut genug, um mehrfach erlebt zu haben, dass sie grundsätzlich einen liebevollen Umgang mit ihren Kindern pflegten, und zu wissen, dass sie überhaupt als freundliche, hilfsbereite Familie bekannt waren.

Auch ihr Sohn war einer der herzlichsten und loyalsten Kumpel meines Sohnes.

Also was? Sollte ich in Zukunft den Besuch seines Zuhauses verbieten, weil dort GTA gespielt wurde?

Auf dem Heimweg unterhielt ich mich mit meinem Sohn und fragte ihn, ob andere Eltern keine Spiele verbieten würden. Manche ja, antwortete er, manche aber auch nicht, viele würden sich einfach überhaupt nicht dafür interessieren, was ihre Kinder spielten.

Dass der Umgang mit Medien in Familien generell ein Spektrum von »gibt's nicht« bis »egal« einnahm, wussten wir. Trotzdem (oder gerade weil) wir selbst film-, spiel- und internetbegeistert sind, ging es uns aber gegen den Strich, wenn wir etwa den damals Neunjährigen von der Übernachtung eines Freundes abholten und erfuhren, dass er dort zuvor drei Teile »Star Wars« hintereinander weg hatte sehen dürfen, also knapp sechseinhalb Stunden vor der Glotze verbracht hatte und uns infolgedessen ein lustiger Sonntag mit einem völlig übermüdeten Nervenbündel von Sohn bevorstand.

Prinzipiell glauben wir nicht, dass solche »Wochenendeskapaden« oder andere Erziehungsmethoden, die mit den unseren kollidieren, uns den Nachwuchs verhunzen. Schon bei Oma und Opa hatten in der Vergangenheit unsere »Wochenendrichtlinien« nickend zur Kenntnis genommen und dann kopfschüttelnd ignoriert. Unsere Jungs haben es dennoch überlebt und wussten, dass jeder so seine eigenen Regeln hat.

Wenn Kinder bei uns zu Besuch waren, hatten wir uns immer mit deren Eltern darüber abgestimmt, was geguckt oder gespielt werden durfte.

Und gerieten unversehens ins Visier.

Videospiele als Tabu

Tatsächlich drehten einige Kumpels unserer Söhne beim Anblick unserer Spielgeräte-Sammlung durch, wenn sie uns zum ersten Mal besuchten.

Als die Mär vom Spielparadies, aus dem niemand abgeholt werden wollte, allerdings die Frühstückstische der Klassenkameraden erreicht hatte, schlichen sich erste Kommentare anderer Eltern beim zufälligen Treffen vor dem Schultor ein, und wir schienen plötzlich die Erziehungsberechtigten zu sein, die ihre Kinder Tag und Nacht dazu zwangen, Videospiele zu zocken.

Wir? Ausgerechnet wir!

Wir waren beim Abholen der Söhne von nachmittäglichen Besuchen bei ihren Klassenkameraden nicht nur im oben beschriebenen Beispiel sehr beeindruckt davon, wie viele Siebenjährige schon einen eigenen PC in ihrem Zimmer hatten, und nicht selten wurden Kinderzimmertüren mit den Worten »die machen irgendwas am Computer« geöffnet. Dass sich unsere Söhne regelmäßig darüber beklagten, dass sie »viel weniger spielen dürfen als andere« (Ausrufezeichen! Ausrufezeichen! Ausrufezeichen!) ... war vielleicht Taktik. Vielleicht aber auch nicht.

Wir wurden den Eindruck nicht los, dass in »unseren« Klassen ein gewisses Ungleichgewicht in Sachen Medienerziehung herrschte, und hielten es für eine gute Idee, den Austausch zu suchen. Wir waren dabei ernsthaft auf die Erfahrungen der anderen Eltern gespannt, wollten hören, wie sie mit dem Medien- bzw. Spielkonsum ihrer Kinder umgehen. Wie lange dürfen andere Kinder wohl spielen? Welche Spiele werden ihnen erlaubt, welchen Stellenwert hat das digitale Spielen überhaupt in anderen Familien?

»So was« gibt's bei uns nicht

Wir waren neugierig und baten die Lehrer der dritten Klasse unseres älteren Sohnes darum, das Thema beim nächsten Elternabend anzusprechen.

Das Resultat klang dann so: »Und jetzt möchte Herr Haeusler Ihnen allen noch etwas über Computerspiele erzählen.«

Geschätzte 30 Augenpaare schauten mich gespannt an.

Eigentlich, erklärte ich, wollte ich gar keinen Vortrag halten. Eigentlich, fuhr ich fort, wollte ich einfach mal mit euch darüber reden, wie ihr mit dem Medienkonsum eurer Kinder haushaltet und umgeht.

Stille beantwortete meine Fragen. Fassungsloses Kopfschütteln in meine Richtung war auch dabei. In keinem Haushalt, so schien es während des Elternabends, wurden Videospiele gespielt, einige Eltern gaben vor, den Begriff »Playstation« noch nie in ihrem Leben gehört zu haben, und einen eigenen PC hatte sowieso keines der Kinder.

Ich war von dieser Diskussionsrunde, die keine wurde, einigermaßen überrascht, denn ich hatte die Realität mit eigenen

Augen gesehen und nicht nur einmal die Mitschüler-Debatten über die Playstation nebst Spielen als Weihnachtswunsch verfolgen dürfen. Und mehr noch: Ich hatte schließlich zwei Jahre lang einen wöchentlichen Computerkurs an der Grundschule meiner Söhne begleitet und dabei viel über die Medienkompetenz der Kinder und ihren Umgang mit dem Computer gelernt. Ich wusste daher, dass elektronische Spiele ein sehr großes Thema unter den Kindern waren, auch wenn ihre Eltern nun das Gegenteil behaupteten.

Beim gemütlichen Biertrinken nach dem Elternabend kam die geplante Diskussion dann jedoch umso lebhafter zustande. Eltern, die gerade noch behauptet hatten, auf höchstens eine halbe Stunde Fernsehen im Monat zu kommen, redeten wild durcheinander über digitale Medien, Videospiele und das Internet. Und nachdem *ich* zunächst einmal wissen wollte, wieso wir diese Fragen nicht gemeinsam beim Elternabend besprochen haben, wurde mir auch klar, warum: Man hatte sich keine Blöße vor den Lehrern geben und den Anschein einer heilen häuslichen Bildungsbürgerwelt erhalten wollen.

Digitale Medien, davon gingen die meisten Eltern am Kneipentisch aus, haben einen schlechten Ruf, und wer seine Kinder vor dem Computer oder der Spielkonsole sitzen lässt, ist ein schlechter Erziehungsberechtigter. Die Unterhaltungstechnologien der Gegenwart, so schien es, waren ein Tabu.

Zur Ehrenrettung der damals anwesenden Eltern sollte ich hinzufügen, dass sich ihre Haltung in den folgenden Jahren etwas wandelte, denn spätestens, als Facebook auf den Erziehungsplan kam, war die gemeinsame Debatte unumgänglich. Dennoch blieb der ewig negative Ansatz bestehen. Elektronische Medien,

Computerspiele und das Internet wurden immer nur dann ein erzieherisches Thema, wenn es »brannte«, wenn ein Kind von anderen im Netz gemobbt wurde oder es in der Klasse Streit um einen Gameboy oder ein Handy gegeben hatte. Die schulische Medienerziehung bestand dabei meistens darin, die Benutzung einer Textverarbeitung rudimentär zu lehren, doch nur in brenzligen Fällen wurden an unseren Schulen Themen wie Computerspiele diskutiert. Wenn überhaupt. Und meines Wissens nie in positiver Hinsicht. Unser älterer Sohn schrieb irgendwann in einem Aufsatz über sein Wochenende, er habe erst Zelda gespielt und dann noch 'ne Runde FIFA gezockt. Also riet ich, Tanja, ihm, »Zelda« gegen »Fußball« und »FIFA« gegen »UNO« auszutauschen. Ich glaube, dass das ein guter Rat war, und ich schäme mich bis heute dafür. Denn wenn wir Kindern vermitteln: »Darüber spricht man nicht« – werden sie nicht darüber sprechen! Aber nur ein offener Austausch macht es uns möglich zu erfahren, was Kinder und Jugendliche bewegt. Sich dem Tabuthema Sexualität zu öffnen und es verpflichtend in den Lehrplan aufzunehmen, war in der Vergangenheit ein mutiger und richtiger Schritt in Richtung Aufklärung. Wenn neue Medien für die Zukunft der jungen Generation die Bedeutung haben werden, die ihnen von Politikern und Medienwissenschaftlern weltweit prognostiziert wird, ist ein offener Diskurs, frei von Tabuisierung, nicht nur nötig, sondern im Sinne der Aufklärung verpflichtend. Elektronische Spiele dienen auf diesem Weg nicht einfach nur der Unterhaltung, sondern sie gehören unter dem Aspekt »Learning by doing« zum aktiven Lernprozess, bei dem viele Kompetenzen entwickelt werden, die später im Umgang mit neuen Medien von Nutzen sind. Mit dem Ansatz »spielerisch lernen« sind wir in der Vergangenheit schließlich auch gut gefahren, als die Kleinen matschend, stolpernd und stapelnd die Welt erkunden und erobern durften.

Spielkompetenz ist Medienkompetenz

Im Verlauf unserer eigenen und der Spielhistorie unserer Söhne haben wir nicht nur viele tolle und natürlich auch blöde Spiele kennengelernt, sondern auch die verschiedenen Nebeneffekte des Spielens mit digitalen Medien entdeckt. Zunächst einmal passiert Spielen fast nie isoliert. Fast immer geht es stattdessen darum, das Erlebte zu teilen, und wenn dies aufgrund des Spielkonzepts nicht durch das gleichzeitige gemeinsame Spiel möglich ist, dann eben durch das beiwohnende und abwechselnde Spiel oder später durch Online-Spiele, die man mit anderen auf der Welt oder in der Nachbarschaft verteilten Spielern erfährt. Die zweite Kommunikationsebene neben dem Spiel selbst, nämlich der Austausch über den Akt des Spielens und den Kult drum herum, ist ebenso wichtig wie das eigentliche Spiel – Bundesliga-Fans wissen, was gemeint ist.

Das Spiel Minecraft, so viel vorweg, ist ein erstaunliches Phänomen, sowohl auf der spielerischen und visuellen Ebene, ganz besonders jedoch hinsichtlich seiner ungewöhnlichen Entstehungs- und Erfolgsgeschichte.

Kultstatus hat es schon jetzt – es findet sich in diesem Buch aber exemplarisch für eines von vielen Spielen, die mehr sind als einfach nur ein Spiel.

Minecraft – Wenn Spieler zu Entwicklern werden

Wer Minecraft zum ersten Mal spielt, erkennt nur große Pixel auf dem Bildschirm. Während andere Spiele gigantische Grafiketats verschlingen, weil man auf eine größtmögliche, realistische Darstellung oder eine detailverliebte Spielumgebung Wert legt, ist die Minecraft-Welt pragmatisch, quadratisch, gut. Es ist eine eckige Welt aus Blöcken, in der selbst Sonne und Mond auf ihr Rund verzichten müssen. Aber wenn ihr Kind Lego-Fan war oder ist, wird es das spielerische Potenzial des rechten Winkels auch hier zu schätzen wissen.

Und tatsächlich hat diese Welt viele Millionen Spieler in ihren Bann gezogen, die seinen Erfinder, den Schweden Markus »Notch« Persson, zum Millionär gemacht haben.

Denn Minecraft schwimmt nicht nur visuell gegen den Strom, sondern auch geschäftlich und strategisch, in allen Bereichen, vom Marketing bis zum Verkauf. Nicht etwa eines der bekannten, großen Medienhäuser hat das Spiel entwickelt, sondern es basiert auf der Idee und – zumindest in der Anfangszeit – alleinigen Arbeit seines Entwicklers, der bereits im zarten Alter von acht Jahren sein erstes Computerspiel programmiert hatte. 22 Jahre später, Anfang 2009, hatte Persson mit der Entwicklung von Minecraft begonnen und schon nach wenigen Wochen erste, noch unvollständige und fehlerhafte Versionen des Spiels über das Internet vertrieben.

Sein Angebot an die Spieler damals wie heute: Jeder kann nach der Registrierung eines eigenen Spielernamens eine »abgespeckte« Version von Minecraft testen, für den vollen Funktionsumfang jedoch muss das Spiel gekauft werden. Die allererste Version von Minecraft, die noch ein paar Fehler hatte, kostete knapp zehn Euro.

Als das Spiel dann Ende 2010 relativ stabil lief, stieg der Preis auf rund 15 Euro. Anfang 2011 wurde aus dem Ein-Mann-Unternehmen die allein für Minecraft gegründete Firma Mojang mit mehreren Mitarbeitern, und seit dem Herbst 2011 müssen Spieler etwa 20 Euro für die eigentlich erste »richtige«, volle Version von Minecraft bezahlen. Egal, wann man das Spiel zu welchem Preis erworben hat, sämtliche neueren Versionen sind danach kostenfrei.

Persson ist mit dieser Verkaufsstrategie einer der vielen Hersteller einer neuen Generation, die sich die Stärken des Netzes und vor allem der Spieler, also seiner Kunden, zunutze macht. Anstatt ihnen nur ein Produkt zum Kauf anzubieten, lässt er sie am Entstehungsprozess teilhaben und belohnt sie nicht nur mit einer gewissen Transparenz (auf der Website von Mojang kann man sekundenaktuell sehen, wie viele Menschen für Minecraft bezahlt haben, des Weiteren wird über bestimmte Funktionen des Spiels in Perssons Blog abgestimmt), sondern auch durch niedrigere Preise für die Mutigen, die das Projekt früh unterstützt haben. Ganz abgesehen davon, dass selbst der höchste Preis für Minecraft noch weit unter dem der größeren Spielehersteller liegt, ist das Spiel außerdem offen für Zusatzentwicklungen Dritter. Genau das, was andere Hersteller unterbinden und teilweise sogar durch anwaltliche Abmahnungen juristisch verbieten lassen, nämlich die Modifikation eines Spiels, ist bei Minecraft nicht nur möglich, sondern ausdrücklich erwünscht. Und so gibt es im Internet unzählige kostenfreie Erweiterungen, die das Aussehen oder auch die Inhalte von Minecraft verändern.

Die Spieler danken Persson und Mojang dieses Vorgehen durch eine beinahe kultische Verehrung des Entwicklers. Sie fühlen sich nicht nur als Kunde, sondern als Gemeinschaft und Teil einer größeren Sache, die Großkonzerne ausschließt und somit in gewisser Hinsicht für die Verschiebung von Machtverhältnissen sorgt. Und sie zahlen gerne an einen Entwickler und an ein Unternehmen, die sie als Kunden und Gemeinde fair behandeln. Obwohl Persson und Mojang durch bisher 5,3 Millionen verkaufte Minecraft-Exemplare (Stand: Frühjahr 2012) selbst als Spiele-Giganten gelten können, blieb ihr glaubwürdiges Ansehen bei den Spielern bis heute erhalten.

Learning by playing

Unseren beiden Jungs waren diese Zusammenhänge anfangs natürlich nicht in der beschriebenen Tragweite bewusst, dennoch spürten sie schnell, dass Minecraft anders als andere Spiele ist. Denn nach den ersten eigenen Schritten in der wundersamen Block-Welt gab es rasch Bedarf nach Unterstützung für die nächsten, und obwohl für Minecraft keine Bedienungsanleitung existiert, gibt es Hilfe en masse. Die Eingabe des Spieltitels in eine Suchmaschine eröffnet eine Minecraft-Welt über die vom Hersteller gelieferten Informationen hinaus: YouTube-Videos, die bestimmte Funktionen erklären, von Spielern betreute Wikis, die detaillierte Erläuterungen zu einzelnen Bestandteilen des Spiels sammeln, und schier endlose grafische und inhaltliche Erweiterungen des Spiels machten den Kindern schnell klar, dass sich die Welt der Pixelblöcke weiter erstreckt, als bisher angenommen.

Es sei an dieser Stelle angemerkt, dass es Videos und Online-Gemeinschaften natürlich keineswegs nur rund um Minecraft gibt, sondern zu beinahe jedem Computerspiel. Dennoch sind viele dieser Spiele an eine riesige Marketingmaschine angebunden, während sich Minecraft – als ein beeindruckendes von mehreren Beispielen – allein über das Internet und über Mundpropaganda verbreitet. Es gibt keine Minecraft-TV-Werbung, und man kann Minecraft auch nicht bei Amazon kaufen. Minecraft, so fühlt es sich für viele Spieler an, »gehört« der Gemeinschaft.

Anhand der selbst gestellten Aufgabe, so viel wie möglich über Minecraft zu erfahren, lernten unsere Söhne in beeindruckend kurzer Zeit, im Internet zu recherchieren und die gefundenen Inhalte zu bewerten. Es war beeindruckend zu sehen, wie schnell sie lernten zu beurteilen, welche Seiten ihnen vertrauenswürdig erschienen. Seiten, die anscheinend regelmäßig gepflegt, also mit aktuellen Einträgen versorgt wurden, galten als »besser«. Die Menge der Nutzerkommentare auf den einzelnen Seiten war dabei ebenfalls ein wichtiges Kriterium – wenn viele Leute die Seite besuchen und nutzen, kann sie nicht ganz schlecht sein – und natürlich auch die positiven Bewertungen der Nutzer durch Facebook-Likes oder ähnliche Online-Bewertungswerkzeuge. Doch auch die Gestaltung – wie viel Mühe sich die Macher also bei der Umsetzung der Seiten gegeben haben – oder die Menge an Werbung spielten eine Bewertungsrolle. Fand sich auf einer Seite zu viel Werbung, war das ein schlechtes Zeichen und müffelte nach Abzocke, ein bisschen Werbung aber war okay und konnte als Hinweis dafür gedeutet werden, dass die Seite viele Leser hatte (also beliebt war) und es sich für den Betreiber folglich lohnte, dort Werbung zu schalten.

Überhaupt scheint Werbung auf Webseiten eine große Herausforderung für das Netzgemüse zu sein. Den Satz »Nein, nicht da raufklicken, das ist nur Werbung!«, hörte man immer wieder, wenn die beiden Jungs gemeinsam im Web unterwegs waren, und tatsächlich fällt es auf vielen Webseiten besonders den jüngeren Besuchern schwer, bei den vielen blinkenden und zum Klick auffordernden Bildern zwischen Werbung und zur Site gehörenden Informationen zu unterscheiden – was natürlich beabsichtigt ist, denn jeder Klick auf ein Werbebanner bringt dem Betreiber der Website ein paar Cent ein, die in vielen Fällen die einzige Einnahmequelle für ihn sind.

Doch genauso wie bei der Bewertung der Seiten selbst gewannen unsere Jungs auch im Bereich der Werbung relativ zügig an Sicherheit und entwickelten einen Blick für die virtuelle Umwelt. Wie im physischen Leben, in dem Werbung mindestens so allgegenwärtig und verführerisch ist wie im Netz, filterten sie nach einer Weile die wirklichen Inhalte von den werblichen – und dass sie dennoch immer mal wieder auf eine Werbung »hereinfielen«, sollte niemanden überraschen, der selbst im Web unterwegs ist.

Im Großen und Ganzen zeigte sich aber: Wie in allen anderen Lebensbereichen braucht es auch im Netz nur ein wenig Anleitung und Beistand bei den ersten Schritten und danach eine Menge Vertrauen in die Kinder, die ihren Weg umso besser allein gehen können, je mehr eigene Erfahrungen sie sammeln konnten. Es zeigte sich vor allem, dass der Ansporn, ein Ziel zu erreichen, proportional mit dem Interesse daran wächst. Unglaublich, wie schnell und geschickt die Kinder agierten, wenn es darum ging, konkrete Informationen zu recherchieren und frisch hinzugewonnenes Wissen im Spiel umzusetzen.

Hierzu gehörte:

- die Umwandlung eines Problems in einen konkreten Suchbegriff oder eine präzise formulierte Frage.

- das Einschätzen von Suchergebnissen hinsichtlich ihrer Qualität und Relevanz.
- das Abstrahieren oder Abwandeln einer Lösung hinsichtlich der eigenen Problemvariante.
- Respekt bekunden, indem man »danke« sagt, Sternchen verteilt oder »Like«-Buttons klickt.
- selber Respekt ernten, weil es cool ist, eigene Kompetenzen an andere weiterzureichen.
- stolz wie Bolle sein, weil man etwas alleine geschafft hat.

All diese Erfahrungen gewinnt man nicht in »sicheren«, aber nun einmal wenig repräsentativen Web-Umgebungen, wie zum Beispiel auf pädagogischen und daher oft werbefreien Seiten für Schülerinnen und Schüler oder in der Wikipedia. Diese Medienkompetenzen lernt man auch nicht in Lernprogrammen, die im Grunde nichts weiter sind als das digitale Abbild des Schulbuchs. Medienkompetenz bedeutet vor allem, Informationen finden und bewerten zu können.

Dieses Stöbern auf der Grundlage eigener Interessen kann insgesamt hilf- und lehrreicher sein als die komplett angeleitete und pädagogisch betreute Netznutzung.

Im »Learning by playing«-Sinne bieten Computerspiele eine hervorragende Möglichkeit für erste Schritte in die echte Netzwelt.

Architekten, Bildhauer, Ingenieure und ein virtuelles Weihnachtsgeschenk

Da man in den Monaten zuvor als Netzbürger am Phänomen Minecraft kaum vorbeigekommen war, hatte ich das Spiel auch schon einmal alleine getestet, musste mir jedoch eingestehen, dass ich auch nach einer Stunde noch immer nicht verstanden hatte, worum es eigentlich ging. Doch allein die Fragestellung war offensichtlich (m)ein Fehler, denn für unsere Jungs, die in der Schule von dem Spiel gehört hatten, gab es kaum Fragen, sondern nur Antworten. Binnen kürzester Zeit hatten sie das Spiel im Griff, das sie zunächst im Offline-Modus spielten, also ohne Internetverbindung. Wenn diese nämlich zum Spiel hinzukommt, nutzt man es mit vielen anderen Spielern gemeinsam, Minecraft wird dann zum Mehrspieler-Online-Game – doch dazu später mehr.

Mit atemberaubender Geschwindigkeit sammelten unsere Söhne Materialien im Spiel ein und kombinierten diese zu neuen Werkzeugen und neuen Materialien, mit denen sich dann wiederum anderes herstellen lässt. So entstehen Baustoffe, Farben, Waffen, Bekleidung, Transport- oder Leuchtmittel, verschiedene Mechanismen und Nahrung bis hin zum Katzenfutter.

Unsere Jungs legten damit Gärten und Flüsse an, erbauten erst Räume, dann Häuser und ganze Siedlungen, es entstanden Skulpturen, fiese Geheimfallen mit eigenen Schließmechaniken. Und sogar eine Achterbahn.

Zwischendurch, und das zeigte die echte Begeisterung, musste besonders der jüngere Sohn uns Eltern immer wieder seine Kreationen präsentieren. Der Stolz auf ein in Minecraft erschaffenes Bauwerk glich zu hundert Prozent demjenigen, den er verspürte, wenn er uns eine besonders gute Schularbeit oder ein selbst gemaltes Bild präsentierte. Minecraft war für ihn die Leinwand, die es zu bemalen galt, und im Vergleich zu vielen anderen Spielen schien es neben den nötigen Spielregeln kaum Einschränkungen zu geben. Alles schien möglich.

Und so bekamen wir Eltern eines Tages unser erstes virtuelles Geschenk.

Es war schwer zu schätzen, wie viele Stunden Arbeit (ja, Arbeit – also das, was ansonsten weder in der Schule noch im Haushalt besonders beliebt schien) in die beiden Projekte geflossen waren, die uns der Sohn präsentierte, doch es müssen einige gewesen sein. Aus unzähligen Blöcken hatte er den Namen Johnny in Hochhausgröße in die Minecraft-Landschaft gebaut, und für Mama ein umgerechnet kilometerweites Mandala kreiert, bei dem wir warten mussten, bis es Nacht wurde im Minecraft-Land. Denn dann leuchtete es.

Wir waren genauso gerührt von diesem Geschenk, wie wir es immer sind, wenn die Söhne etwas gemalt, gebastelt oder gedichtet hatten. Die Virtualität, also »Unkörperlichkeit«, dieser Weihnachtsüberraschung tat unserer Freude dabei keinerlei Abbruch, schließlich hatte er die Geschenke mit den Werkzeugen erstellt, die ihn zu dieser Zeit am meisten beschäftigten und deren Beherrschung er immer noch übte. Und wir waren umso begeisterter, weil wir diese Art von Geschenken nicht einmal im Schrank verstauen brauchten!

Hier bin ich Kind, hier darf ich sein

Wir erheben keinerlei Einwand, wenn unsere Kinder acht bis zehn Stunden pro Tag fremdbestimmt, unter der Aufsicht von Dritten und nicht selten gegen ihren Willen stillsitzen und sich mit Dingen beschäftigen müssen, die sie nur in Einzelfällen interessieren. Und wir wären vermutlich sogar beglückt, wenn sie den ganzen lieben Tag lang die Geige quälen würden, im Wissen, dass sie dabei wertvolle Fähigkeiten für ihr Leben erlernen. Und womöglich gar Violinisten werden.

Wieso aber zwingen wir unsere Kinder bei anderen, selbst bestimmten und selbst gewählten Beschäftigungen in ihrer seltenen Freizeit dazu, sich einzuschränken? Weil wir befürchten, dass sie beim Spiel nichts lernen, was nicht nur ein unhaltbarer Vorwurf ist, sondern auch noch egal sein könnte, denn schließlich muss man ja nicht den ganzen Tag lernen?

Schule muss sein, na klar, aber Spiel doch auch! Und ausgerechnet an den Stellen, an denen die Kinder begeistert, wissbegierig und konzentriert selbst Entscheidungen treffen können und dabei den Umgang mit digitalen Medien und mit anderen Menschen erlernen können, investieren wir große Mühe, sie zu bremsen. Weil sie auf einen Bildschirm schauen statt auf die Seiten eines Buches. Weil wir uns sorgen, dass unsere Kinder den Kontakt zur »echten Welt« verlieren. Weil wir nach einem harten Schultag die elterliche Verpflichtung empfinden, für den körperlichen Ausgleich zu sorgen, den die Schule mit zwei Sportstunden pro Woche nicht bieten kann.

Als unser jüngerer Sohn einmal nach der Schule Minecraft spielen wollte, schlugen wir vor, er möge doch stattdessen erst einmal nach draußen gehen, um mit anderen Kindern Fußball zu spielen. Doch er antwortete sehr bestimmt: »Ich komme gerade aus der Schule. Ich habe den ganzen Tag mit vielen anderen Kindern und mit vielen Lehrern zu tun gehabt. Ich will jetzt einfach mal meine Ruhe haben und etwas alleine tun.«

Das elektronische Spiel als Quasi-Meditation, mindestens aber als Ort der Ruhe und Konzentration. Eine Flucht, vielleicht, aber eine durchaus verständliche.

In der Grundschule hatte unser Sohn sechs verschiedene Fächer, unterrichtet von fünf verschiedenen Lehrern, zusammen mit 29 verschiedenen Kindern, zu denen sich in den Pausen 450 weitere gesellten. Beim Minecraft-Spielen konnte er endlich mal alleine sein, alleine entscheiden, und wenn er Fehler machte, war das allein sein Problem.

Wir hätten es vielleicht lieber gesehen, wenn er gesagt hätte, er brauche jetzt dringend körperlichen Ausgleich und erklimme daher kurz die Fassade, bevor er sich an die Hausaufgabe setze. Doch wir mussten akzeptieren, dass es hin und wieder ebenso wichtig ist, psychischen Ausgleich und unter diesem Aspekt eine Umgebung größtmöglicher Autonomie zu schaffen.

Welche Maßnahmen generell für ein ausgeglichenes Kinderleben notwendig sind, variiert sicherlich von Kind zu Kind und wechselt von Phase zu Phase. Bei Erwachsenen ist das nicht anders, und diese Feststellung ist geradezu banal.

Wir sollten uns aber deshalb nicht dazu hinreißen lassen, die schockierenden News der Presse und die warnenden Statements der Talkshow-Experten unreflektiert und pauschal auf unsere Erziehung zu übertragen. Vielmehr sollten wir uns bemühen, genau hinzuschauen und unserer elterlichen sowie der Urteilskraft unserer Kinder zu vertrauen. Denn wie unser Sohn können die meisten Jugendlichen ihre jeweiligen Bedürfnisse selbst gut erkennen und wählen das richtige Mittel zum Zweck.

Entsprechend einer Studie der Landesanstalt für Medien NRW zum Nutzungsverhalten von Computerspielen aus medienpädagogischer Perspektive daddelt man nämlich keineswegs einfach um des Daddelns willen. Prof. Dr. Jürgen Fritz von der Fachhochschule Köln erklärt dazu in einem Interview zum Erscheinen der Studie im Februar 2011:

»Auf den ersten Blick haben wir es mit einer Vielzahl von Motiven zu tun: Die Spieler wollen im Spiel ihre freie Zeit genießen, das Gefühl haben, von den Anforderungen und Belastungen der realen Welt unbeschwert zu sein. Sie wollen das Gefühl der Selbstwirksamkeit genießen, also selbstbestimmt auf die virtuelle Spielwelt einwirken. Viele Spieler und Spielerinnen wollen die Möglichkeiten des Spiels nutzen, um ihrer Kreativität und ihren künstlerischen Impulsen Ausdruck zu verleihen. Eine nicht unbeträchtliche Zahl von Spielern sucht in den Spielen die Herausforderung. Sie wollen durch das Spielen gefordert werden, ihre Fähigkeiten steigern, sich einem Wettbewerb mit anderen Spielern stellen. Nicht wenige Spieler suchen die virtuellen Spielwelten auf, um sich ein gutes Gefühl zu verschaffen, auszuspannen, den Kopf frei zu bekommen, anderen Gedanken Raum zu geben, aber auch: negative Gefühl wie Wut, Anspannung, Frust rauszulassen.

Neben der Vielzahl dieser Motivationen hat sich eine Motivation als die zentrale herausgestellt: der Wunsch nach Kontakt, nach Kommunikation, nach Kooperation, nach Aner-

kennung und Wertschätzung. Es hat den Anschein, dass sich alle anderen Motivationen diesem zentralen Motiv zuordnen.«

Den hier zitierten Wunsch nach Kommunikation und Kooperation erfüllten sich unsere Söhne, sobald sie mit Minecraft (das als Beispiel für viele andere mögliche verstanden bleiben soll) in den Mehrspielermodus gingen. Denn dann ging der Spaß erst richtig los. Und aus Spaß wurde plötzlich auch Ernst.

Soziale Kompetenzen durch das Spielen

Solange man Minecraft ohne Internetverbindung offline und im Einzelspielermodus spielt, ist man logischerweise die einzige Figur im Spiel. Erst durch die Verbindung zu einem Minecraftserver begegnet man im Spiel anderen Teilnehmern, die an über die Welt verstreuten Orten über den gleichen Server spielen.

Die Server, die technische Infrastruktur für den Mehrspielermodus also, werden im Gegensatz zu den meisten anderen Mehrspieler-Online-Games nicht von Mojang, dem Hersteller von Minecraft, betrieben, sondern sie können von jeder Person eingerichtet werden, die kostenfreie Software dafür stellt Mojang zur Verfügung. Wer einen Server betreibt, ist dessen Administrator, kurz Admin, und kann den Server für beschränkte Spielerkreise zugänglich machen – zum Beispiel nur für seine Freunde – oder ihn öffentlich über bestimmte Websites bekannt und für jeden Minecraft-Spieler nutzbar machen.

Und so begannen unsere Jungs, solche öffentlichen Server zu suchen und zu nutzen, was sie zunächst ob der vielen neuen, zusätzlichen Spielmöglichkeiten begeisterte. Bis sie erkennen mussten: Nicht jeder Spieler spielt Minecraft gleich, und nicht jeder Spieler definiert den Begriff »Spaß« so, wie es unsere Jungs und ihre Freunde in ihrem Kreationsdrang bisher getan hatten.

Zum ersten Mal gab es ernsthaftere Auseinandersetzungen im Spiel, als fremde Spieler damit begannen, mühsam erstellte Bauwerke der Jungs zu zerstören, und man fühlte sich ob der vielen erfahrenen Ungerechtigkeiten in die Zeit der Buddelkistenspiele zurückversetzt. Statt »Tim hat meine Sandburg kaputt gemacht!« hieß es nun »darkrobot96 hat unseren Wasserfall zerstört!« Doch die Tränen und die Wut waren die gleichen. Schnell hatten die Kinder zwar gelernt, den Admin des Servers über Regelbrüche zu informieren (ohne ihn dabei »Mama« zu nennen), doch jeder Server hat andere Regeln, und so können »kriegerische« Handlungen durchaus auch Teil des Spiels sein.

Die Lösung, die entspanntes Spiel mit den Freunden garantieren sollte? Na klar:

»Papa, können wir einen eigenen Minecraft-Server einrichten?«

Ich, Johnny, hatte es kommen sehen. Und mich daher schon mal schlaugemacht und selbst von der insgesamt ziemlich großartigen Minecraft-Gemeinde profitiert, mir also von einem geschätzt Vierjährigen auf dessen YouTube-Kanal erklären lassen, wie man einen Minecraft-Server auf Mac-Basis einrichtet. Sein Satzbau und seine Aussprache ließen zwar etwas zu wünschen übrig, aber von Port-Mapping verstand er was, also stand dem eigenen Server, der nur den persönlich bekannten Freunden offenstehen sollte, nichts mehr im Wege.

Zudem war der Wunsch nach einem eigenen Minecraft-Server die perfekte Gelegenheit, den Jungs zu erklären, wie das im Prinzip mit den »Servern« funktioniert, denn schließlich gehört dieses

Prinzip auch zum Kern der Funktionalität des Internet generell. Das Ganze ist nicht sonderlich schwer zu vermitteln, mit einigen Kreisen und Strichen auf einem Blatt Papier ist die Sache schnell erledigt. Was auch nötig war, denn schließlich warteten alle Kumpels unserer Jungs bereits füßescharrend auf die Freigabe des neuen Servers. Um sich endlich auch mal so richtig danebenbenehmen zu können.

Denn meine Hoffnung, dass nun Ruhe hinsichtlich virtueller Zerstörungsarien sein würde, war reines Wunschdenken gewesen. Meine bisherige Vermutung, dass es den ganzen Stress auf den anderen Servern nur gegeben hatte, weil sich die Spieler nicht kannten, entpuppte sich als kompletter Unfug. Ausgerechnet einer der besten Freunde des jüngeren Sohns nutzte die heimische Sicherheit des limitierten Servers für ausgiebige Schandtaten und zog seinem gesamten Freundeskreis konstant die virtuelle Buddelschaufel über den Schädel. Die Beschwerden häuften sich, unser Telefon stand nicht mehr still, Krisensitzungen wurden einberufen, und ich hielt mich bis auf ein paar Kommentare schön raus. Hab ja auch noch anderes zu tun.

Und so begann ein sehr spannender soziologischer und sozialer Prozess: Die Gemeinschaft der Spieler auf dem neuen Server musste organisiert werden, es mussten Regeln aufgestellt werden und auf deren Grundlage auch strafende Maßnahmen beschlossen werden.

Um die lästigen Zeitverzögerungen der parlamentarischen Demokratie zu umgehen, nahm der jüngere Sohn die Herausforderungen als Server-Admin ungewählt an und entwarf ein Regelwerk auf Papier, das nach kurzer Rücksprache mit einigen Verbündeten auch ins Spiel integriert wurde und an Klarheit nichts offen ließ.

Ich war beeindruckt vom Umfang der Regeln und der abgestuften Strafmaßnahmen, die von leichten Ermahnungen bis zum völligen Ausschluss aus dem Spiel und vom Server reichten. Noch mehr aber von der Ernsthaftigkeit, mit welcher der Jüngste seine Verantwortung wahrnahm.

Denn als er eines Tages nach diversen Online-Ermahnungen zum Telefonhörer griff, um einem seiner Freunde fernmündlich die Leviten zu lesen, hörte ich von ihm eine Stimme, die ich so noch nicht kannte und die gar nicht mehr kindlich klang. Sie erinnerte mich vielmehr an ... mich.

»Ich habe es dir jetzt mehrfach freundlich gesagt, und damit ist jetzt Schluss ... Wenn du meinst, die Regeln gelten für alle außer dich, dann musst du auch die Konsequenzen tragen ... Diese Ausrede lasse ich nicht gelten ... Versteh das bitte als allerletzte Warnung ... Ich sage das jetzt ein letztes Mal ...«

Wir Eltern saßen mit hochgezogenen Augenbrauen in aufmerksamer Stille im Nebenraum, hörten dem Telefonat zu und konnten unser Lachen kaum unterdrücken, nicht wissend, ob wir uns dabei über den autoritären Tonfall unseres Jüngeren amüsieren wollten oder darüber, dass wir diese ganzen Klischeeformulierungen wohl tatsächlich selbst benutzten.

Die Streite über das Spiel wurden selbstverständlich beigelegt. Und zwar von den Kindern selbst, die dicke Freunde blieben, weiterhin den eigenen Server benutzten und sich später auch wieder auf andere, öffentliche Spielserver begaben – es hatte halt ein wenig Übung gebraucht und auch die Suche nach einer Spielumgebung, in der es nicht in erster Linie darum ging, anderen im Spiel zu schaden.

Man muss die Vorgänge rund um diese Ereignisse nicht romantisieren, denn auch das körperliche Kinderspiel braucht und hat schließlich Regeln, die im Detail selbst beim nachmittäglichen Fußballkicken immer wieder neu ausgehandelt werden. Dennoch hatten die mehrstufigen Entwicklungen und Prozesse rund um Minecraft, die durchaus als gesellschaftliche zu bezeichnen sind und uns zu dem Begriff »Gesellschaftsspiel« in einer neuen Definition führen können, eine zusätzliche Qualität. Denn hier galt es für die Kinder, eine wenig vorgefertigte Welt nicht nur zu erkunden und kennenzulernen, sondern diese auch nach eigenen Maßstäben und vor allem mit äußerst wenigen Eingriffen und Belehrungen durch Erwachsene selbst zu gestalten – nicht nur in visueller Hinsicht.

Wie unsere Kinder in wenigen Monaten des Spiels sehr unterschiedliche Erfahrungen gesammelt, auf verschiedenen Ebenen gelernt, sich entwickelt und kommuniziert haben – das müsste eigentlich der Traum einer jeden Schule und eines jeden interessierten Lehrers sein. Und siehe da: Die Internet-Suche nach den Begriffen »Minecraft« und »School« oder »Teacher« zeigt, dass sich zumindest in den USA bereits einige Schulen und Lehrkräfte mit dem Thema beschäftigen und Minecraft als Lehrmittel einsetzen, und zwar – diese Anmerkung ist wichtig – nicht allein im Computerunterricht.

Die Suchergebnisse für Deutschland sind hingegen etwas ernüchternder: Wenn das Wort »Minecraft« im Zusammenhang mit »Schule« gefunden wird, dann handelt es sich entweder um Einträge von Kindern oder Jugendlichen in der Online-Schülerzeitung oder aber um Diskussionen darum, wie man Minecraft an Schulen einsetzen könnte – und diese Diskussion findet unter Minecraft-spielenden Schülern statt, nicht etwa unter Lehrern.

Sicher eignet sich nicht jedes Computerspiel als Lehrmittel. Jedoch zeigen unsere Beispiele, wie facettenreich man das Thema »Computerspiele« betrachten kann. Und so dürfte die Frage, wieso es immer noch derart stiefmütterlich in den klassischen Medien und sorgenvoll von vielen Eltern und Lehrern betrachtet wird, eine berechtigte sein.

Ebenso wie Musik und Filme gibt es Videospiele in unterschiedlicher Qualität und für zahlreiche Stimmungen, die Games werden von den Spielern je nach aktuellem Bedürfnis sehr gezielt ausgewählt, und ihre Motivationen dafür sind so alt wie die Menschheit. Auch die elterliche Sorge um »zu viel«, »zu heftig«, »zu irgendwas« ist keine, die es erst seit der Erfindung der digitalen Elektronik gibt – scheint uns jedoch hinsichtlich der Digitalkultur für Jugendliche sehr mediengesteuert zu sein – und zu wenig von uns selbst beurteilt.

Zurück zum Selbstvertrauen

Wir selbst fingen in unserer Familie, mit zunehmendem Alter der Jungs und nachdem wir uns all diese Gedanken gemacht hatten, an, starre Regeln sein zu lassen, den Jungs längere oder flexiblere Zeit beim elektronischen Spiel zu gönnen und uns vor allem weniger zu sorgen. Ein Auge hatten wir weiterhin auf die beiden, und sobald wir den Eindruck hatten, dass andere wichtige Aktivitäten oder leider notwendige Arbeiten unter zu viel Monitoraktivität litten, traten wir auf die Bremse. Doch viele unserer Befürchtungen traten bisher nicht ein. Weder wurde der Computer oder die Spielkonsole zum alleinigen Spielmacher, noch fanden Freundschaften nur noch digital statt, ganz im Gegenteil – der ältere Sohn wagte seinem Alter entsprechend die ersten Ausgehversuche mit Freunden und auch Freundinnen, und den Jüngeren zog es weiterhin auf den Fußballplatz. So weit also alles gut. Und erneut wurde klar: Freiere Verfügbarkeit führt zu weniger Streit, Entkrampfung führt zur Entmystifizierung.

Und zwar auch bei den Eltern.

Denn vielleicht hat unsere Generation im Bereich der digitalen Medienerziehung aus technischer Unsicherheit heraus das Selbstvertrauen in die eigene Entscheidungskraft verloren.

Vielleicht sollten wir weniger auf Studien und Medienberichte vertrauen, die selten frei von eigenen, oft kommerziellen oder politischen Zielen sind, und uns stattdessen auf das besinnen, was wir mit »gesundem Menschenverstand« beschreiben. Denn es gibt keine Pauschallösung für die Frage, wie lange ein Kind elektronisch spielen sollte oder welche Spiele für die Mädchen und Jungen geeignet sind, es kommt wie immer ganz auf das Kind an, auf sein Alter natürlich, aber auch auf seinen individuellen Entwicklungs- und Interessensstand.

Wie in beinahe allen anderen Lebensbereichen braucht auch der Bereich der digitalen Medien individuelle Antworten, die nur die Eltern geben können. Die kennen das Kind schließlich am besten. Und je älter die Kinder sind, desto mehr werden sie diese Antworten mitbestimmen. Ein Vater oder eine Mutter kann bis zu einem bestimmten Kindesalter sehr gut beurteilen, ob es Sohn oder Tochter bei verschiedenen Aktivitäten gut geht. Wenn es dann in die Pubertät geht, braucht diese Beurteilung die sicher manchmal schwierig zu erlangende Mithilfe der Jugendlichen selbst, doch auch in diesem Alter gibt es keinen Grund, damit aufzuhören, das Kind anzusehen, ihm zuzuhören und zu vertrauen.

Als Eltern sind wir in ständiger Sorge um schlechte Einflüsse auf unsere Kinder, um Gefahren, die überall lauern. Wir beschützen und behüten unseren Nachwuchs, wie es sich für Eltern gehört. Doch wir sollten uns auch die Frage stellen, ob wir als »Helikopter-Eltern«, die vom Spielplatz bis zum Computer ständig wachend über unseren Kindern kreisen, nicht auch selbst Schaden anrichten können, indem wir unseren Kindern den wenigen Freiraum nehmen, den sie haben. Und neben der Sicherheit, die wir niemals komplett werden garantieren können, sollte uns auch dieser Freiraum der Heranwachsenden enorm wichtig sein.

Kinder sind quasi rund um die Uhr unter erwachsener Aufsicht, von der Frühe bis zum Nachmittag in der Schule, bis zum Abend in einem Sportverein oder zu Hause, wo sie nicht selten mit Hausaufgaben beschäftigt sind. Neben wenigen Ausflügen und Treffen sind sie kaum mit ihresgleichen allein, immer sind Erwachsene dabei, die sie anleiten, anweisen, lehren, bewachen. Doch Kinder brauchen Zeit mit und für sich, sie müssen eigene Erfahrungen sammeln, eigene Fehler machen, eigene Erfolge feiern. Und wenn ein Teil dieser Zeit in einem Spiel passiert: warum nicht?

Und glücklicherweise widerspricht diese Empfehlung keineswegs den aktuellen Studien rund um digitale Spiele. Unsere Sorgen um die falsche Entwicklungsrichtung unserer Kinder unter dem Einfluss von Computerspielen scheinen nicht gerechtfertigt zu sein. Bisher tut sich die Psychologie schwer damit, von »Videospiel-Sucht« zu reden, denn trotz einiger tragischer Fälle von Menschen, die über ein Spiel ihr nicht-virtuelles Sozial- und Echtleben und sich selbst vernachlässigen, fehlen dem Videospiel die spekulativen Eigenschaften des Glücksspiels und die körperlichen Auswirkungen von Alkohol oder anderen Drogen, Fälle, in denen Experten durchaus von Abhängigkeit sprechen. Und nicht die Gewalt in Videospielen macht nach aktuellen Erkenntnissen unsere Kinder aggressiv oder gewalttätig, sondern es bleibt bei der nicht neuen Erkenntnis, dass es in erster Linie soziale Armut und familiäre Gewalt sind, die zu erhöhter Gewaltbereitschaft bei Heranwachsenden führen können. Bisher kann keine Studie einen Zusammenhang zwischen Videospielen mit gewaltsamen Inhalt und einem Anstieg von Jugendgewalt nachweisen, und während der Konsum von Computerspielen, darunter auch jene mit gewaltsamen Inhalten, in den letzten Jahren einen außerordentlichen Anstieg erlebt, gehen die Zahlen für Jugendkriminalität zurück – auch wenn Medienberichte einen anderen Eindruck erwecken (möchten).

In der Studie »Jugendkriminalität in Deutschland – zwischen Fakten und Dramatisierung«, die 2010 die Daten der polizeilichen Kriminalstatistik der vorangegangenen Jahre analysierte, beschreibt der Autor Gerhard Spiess von der Universität Konstanz ansteigende Zahlen verschiedener Delikte nicht etwa bei Jugendlichen, sondern bei der Generation der über 50-Jährigen – was auch der Tatsache geschuldet ist, dass unsere Gesellschaft immer älter wird. Spiess empfiehlt daher, mit der Identifizierung einer heranwachsenden »Monster-Generation« aufgrund von Medienberichten äußerst vorsichtig zu sein.

Wenn also die Zunahme von Computerspielen als Unterhaltungsmedium besonders bei Kindern und Jugendlichen weder auf Abhängigkeit noch auf steigende Kriminalität oder die allgemeine Verrohung der Jugend hinweist, wenn der moralische oder emotionale Verfall unserer Kinder generell und durch Spiele schon gar nicht nachweisbar ist, dann könnten wir als Eltern uns eigentlich ein bisschen entspannen. Was wiederum nicht bedeutet, dass wir alles zulassen und toll finden müssen. Es ist aber viel weniger anstrengend für uns wie auch für unsere Kinder, hin und wieder einfach mal nur genervt von ihnen zu sein, statt sich ständig um sie zu sorgen.

Elektronische Spiele sind zunächst einmal nichts weiter als eine von vielen Unterhaltungsformen. Wenn Ihnen als Eltern also der daddelnde Nachwuchs irgendwann auf den Senkel geht oder Sie sich mit einem speziellen Spiel überhaupt nicht anfreunden können, dann reden Sie mit dem Kind darüber. Man kann auch einfach mal abschalten und eine Pause einlegen, ohne gleich die Stirn in Falten zu werfen, weil man fürchtet, die heranwachsende Psyche nähme Schaden, die Familie gehe den Bach runter und mit ihr in Folge vermutlich die zukünftige Gesellschaft dieser Gamer-Generation.

Unsere Ideen und Erfahrungen zu möglichst nervenschonenden Wegen der Integration von Spielen in der Familie finden Sie im folgenden Kapitel »Spielregeln«.

Spielregeln

Super Mario Mother

»Dürfen wir spielen?«

Wenn unsere Söhne spielen wollen, wollen sie daddeln. Spielen heißt für sie nicht Fußball, Trampolin, Abenteuer auf Bäumen, Streunen in der Nachbarschaft oder ähnlich entwicklungsfördernde Aktivitäten, für die man keine mütterliche Genehmigung einholen muss. Spielen bedeutet: Hightech-Beschäftigung mit Xbox, Playstation oder Nintendo DS.

»Nein«, sage ich, Tanja, »die Sonne scheint, macht doch lieber was Schönes draußen. Daddeln könnt ihr irgendwann anders.« Ich für meinen Teil hocke zwischen den Rabatten und bekämpfe Unkraut, schön!

»Wann denn?«

»Na, wenn das Wetter schlechter ist, wenn man eh drinnen sein muss.«

»Aber das Wetter ist jetzt schon seit einer ganzen Woche schön.«

Das stimmt.

»Na, dann seid doch froh! Vielleicht ist es die ganze nächste Woche schlecht.«

»Und dann dürfen wir die ganze nächste Woche spielen?«

»Natürlich nicht. Nur, weil das Wetter schlecht ist, bedeutet das doch nicht, dass man nichts anderes machen kann als daddeln.«

»Aber wenn das Wetter schön ist, bedeutet es, dass man die ganze Zeit nichts anderes machen kann als nicht daddeln?«

Der Diskussionsverlauf gefällt mir nicht.

»Hört zu, Jungs, ihr spielt jetzt noch ein Stündchen draußen und könnt dann, während ich das Abendbrot mache, drinnen ein bisschen daddeln.«

»Okay.«

Mist, ich hab's schon wieder gemacht, dabei weiß ich genau, was als Nächstes passiert: Zum Schein werden sie gemeinsam irgendetwas Freudloses spielen, es wird zu ungerechter Punktevergabe oder konstruierten Regelverstößen kommen, man wird sich nahezu glaubhaft beleidigen und schließlich täuschend echt verletzen. Im Showdown wird es zu gegenseitigen Beschuldigungen kommen, man wird Rechtsprechung vor dem höchsten Gericht (mir) fordern. Jemand wird den Gerichtssaal verlassen und kurz darauf weinend auf dem Sofa liegend vorgefunden werden.

Der dritte Akt ist für gewöhnlich ein Selbstläufer, da ich als Teil dieser kalkulierten Inszenierung längst meine Urteilsfähigkeit verloren haben werde. Ich werde mich nach bester Kraft bemühen, Trost zu spenden – vergebens. Und spätestens wenn der Bruder sich (aus eigenen Stücken!) aufrichtig entschuldigt, wird klar sein, in welche Machenschaften ich mich habe verstricken lassen. Meine Kräfte werden nachlassen, und um meine Autorität nicht vollends zu verlieren, werde ich behaupten, die Kinder seien hungrig, ich würde daher jetzt kochen und – tadaaa: sie dürften, wie versprochen, ein bisschen spielen.

Es ist schon immer wieder erstaunlich, wie selbst Eltern, die ein diszipliniertes Leben führen, täglich joggen, als Rechtsanwälte knallharte Positionen verteidigen oder konsequent auf tierisches Eiweiß verzichten, vor der zitternden Unterlippe des Nachwuchses kapitulieren und dessen Forderungen nachgeben.

Mit unseren Söhnen hatten wir verschiedene Regelmodelle ausprobiert, und manche klappten eine Weile erstaunlich gut, doch es kam und kommt immer wieder der Zeitpunkt, da sich die Rahmenbedingungen – Alter der Kinder, Jahreszeiten oder Art des aktuellen Spiels – verändern und bestehende Verträge dem Neuzustand angepasst werden müssen.

Dass es aber grundsätzliche Rahmenvereinbarungen bezüglich der Spielzeiten der Kinder geben muss, haben wir, und dieses »wir« schließt auch die Kinder mit ein, schnell kapiert.

Es vergrätzt schlicht den gemeinsamen Alltag, wenn ständig alles je nach Situation neu verhandelt und mehr oder weniger willkürlich aus dem Ärmel heraus entschieden wird. Kinder durchschauen dafür viel zu leicht, wie der Hase läuft, und beginnen zu taktieren. Das »Ja aber«, das ein nörgelndes Kind seinem genervten Vater entlockt, ist fast immer ein negativ emotionales. Das genervte »Ja« wird dann meist noch an irgendwelche Bedingungen geknüpft, womit der Basar-Charakter der Verhandlungen sogar noch verstärkt wird.

In unserer Familie sind Zugeständnisse zum Spielen, die an Pflichten im Haushalt oder Schulaufgaben gebunden wurden, immer irgendwann an die Grenzen der Gerechtigkeit gestoßen und haben weitere Diskussionen und Konflikte nach sich gezogen.

Wenn etwa der jüngere Sohn uns daran erinnerte, dass der Bruder kürzlich eine halbe Stunde länger spielen durfte, weil er eine gute Note geschrieben hatte und er selbst ja gestern ebenfalls eine

Zwei plus im Vokabeltest bekommen habe, war im Nu der schönste Rechtsstreit im Gange. Weil der Bruder sich nämlich seine Zwei in Geschichte hart hatte erarbeiten müssen, es zudem eine Klassenarbeit und kein wöchentlicher Vokalbeltest war undsoweiterundsofort. All solche Komponenten werden, wenn Eltern sie zu Entscheidungsfaktoren machen, in die hin- und herschaukelnden Waagschalen geworfen und bringen auf Dauer keinen Frieden.

Auch die Regelung, zuvor müsse eine Pflicht erfüllt werden, mit der sich das Kind dann seine Spielzeit erarbeitet, rächen sich früher oder später.

Chiara (zehn) muss, bevor sie am Computer Sims spielen darf, für die Schule üben. Ihre Lernzeit wird dann mit Spielzeit verrechnet. Wenn sie also eine halbe Stunde Rechenaufgaben gelöst hat, darf sie ebenso lange an den Computer. Die Zeit, die sie für Hausaufgaben braucht, zählt nicht dazu. Es geht nur um zusätzliche Lernzeit.

Chiara hat deshalb wann immer sie lernt ein Auge auf der Uhr, während ihre Mutter immer ein Auge auf Chiara hat. Die Tochter hatte nämlich flott den Dreh raus, ihre Hausaufgaben zu freiwilligen Lernaufgaben umzumünzen oder so lange auf das Vokabelblatt zu starren, bis sie sich genügend Spielzeit »erstarrt« hatte. Ihre Mutter kam ihr zwar auf die Schliche, musste aber fortan über die lernende Tochter wachen, um nicht übers Ohr gehauen zu werden.

Wem es Spaß macht, sein Kind zu kontrollieren, mag mit einer solchen Situation kein Problem haben – eine Alltagserleichterung stellt sie aber mit Sicherheit nicht dar. Wer von uns hat schon die Zeit? Die schlimmere Nebenwirkung von solchen »Aufrechnungsregeln« ist aber: Wann immer Chiara lernt, meint sie, hinterher daddeln zu müssen! Wozu hat sie schließlich so lange gebüffelt, wenn hinterher nichts dabei herausspringt?

Die Eltern von Lewin (acht) sorgen sich vor allem darum, dass ihr Sohn nicht genügend Zeit an der frischen Luft verbringt und das lange Sitzen in der Schule dringend durch körperliche Bewegung ausgeglichen werden muss. Damit haben sie sicherlich recht, aber ihre Regel »Du darfst genauso viel Zeit vor der Playstation verbringen, wie du draußen spielst« hat dieselben Probleme zur Folge wie Chiaras Lern-Deal. Lewin stoppt seine Outdoor-Zeit, sobald die Tür hinter ihm ins Schloss fällt. Draußen, so lernt er, ist man, damit man hinterher möglichst lange drinnen sein kann. Natürlich hat er trotzdem seinen Spaß, wenn er mit seinen Kumpels im Hof eine Runde Fußball kickt, aber es geht eben nicht mehr allein um den Spaß am Kicken.

Und auch hier lauert die Retourkutsche: Wollen Sie wirklich den dreistündigen Familienausflug in den Kletterpark mit drei Konsolenstunden verrechnen?

Das sei ja etwas ganz anderes, meinen Sie? Dann fragen Sie mal Ihr Kind! Ab wann ist denn »Draußen-Zeit« »Draußen-Zeit«? Und ab wann nennen wir es Ausflug? Solche Diskussionen werden kommen, und sie werden das Familienleben und die Frage nach gerechter Daddelzeit-Vergabe nicht vereinfachen.

Ein weiterer populärer Spiele-Handel ist der Teamgeist-Ansporn. Ihm sind wir selbst aufgesessen, denn der gedankliche Ansatz ist löblich, geht aber genau so nach hinten los. Es ging uns irgendwann enorm auf den Senkel, dass der gesamte Haushalt in Elternhand lag, weil die sieben- und neunjährigen Söhne offenbar zu klein zum Spülmaschine-Ausräumen waren, aber doch groß genug, um sich spektakuläre Super-Mario-Rennen an der Wii zu liefern, während wir nach Feierabend die Wohnung auf Vordermann brachten, uns ums Essen kümmerten und einkaufen gingen. Das Decken des Abendbrottisches war zwar ihre Aufgabe, aber selbst dieser Mini-Mini-Job klappte nur nach mehrmaliger Aufforderung der juchzenden Rekordrundenjäger.

Wir beschlossen also, an den Teamgeist unsere Söhne zu appellieren: Erst, wenn ihr uns bei der Hausarbeit geholfen habt, dürft ihr spielen. Die Zeit sollte dabei keine Rolle spielen, es ging uns schließlich nicht ums Arbeiten nach Stechuhr, sondern um die Geste und darum, dass die Kinder ein Gefühl dafür bekämen, sich sinnvoll und aktiv am Familienalltag zu beteiligen. Wir, die Familie, sind das Team, hurra! Das Helfersyndrom war schon zuvor bei beiden Kindern nicht sonderlich ausgeprägt, jetzt aber wurde über jeden Handschlag aufs pingeligste Buch geführt, und die Brüder analysierten sich gegenseitig in der Frage, wer von beiden eher Teil der Lösung oder Teil des Problems sei. Die Schuhe von Bruder A nämlich lagen ständig im Flur verteilt herum, während er, Bruder B, seine nun ordentlich ins Regal stellte. Bruder A aber hatte in den vierzig Minuten, die Bruder B in der Wanne lag, schon vier Kartoffeln geschält und hielt ihm nun, an den Teamgeist appellierend, die nassen Handtücher unter die Nase, die nach dem Bad achtlos auf dem Boden gelandet waren. Er zeigte sich dennoch bereit, sie für seinen Bruder auf die Handtuchstange zu hängen – und empfahl sich dann in Richtung Super-Mario-Cart, wenn's recht sei.

Wir übertreiben hier natürlich ein bisschen, und es war nicht alles schlecht an der Idee. Trotzdem gaben wir es auf, das Spiel an der Konsole an familiäre Verpflichtungen zu binden. Die erzieherische Aufgabe, Kinder zur Hilfsbereitschaft anzuhalten, gelingt nicht, indem man Hilfsbereitschaft mit etwas honoriert, das mit dieser Tugend nichts zu tun hat.

Uneigennütziges Handeln (ich helfe dir) ist nichts wert, wenn es durch Eigennutz (damit ich daddeln darf) motiviert wird.

Außerdem löste unser Plan das Problem nach dem »Wie lange darf ich spielen, wie lange der Bruder?« nicht.

Also wie jetzt?

Schluss mit lustig

Feste Regeln zur Mediennutzung aufzustellen, ist eine heikle Sache, denn der Ruf »Weiter, weiter!« liegt in der Natur von TV-Kanälen für Kinder, elektronischen Spielen und natürlich dem Internet generell. Der Begriff »surfen« beschreibt es treffend. Wie geht man mit nicht enden wollendem Spaß um? Wann ist Schluss mit lustig?

Dass spontane Entscheidungen kräfteraubend sind und ein situationsbedingtes Ja oder Nein zu immer wiederkehrenden Verhandlungen und Streiten führt, hatten wir irgendwann kapiert.

Als die Jungs etwa sieben und neun Jahre alt waren (also nach der Teamgeist-Episode), war das Thema elektronische Spiele zu einem echten Problem geworden. Die Kinder stritten sich wahlweise untereinander oder mit uns und besuchten bei Verboten Freunde, deren Eltern netter, weil großzügiger gegenüber der Mediennutzung ihrer eigenen Brut waren. Wir fanden diese Eltern schlichtweg gleichgültig, auch wenn wir zugeben mussten, dass unsere Helikopter-Medienerziehung, die uns dazu verpflichtete, an sieben Tagen der Woche kluge, abwägende Spiel-Entscheidungen für unsere Kinder zu treffen, auch nicht eben den Weg in ein entspanntes Familienparadies ebnete – sondern nicht selten direkt in Teufels Küche führte.

Insbesondere deshalb, weil wir als Eltern uns häufig uneinig darüber waren, wer was wie lange spielen darf. Hatte Mama schlechte Laune, fragten die Jungs besser bei Papa nach und drehten die Spiellautstärke etwas auf, wenn sich die Eltern kurze Zeit später wegen Papas positiver Entscheidung in die Haare bekamen, weil Mama nämlich zuvor bestimmt hatte, erst müssten die Kinderzimmer tipptopp aufgeräumt werden, was natürlich nicht passiert war.

So konnte es nicht weitergehen.

Wir setzten wir uns mit den Kindern zusammen, um herauszufinden, wieso es immer wieder zu Streit wegen der Daddelei kam und wie wir diesen in Zukunft vermeiden könnten. Wir hatten auch alle vorherigen Regeln gemeinsam mit den Kindern aufgestellt, allerdings war der Ansatz »quid pro quo« immer eher auf unserem Mist gewachsen. Kinder nicken eben schnell alles Mögliche ab, wenn es sie ihrem Ziel nur näher bringt. Die Kontrolle der Einhaltung ihrer Pflichten bleibt aber immer Aufgabe der Eltern. Es mag Eltern geben, die konsequenter in der Einforderung von Pflichten sind und für die solche Abmachungen okay sind, wir sind es nicht. Wir sind es vor allem deshalb nicht, weil wir im Grunde unseres Herzens nicht daran glauben, dass es auf Dauer sinnvoll ist, Kinder für ihre Begeisterung bezahlen zu lassen.

In der Familienrunde machten wir klar, dass wir, wenn sich keine Lösung fände, die dauerhaft und friedlich funktioniert, das gesamte Elektrospiel-Inventar in die Tonne treten würden. Das meinten wir übrigens ernst.

Wie sich herausstellte, fühlten sich unsere Söhne von uns nicht ernst genommen. Ihr Problem lag darin, dass sie zwar eigentlich gehorchen wollten, das aber nicht immer sofort möglich war. Dann nämlich, wenn die beiden zum Beispiel an der Playstation ein Rennen austrugen und kurz vor der Finalrunde abschalten sollten, oder beim Spiel Zelda kurz vor der Vervollständigung eines Levels standen, nicht zwischenspeichern konnten und beim nächsten Mal ganz von vorne hätten beginnen müssen, wären sie unserem spontanen »Schluss jetzt!« sofort gefolgt. Überhaupt gäbe es eben Spiele, für die man mehr Spielzeit am Stück brauche als für andere.

Anders formuliert, es fehlte den Jungs an Entscheidungsfreiheit. Bis zu einem gewissen Grad mussten sie selbst bestimmen dürfen, wie lange sie spielen.

Wir beschlossen, ihnen einen wöchentlichen Zeitrahmen einzuräumen, innerhalb dessen sie frei agieren und selbst verfügen konnten, wie sie sich ihre Spielzeit einteilen.

Drei Stunden Medienzeit sollten sie haben, Fernsehen oder Videogucken zählten nicht dazu, aber wir waren ohnehin keine großen TV-Glotzer, und die Sendung mit der Maus war die einzige, die wir regelmäßig schauten, am Wochenende kam manchmal noch ein Film dazu.

Die Zeiterfassung funktionierte sehr simpel über drei geviertelte, die Stunden repräsentierende Kreise, die jedes Kind auf seinen Spiel-Zettel malte, der an den Kühlschrank gehängt wurde, wo er für alle sichtbar war. Ein ganzer Kreis stellte eine Stunde dar, ein halber dreißig und ein viertel fünfzehn Minuten. Die Kreiseinteilungen wurden, je nachdem, wie lange man gespielt hatte, von ihnen ausgemalt, die noch verbleibende Wochenspielzeit ergab sich aus den noch freien Feldern.

Diese Regelung war die erste, die sich wirklich bewährte. Natürlich achteten wir anfangs heimlich mit darauf, wann ein Kind mit dem Spiel begonnen hatte, aber es klappte auch ohne Kontrolle. Tatsächlich waren es die Kinder selbst, die begannen, sich eine Eieruhr zu stellen, damit sie die Kontrolle über ihre Spielzeit nicht verloren, wenn sie beispielsweise wussten, dass am nächsten Tag ein Freund zum Zelda-Spielen eingeladen war und man also mit seinem Kontingent entsprechend haushalten musste.

Es funktionierte!

Kinder sind absolut in der Lage, ihre eigene Freizeit zu gestalten. Ordnen wir neuen Medien in den Bereich Freizeit ein, so muss es ihnen auch in diesem Bereich erlaubt sein, frei agieren zu können. Eine Rahmenvereinbarung ist daher der bestmögliche Weg, Kindern Freiheit zuzugestehen, ohne die elterliche Verantwortung an den Nagel zu hängen.

Auch außerhalb der Familie sind solche Regelungen der vernünftigste Weg, um Stress und Streit zu vermeiden.

Die Konferenz der Spiele

Die Erzieherinnen und Erzieher im Schul-Hort waren verzweifelt. Alina (neun) und Johanna (acht) schienen mit ihrem Nintendo DS, den wir immer noch »Gameboy« nennen, verwachsen zu sein. An gemeinsamen Aktionen nahmen sie gar nicht mehr Teil. Das kuschelige Lesesofa wurde zu ihrer persönlichen Spiel-Arena, in der sie vor einem Publikum aus einem Dutzend anderer Kinder, Tendenz steigend, das Spielgeschehen auf zehn Quadratzentimeter Monitor bestimmten. Zwei Handvoll Attraktion, und schon war man König!

Klar, dass die Zuschauer auch mal spielen wollten, ein Wunsch, der sie dem Wohlwollen der Gameboy-Besitzer auslieferte, die je nach Laune mal diesem, mal jenem Kind die Gunst erwiesen, woraus sich ergab: Sei nett zu den Gameboy-Girls, sonst hast du keine Chance auf eine Runde Premium-Entertainment. Das Konfliktpotenzial war entsprechend groß, führte in regelmäßigen Abständen zu Tränen, Beulen und entnervten Erziehern, die die Geräte immer irgendwann einsackten.

Wann genau dieser Punkt erreicht war, konnte man nur ahnen, aber die Gefahr des spontanen Gameboy-Entzugs wurde zum ständigen Spielbegleiter, was den »Thrill« des Spielens und die Bedeutung des Spielgerätes eher noch erhöhte.

Jetzt spielte man heimlich, draußen im Gebüsch oder in Kinderpipi-verkeimten Toilettenkabinen. Kinder, denen es verboten war, den Nintendo mit in die Schule zu nehmen, schmuggelten ihn im Turnbeutel an den Eltern vorbei, und die Begehrlichkeiten derer, die gar kein Spieldings besaßen, wuchsen in höchste Höhen.

Das Hort-Team musste einsehen, dass man keine Chance hatte, mit tollen Bastelangeboten gegen den Großkonzern Nintendo anzutreten. Ein Generalverbot der Spielgeräte allerdings hätte bedeutet, dass sie die Leidenschaft der Schüler ignorierten und somit deren Vertrauen riskieren würden.

Man beschloss, eine Diskussionsrunde zusammen mit den Kindern einzuberufen, um eine zufriedenstellende Lösung für beide Seiten zu finden.

Wie die Konferenz der Spiele ergab, waren die Schüler selber unglücklich über die Situation. Die Konsolenbesitzer sogar ganz besonders. Es war schlicht stressig, ständig entscheiden zu müssen, wem man den Gameboy leiht, ohne ungerecht zu sein. Als Gönner ist man schließlich immer auch in der Position des *Miss*gönners. Hier macht man sich Freunde, dort Feinde, und am Ende weiß man gar nicht mehr, ob jemand wirklich an einer Freundschaft oder nur am Daddeln interessiert ist. Der Ausgang der Konferenz überraschte dann ganz besonders die Erzieherinnen und Erzieher. Im Vorfeld hatte man sich zwei erlaubte und drei Gameboy-Verbot-Tage pro Woche als Verhandlungsziel gesetzt, das nun von den Kindern unterboten wurde. Einen einzigen Daddel-Tag wünschten sie sich, der dann aber frei von allen weiteren Bedingungen oder Einschränkungen zu sein habe. Auch die Eltern sollten an diesem Tag erlauben *müssen*, dass die mobile Konsole mitgenommen werden darf, und für diejenigen, die nichts dergleichen besaßen, wurden einige gute Spiele für den Computer des Horts angeschafft.

Natürlich gab es in Folge immer mal wieder Regelverstöße auf der einen und Ausnahmen auf der anderen Seite. Weil die Regeln aber gemeinsam verhandelt worden waren, kümmerte man sich auch gemeinsam um ihre Einhaltung, und darin liegt der entscheidende Erfolg.

Hätte eine höhere Instanz, die Hortleitung etwa, über die Köpfe der Kinder hinweg entschieden, es gebe ab sofort nur noch einen Spieltag pro Woche, wäre der Erfolg vermutlich nur von extrem kurzer Dauer gewesen und hätte zur Frontenbildung zwischen den Erzieherinnen und den Schülern geführt. Erstere hätten die Einhaltung der Regel kontrollieren und ihre Missachtung sanktionieren müssen, Letztere hätten sich übergangen und fremdbestimmt gefühlt.

Autoritäre Diktaturen zerstören im Großen wie im Kleinen gegenseitigen Respekt und Vertrauen. Außerdem ist ihre Aufrechterhaltung dermaßen personalintensiv, dass Eltern sie sich sowieso nicht leisten können. Wählen Sie also umso lieber den demokratischen Weg.

Spiel ist nicht gleich Spiel

Jede noch so gute Vereinbarung muss überdacht und gegebenenfalls geändert werden, wenn sich die Bedingungen, unter denen sie in Kraft trat, verändert haben. Ihr Kind wird älter, es wünscht sich mehr Freiheit, andere Gerätschaften, neue Nutzungsmöglichkeiten. Für Eltern gibt es eigentlich nie einen verlässlichen Status quo, immer ist heute das Gestern von morgen.

Die rasante Entwicklung der Medienindustrie ist dabei noch ein Witz im Vergleich zum Wachstumssprung unseres Nachwuchses von Level zu Level zu Level. Es hilft nichts, wir müssen dranbleiben und hinschauen, denn bei elektronischen Spielen etwa gilt es genauso zu differenzieren wie bei allen anderen:

- Es ist unmöglich, Spielregeln einzuführen, ohne sich für das Spiel zu interessieren. Allein aus den Komponenten Ball und Mensch ergeben sich zig verschiedene Spiele, die alle unterschiedlichen Regeln folgen.
- Ebenso unmöglich ist es, Spielzeiten festzulegen, ohne den Charakter des Spiels zu berücksichtigen. Über einem Schachspiel kann man etliche Stunden brüten, während ein Basketballmatch nach 48 Minuten entschieden ist.
- Und nicht zuletzt hätten wir da noch den Spieler selbst. Während die F-Jugend zweimal 20 Minuten Fußball quer über den Platz spielt, schafft die A-Jugend zweimal 45 Minuten auf dem kompletten Feld.

Wir kommen als Eltern nicht umhin, uns für das elektronische Spielzeug unserer Kinder genauso zu interessieren, wie wir es für ihr sonstiges Spielzeug tun. Denn was für das eine Spiel gilt, funktioniert beim nächsten überhaupt nicht.

Wie viel Zeit man seinem Kind vor dem Monitor zugesteht, hängt nicht zuletzt vom Spiel selbst ab. Den Charakter ihres Kindes kennen Sie gut. Wenn Sie jetzt noch einen aufmerksamen Blick auf den Charakter seines aktuellen Spiels werfen, können Sie vermutlich recht gut beurteilen, welches Spiel sich wann am besten spielt und wie lange es dem Kind guttut.

Trotzdem wir mit unserer Drei-Stunden-Regelung wirklich zufrieden waren, gab es Momente, in denen wir uns einmischten.

Wenn der Neunjährige mit hochroten Wangen Lego Star Wars kämpfte, brauchte er einfach eine Pause und möglichst auch einen körperlichen Ausgleich: Eine Runde um den Block joggen oder Fehlendes fürs Abendbrot im Supermarkt besorgen sind probate Mittel. Das Spiel ist fantastisch, aber eben auch sehr aufregend, und irgendwann wusste er sogar selber, dass es sich als Abendprogramm nicht eignet. Es ist trotzdem verständlich, dass ein Spieler gegen einen spontan ausgerufenen Spielstopp protestiert, denn er befindet sich vielleicht gerade inmitten einer zu erfüllenden Aufgabe. Es reicht also nicht, sich das Kind anzusehen und zu diagnostizieren: Oha, der platzt gleich, jetzt ist aber sofort Schluss! Neben dem Kind ist ein Blick auf den Spielstand verpflichtend, denn »Okay, ich mach gleich aus!« ist eine Spielerphrase, die sie sich schenken können. Das klappt nie! Der Spieler muss das inhaltliche Ende definieren.

Auf Nachfrage kann der hochrote Junior immer sagen, welches Ziel er noch erreichen muss, damit er seine Session sinnvoll beendet: »Ich muss die Stormtrooper hier klarmachen und mit dem X-Wing-Fighter abhauen.«

»Hört sich an, als könne das noch dauern.«

»Nee, hab's gleich!«

Das behaupten sie immer, besser man setzt sich dazu.

»Welcher bist du denn?«

»Der braune, Han Solo. Ah, Mist!«

»Der, der gerade abgeballert wurde?«

»Ja, sehr lustig, warte – jetzt!«

Klickediklack, da steht er wieder. Na toll: weiter geht's, noch mal von vorne.

»Achtung, dahinten! Da kommen noch mehr! Du hast auch kaum noch Leben!«

»Ja, Mama, ich weiß, aber ich muss jetzt erst – woah, YES!«

So kommt der nie zum Ziel, elterlicher Support ist jetzt wichtig!

»Super! Sammel schnell die Herzen, der fiese Schwarze greift jetzt an.«

»Das is der Imperator, Hgahhh – aua – bäm!«

»HINTER DIR! HINTER DIR!«

Genau, geben Sie alles! Ihr Kind muss siegen, denn in der Küche brennen gleich die Fischstäbchen an, ein Spiel gegen die Zeit!

»Wo? Ach da, alles klar, pass auf!«

Das Kind zündet Bomben, na endlich, wieso hat er das nicht längst getan? R2-D2 kann jetzt das Tor zum X-Wing-Fighter öffnen, C3PO wartet schon. Geschafft!

»Oh nein!!!«

»Was is'n jetzt?«

»Prinzessin Leia ist in den Händen von Darth Maul!«

»NEIIIN! Okay, hör zu, wir müssen jetzt trotzdem erst mal die

Fischstäbchen retten, sonst sterben wir alle den sicheren Hungertod und werden Leia niemals befreien.«

So viel zum Thema »das Spielende definieren.« Eine Spiebremse, die nicht völlig willkürlich, sondern mit emphatischem Fingerspitzengefühl von Mama gezogen wurde, ist trotzdem eher von Erfolg gekrönt und verhindert, dass ihr liebevoll bereitetes Menü als Spielverderberkost beiseitegeschoben wird.

Gut Spiel will Weile haben

Adventurespiele spielt man keine halbe Stunde lang, eigentlich reicht nicht einmal eine ganze Stunde, wenn man sich als Spieler in die Geschichte einfinden will. Adventures sind ein bisschen wie interaktive Spielfilme und können in fast ebenso viele Genres unterteilt werden. Von Horror bis Romantik ist alles dabei, und so, wie Sie einen Spielfilm nicht zehn Minuten vor Schluss, mitten im Showdown, abschalten, können Sie auch einem Adventurespiel nicht ohne größeren Protest kurz vor Level-Ende den Stecker ziehen. Da kommt man schnell auf ein, zwei Stunden, und es fiel uns dabei manchmal schwer, die frei dosierbare Drei-Stunden-Regel einzuhalten und die Kinder gewähren zu lassen. Mit Blick aufs Spiel werden Sie aber verstehen, dass man es wagen kann, sein Kind tief ins Spiel eintauchen zu lassen, und dass ständiges Unterbrechen extrem kontraproduktiv sein kann. In der Psychologie spricht man vom Flow, vom Fluss also, in den man bei einer Beschäftigung kommen kann und der als ein absolut begrüßenswerter intensiver Zustand der Konzentration gewertet wird, der nicht nur beim Spielen eintritt, sondern sich ebenso beim Sport, Musizieren oder jedweder Arbeit einstellen kann. Sie kennen das bestimmt: Wenn man in völligem Einklang mit sich ist, entspannt Bahn um Bahn im Schwimmbecken zieht, mit mathematischen Formeln oder dem Körper des Partners verschmilzt, wenn man in die Handlung eines Buches eintaucht oder Stoffbahnen sich wie von selbst zum Kleid zusammenfügen, dann ist man im Flow. Ängstlicher Argwohn ist deshalb nicht immer angebracht, wenn ihr Kind gebannt in ein Spiel vertieft und kaum mehr ansprechbar ist.

Ängstlich sind wir nur aus Unsicherheit, gewinnen aber, sobald wir Verständnis für ein Phänomen entwickelt haben, unsere Entscheidungshoheit zurück. Elektronische Spiele verfügen fast alle über einen Mehrspielermodus, der Eltern nicht ausschließt – spielen Sie also mit! Das funktioniert nicht nur, indem man gegeneinander antritt (und den Kürzeren vor den Kürzeren zieht!), sondern auch im Team.

Um sich aktiv am Spiel zu beteiligen, muss man nicht einmal selber die Spieltechnik oder den Controller beherrschen. Zugucken, mitfiebern und -denken macht fast genauso viel Spaß und klappt bei Adventurespielen super: Ein Spieler bedient den Controller, während die anderen quasi als Co-Piloten nach Schätzen am Wegesrand suchen, »Vorsicht!« brüllen, wenn sich ein Monster nähert, oder den kämpfenden Spieler daran erinnern, dass er ein gesundheitsstärkendes Medizin-Pack freischalten muss, weil sein Leben in Kürze dahinschwindet.

Nur noch eine Runde!

Leichter zu verwalten sind Sport- oder Geschicklichkeitsspiele, weil sie einen kurzen und gut zu überschauenden Rhythmus haben: Ein Autorennen dauert vier Minuten, ein Fußballmatch vielleicht 15, in denen der Spieler aber maximal gefordert wird. Besonders Sportspiele sind zum Abreagieren spitze, laugen bei längerer Spieldauer aber wirklich aus, denn der Spieler muss während der gesamten Spielrunde hoch konzentriert bleiben. Weil aber immer neue Rekorde erzielt werden können, liegt der Reiz auch hier beim Weitermachen, Bessermachen, Bestplatzieren. Dass man nämlich immer direkt nach einer Spielrunde genau weiß, wie man beim nächsten Mal die Kurve nehmen muss, aus der man gerade rausgeflogen ist, ist ein Erfahrungsgewinn, der schon morgen verblichen sein kann!

Also bitte: noch eine Runde, okay?

Spiele bedienen sich hoch motivierender Mechanismen, von denen wir als Eltern uns ein, zwei Scheiben abschneiden sollten, doch dazu gleich mehr, noch sind wir bei den Spielzeiten.

Schnelle Spiele, die ein hohes Maß an Konzentration erfordern, haben sich in unserer Familie als Action-Durstlöscher z.B. nach der Schule und definitiv *vor* den Hausaufgaben bewährt.

Als Eltern folgen wir für gewöhnlich der Devise: »Nie in Vorleistung gehen!«. Dem Junior ein Fahrrad, ein Lego-Bauset, ein Skateboard zu schenken und ihm dafür das Versprechen abringen, in Zukunft mehr zu lernen, zu helfen, zu duschen ist eine echte Schnapsidee!

»Geschenkt ist geschenkt, und wiederholen ist gestohlen«, weiß jedes Kind, und wir sind schließlich keine Diebe.

Der Tausch »Hausaufgaben gegen Daddeln«, funktionierte aber merkwürdigerweise andersherum besser. Wir fanden heraus, dass es sich dank der aufputschenden Wirkung eines schnellen Spiels besser lernen lässt. Der Spieler muss superkonzentriert sein und fokussieren, sein Körper spendiert ein Portiönchen Adrenalin und das Spiel selbst Extrapunkte, Lob und Spaß, und alles zusammen verschafft Motivation durch Freude, mit der die Matheaufgaben einem leichter von der Hand gehen.

Ganz klar mussten wir aber vorher genau festlegen, wie viele Runden oder Matches gespielt werden, bevor es an die Pflicht ging.

Dass man als Eltern dermaßen viel Zeit damit verbringt, seinem geliebten Kind von der dunklen Seite der Pflicht herüberzuwinken, ist überhaupt das Allerundankbarste am Elternsein. Davon hatte man uns vorher auch nichts gesagt, oder?

Es ist deshalb eine willkommene Gelegenheit, beim Spiel mitzumachen.

In nur zehn Minuten hat man als Mutter oder Vater die Chance, sich vor dem Kind zum Horst zu machen, sich so dessen gönnerhafte Zuneigung zu sichern und auch noch Spaß zu haben!

Das Daddeln nach der Schule war übrigens immer nur eine kurze Phase bei uns, die jahreszeitlich bedingt eher im Winter auftrat, während die Jungs im Sommer ganz klar den körperlichen Ausgleich auf dem Skateboard, Bolzplatz oder Trampolin vorzogen. Aber auch da war und ist es für unsere Kinder immer sinnvoller, erst einmal aufzutanken und sich danach an die Aufgaben zu machen.

Warum so viele der Eltern, die wir kennen und mit denen wir gesprochen haben, anders herum verfahren, erscheint rätselhaft. Die Begründung lautet meist, Spiel und Spaß seien die motivierend gemeinte Belohnung für Fleiß und Pflichterfüllung. Ist denn aber die Befriedigung eines konkreten Bedürfnisses nach psychischem oder physischem Ausgleich nicht vielmehr eine wichtige Voraussetzung dafür? Sollte es einem Kind nicht nach acht Stunden Arbeit erlaubt sein, über ein bisschen Freizeit *frei* zu verfügen? Diese Phase der frei gestalteten Entspannung ist so wichtig wie Trinken nach dem Langlauf.

Wenn einem Kind nach der Schule der Magen in den Knien hängt, stellen wir die Käsestulle doch auch nicht als verlockende Belohnung für gemachte Hausaufgaben in Aussicht, sondern geben dem Kind zu essen, weil es sich mit Hunger eben schlecht lernt.

Der Sozialpsychologe Roy Baumeister überprüfte in einer Versuchsreihe mit Kollegen der Case Western Reserve University, welchen Effekt Selbstbeherrschung auf Motivation hat. Verschiedene Probanden wurden dafür in einem Raum allein gelassen, in dem sich ein Teller mit Radieschen und einer mit Schokoladenkeksen befand. Die Radieschen durften gegessen werden, von den Keksen aber hatte man die Finger zu lassen. Die Teilnehmer schnupperten zwar an ihnen oder nahmen sie in die Hand, gegessen hat sie aber niemand.

Im anschließenden Test, in dem mehrere Problemlösungsspiele gemeistert werden mussten, stellte man die Selbstbeherrscher in Konkurrenz zu einer Gruppe, welche die Kekse zuvor essen durfte, mit dem Ergebnis, dass die Keksverzichter, verglichen mit den Keksgenießern, schon nach der Hälfte der Zeit die Geduld verloren und aufgaben.

In einem Anschlusstest wurden den beiden Gruppen Aufzeichnungen von Stand-up-Comedians gezeigt. Diesmal war es der einen Hälfte der Teilnehmer verboten zu lächeln oder gar zu lachen. Ihre Ergebnisse im nachfolgenden Wortpuzzle waren wiederum mies.

Baumeister schloss daraus, dass Verzicht kräfte- und insbesondere geduldzehrende Wirkung hat. Aber vielleicht wird man auch einfach frustriert und übellaunig, wenn man keinen Spaß haben darf und verschmähen muss, wonach es einem gelüstet, weshalb man folglich auch weniger Lust hat, sich kniffeligen Aufgaben zu stellen?

Vertraue deinem Kind so wie dir selbst

Eine Freundin berichtete kürzlich vom Elternabend ihres neunjährigen Sohnes, bei dem die anwesenden Eltern gefordert hatten, man möge sich bitte für die gesamte Klasse auf Spiel- und Fernsehzeiten sowie auf ein einheitliches Taschengeld einigen. Die Eltern waren die ewigen Diskussionen mit ihren Kindern leid, deren häufigstes Argument lautete, Paula/Max/Kira/Leon dürften schließlich ebenfalls dies und das soundso lange spielen/gucken. Indem man sich auf eine einheitliche Gangart einigte, so hoffte man, vermeide man in Zukunft fragwürdige Vergleiche wie diese, die zudem nicht selten Unsinn waren, wenn sich etwa die Kinder vor den anderen wichtig machten, indem sie behaupteten, sämtliche Teile von »Fluch der Karibik« zu kennen. Man beschloss also für die Zukunft die Einhaltung der FSK-Angaben, eine uhrzeitliche Oberglotzgrenze, die einheitliche Gesamtspielzeit von soundsoviel Stunden pro Tag sowie eine feste Summe Taschengeld pro Woche.

Als meine Freundin in der Runde bekannte, diese Vereinheitlichung ginge ihr zu weit, erntete sie keinen Applaus und erhielt kurze Zeit später einen Anruf der Schulleiterin, die berichtete, Eltern hätten sich darüber beschwert, dass der Sohn der Freundin mitten in der Woche bis 22 Uhr 30 das Championsleague-Finalspiel habe sehen dürfen. Die Frage meiner Freundin, ob denn der Sohn dadurch unpünktlich, unaufmerksam oder sonst irgendwie unangemessen aufgefallen sei, verneinte die Rektorin und berief sich auf den Elternbeschluss, den sie doch bitte in Zukunft respektieren möge. Was sie zu Recht nicht tat. Unsere Kinder sind unsere Kinder, Punkt. Wie wir sie erziehen und welche Regeln wir in der Familie für wichtig halten, ist allein unsere Sache, denn schließlich wissen wir besser als jeder andere, was für unser Kind gut ist. Es gibt Eltern, deren Kinder sie trotz oder gerade wegen ihrer Strenge respektieren, und es gibt andere, deren lockere Erziehung vom Nachwuchs als Vertrauen gedeutet wird, das sie nicht missbrauchen möchten und also ebenso respektieren.

Egal, wie man es hält, jeder erfolgreichen Erziehung seitens der Eltern oder Lehrer liegt eine Authentizität zugrunde, die Kinder als konsequent und also gerecht empfinden. Autorität ist eine Größe, die nicht aus dem Durchboxen einer vereinheitlichten Reglementierung erwächst, die man im Grunde nicht unterschreiben, vertreten und ausüben möchte, weil sie den eigenen Prinzipien widerspricht. Die sprichwörtlichen Wege nach Rom sind so verschieden wie die Menschen, die sie bereisen. Eltern sind nicht gleich Eltern, und Kinder nicht gleich Kinder. Selbst Geschwister, deren Zellteilung auf derselben genetischen Mixtur basiert, unterscheiden sich in ihrem Wesen nicht selten wie Feuer und Wasser. Ebenso differenziert ist ihr Verhältnis zu Medien. Wer hier nach einheitlichen Regeln sucht, ignoriert sowohl die Vielschichtigkeit von Menschen als auch die von Medien.

Die 14-jährige Tochter einer befreundeten Familie beispielsweise gewinnt zwar alljährlich die Mathe-Olympiade, meidet aber bis dato Kinosäle, während ihre zehnjährige Hallodri-Schwester in jedem Multiplex der Stadt mit Handschlag begrüßt wird. Der mittlere Bruder wiederum scheiterte noch in nahezu beunruhigend hohem Kindesalter an der nervlichen Anspannung beim Drei-Nüsse-für-Aschenbrödel-Gucken, vermag aber heute die Filme »Hangover« 1 und 2 rückwärts mitzusprechen.

Wie also sollten die Eltern dieser Kinder glaubhaft und sinnvoll (!) irgendwelche einheitlichen Mediennutzungsgebote vermitteln? Insbesondere bei mehreren Kindern wird's schwierig, und wir werden jedes Kind für sich betrachten müssen, wenn wir ihm gerecht werden wollen. So, wie wir es auch bei allen anderen Freizeit- und sonstigen Aktivitäten tun.

Mit unserer Drei-Stunden-Regelung fuhren wir zwar eine Zeit lang sehr gut, mussten sie im Laufe der Jahre allerdings den wachsenden Kindern anpassen. Inzwischen sind die Jungs zehn und 13 Jahre alt und dürfen an drei »Spieltagen« der Woche machen, was sie wollen, so lange sie wollen. Der jüngere Sohn hatte in der zweiten Woche festgestellt, dass er – oh Wunder – nach drei Stunden Minecraft-Spielen Kopfschmerzen bekommt. Die Elterngemeinde des erwähnten Schulelternabends würde uns ganz bestimmt vorhalten, wir handelten verantwortungslos – sollen sie! Der Sohn aber haushaltet seither viel vorsichtiger mit seiner Daddelzeit und beobachtet sich selbst genau. Das triumphierenden »Siehste!« vom Elternchor geben wir zurück: »Siehste! Aus Schaden wird man – genau: klug!«

Für jüngere Spieler ist das Erfassen der Kausalkette »Viel Monitor = Kopfschmerz« sicher nur begrenzt möglich, und so, wie man ein fröhlich planschendes Kind aus dem Wasser holt, wenn seine Lippen sich blau zu färben beginnen, verlassen wir uns natürlich auf unsere eigene Urteilsfähigkeit und greifen ein, wenn es mit knallrotem Kopf vor einem Spiel sitzt oder (siehe oben) sich die Unterlippe blutig knabbert, weil Aschenbrödel nur ganz knapp verhindern kann, dass der Prinz das Rehlein erschießt.

FSK hin oder her – was gut und verträglich ist, variiert von Kind zu Kind und von Erwachsenem zu Erwachsenem. Hat man aber zu viel oder das Falsche gespielt oder geschaut und wälzt sich infolgedessen schlaflos im Bett, reibt sich schmerzende Augen oder Köpfe, ist einem auch hier mit »Siehste!« selbst dann nicht geholfen, wenn es als freundlich formuliertes »Meinst du nicht auch, dass dieses Spiel einfach noch nichts für dich ist?« daherkommt. Das Kind muss von selbst darauf kommen dürfen, damit negative Auswirkungen zu nachhaltigen Erfahrungen werden, an denen es reift.

Unser erster Sohn hatte den Sinn von Schwimmflügeln erst verstanden, als er ohne ins Wasser sprang und sank. Es war ein absolut glücklicher Zufall, dass wir ihn aus dem klaren Schwimmbadwasser problemlos wieder herausfischen konnten. Danach aber gab es nie wieder Diskussionen wegen der Dinger, die für ihn zuvor offenbar ein ähnlich lästiges und überflüssiges Accessoire darstellten wie die nervige Mütze im Winter.

Da, wo wir es als Eltern verantworten können, ist eine schlechte Erfahrung etwas, das wir unserem Nachwuchs nicht zumuten, sondern gönnen dürfen.

Zuallererst aber sollten wir darauf vertrauen, dass unsere Kinder selbst die richtigen Entscheidungen treffen, was wann gut und richtig für sie ist. Wir unterstützen sie in ihrem Eifer beim Tanzen, Kicken, Modellbauen oder Musizieren doch auch, ohne zu befürchten, das Kind werde sich früher oder später bestimmt verletzen und/oder die schulischen Leistungen darunter leiden. Wenn Sie Medienverbote als Sanktion für schlechte Noten oder Kopfschmerz einsetzen, fahren Sie immer auf Konfrontationskurs und katapultieren sich auf die gegnerische Seite.

Überlegt man aber gemeinsam und ohne Vorwurf, was bei Problemen zu tun ist, hat man gute Chancen auf Verständnis und Einsicht. Das kann ein wenig dauern, hält aber dafür länger als scheinbar aus der Luft gegriffene Verbote.

Unser jüngerer Sohn (und alle um ihn herum) leidet bis heute am Smeagol-Gollum-Syndrom, kann also innerhalb von Sekunden vom Streicheltier zum Monster werden. Es hat etwas gedauert, ihn davon zu überzeugen, aber mit etwa sechs Jahren hatte er gelernt, dass er manchmal weint oder wütet, weil ihm einfach Kraft fehlt. Er hat deshalb stets ein Tütchen kalorienreiches Studentenfutter dabei und geht – kein Quatsch – durchaus freiwillig um sieben ins Bett, weil er merkt, dass er Schlaf braucht.

Reflektion darüber, ob ein Zuviel an Mediennutzung wie auch immer geartete schlechte Auswirkungen für ihr Kind hat, können nicht ohne die Beteiligten, das Netzgemüse also, gemacht werden.

Nach einer dreiwöchigen Spielpause, die wir beschlossen hatten, als die Schule zur Qual wurde, befand der Ältere – auch kein Quatsch – er fühle sich jetzt echt fitter und könne wieder spielen.

Restriktionen zur Mediennutzung sind völlig in Ordnung für Kinder und Jugendliche, wenn sie diese selbst als sinnvolle Einschränkung begreifen, denn Kinder sind ja nicht blöd. Teenager sind es irgendwann schon, es ist also gut, wenn sie bis dahin Übung in der für sie verträglichen Mediendosierung haben (um alsdann ihre Alkoholtoleranz auszuchecken, aber das ist ein anderes Buch).

Smartphones – telefonieren war gestern

Jede Hoffnung auf elterliches Mediennutzungsreglement des Netzgemüses ist dahin, wenn das erste Smartphone ins Spiel kommt.

Und es kommt.

An der Kasse einer Nummer-eins-Jugendbekleidungskette entdeckte ich, Tanja, kürzlich einen Grabbeltisch mit passgenauen iPhone-Hüllen in allen Farben, mit und ohne Glitzi-Herzchen oder -Skulls. Ich fand das komisch, denn wenn Handyhüllen, die nur auf eine einzige Handymarke, das iPhone nämlich, passen, in gigantischen Mengen als Mitnahmeartikel im mainstreamigsten aller Billigklamottendiscounter angeboten werden, konnte das nur bedeuten, dass ein großer Teil der Kundschaft des Mainstream-Billigklamottendiscounters in Besitz des edlen Apple-Geräts ist. »Ja, logisch, Mama!«, erklärte mir mein 13-jähriger Sohn: »Die Mädchen haben fast alle schon das 4er!«

Die *Mädchen*?

Smartphones wie das Blackberry waren ob ihrer vielfältigen Nutzungsmöglichkeit ursprünglich Businessgeräte. Wer viel unterwegs war und sich beruflich bedingt mobil gut organisieren musste, tat dies via Multifunktionstelefon, niemand sonst hätte Grund und Lust gehabt, sich mit diesen klobig-komplexen Dingern auseinanderzusetzen. Ihr Spaßfaktor ging gegen null, und sie waren so unsexy wie ein Lötkolben.

Dann kam Apple und entwickelte mit dem iPhone *das* Objekt der Begierde.

Als habe man die zeitlose Schönheit einer Audrey Hepburn mit der praktischen Genialität MacGyvers gekreuzt, mit einem Schuss Mick Jaggerscher Rock 'n' Roll-Arroganz nachgewürzt und das Ganze mit dem flauschig warmen Fell einer handzahmen Katze auf den Weg in die Welt geschickt. Mann *und* Frau wollte das iPhone anfassen, es besitzen. Es war das erste androgyne Smartphone, das für alle funktionierte. Vor allem aber war (und ist) es teuer.

Und doch: Das Unternehmen Apple benennt die Verkaufszahlen des Touch-Phones im März 2012 mit weltweit 218.140.000 Stück. Zählt man die Multifunktionsgeräte anderer Hersteller hinzu, scheinen Smartphones in der Tat im jugendlichen H&M-Mainstream angekommen zu sein, der folglich »always on« ist.

Und genau hier liegt das Problem.

Während der Besprechung zur Klassenfahrt unseres jüngeren Sohns wurde entschieden, dass die Fünftklässler, anders als in den Jahren zuvor, gar kein Mobiltelefon mit auf die Reise nehmen sollten, da es sich dabei im Grunde weniger um ein Telefon denn um tragbare Spielhallen handele, die den geplanten gemeinsamen Aktivitäten auf der Fahrt eher im Wege stünden.

Auch in den Jahren zuvor waren die Lehrer schon genervt von den mitgebrachten Handys ihrer Schüler. Allerdings vor allem wegen der stetig anrufenden Eltern, die sich des Wohlbefindens ihrer Lieblinge vergewissern wollten. Sowohl unter diesem als auch unter dem Daddel-Aspekt ist ein Smartphone-Verbot hier sicherlich vernünftig. Aber brauchen Kinder so ein Gerät überhaupt?

Ja. Nein. Vielleicht.

Es ist enorm praktisch, ein Telefon mit einem MP3-Player, einer mobilen Spielkonsole, einer Foto- und Filmkamera, einem Navigationsgerät *und* den mannigfaltigen Funktionen eines Computers auszurüsten. Rechnen Sie mal aus, was die Gerätschaften einzeln kosten! Man kann sie aber eben auch nicht mehr voneinander trennen.

Wer also nicht daddeln soll, kann auch nicht mehr telefonieren oder Musik hören oder, oder ...

Sein erstes iPhone bekam unser Sohn wie bereits gesagt im Alter von zehn Jahren zu Weihnachten. Es war als das allererste, väterlicherseits ausrangierte Modell, ein Erbe, dem endlose Diskussionen vorausgegangen waren.

Unsere größte Furcht, der Sohn könne, ob seines spitzenmäßigen Hightech-Besitzes Opfer moderner Wegelagerer werden, wurde schnell entkräftet. Offenbar war das Apple-Erstmodell schon 2010 nicht mehr sonderlich hip und als Diebesgut also kein allzu großer Fang. Wir verstanden, warum er ein iPhone besitzen wollte (wer wollte das nicht?), dennoch war uns nicht klar, wozu er das Ding brauchte. Ein Handy hatte er schon, diverse Spielkonsolen standen zu Hause für ihn bereit, er durfte unsere Rechner benutzen und besaß einen MP3-Player, und um die wirklich nützlichen Tools des Geräts ging es ihm doch sicher nicht?

»Doch«, behauptete der Sohn. Und wir nahmen ihn beim Wort.

Smarties mit Smartphone

Smartphones sind wahnsinnig nützliche Helfer im Jugend-Alltag, wenn man sie zu nutzen weiß.

Spätestens mit dem Wechsel zur siebten, achten Klasse nimmt die Organisation des Schulalltags für viele Schüler proportional zu ihrer entwicklungsbedingten Schusseligkeit enorm zu. Eltern und Lehrer danken Mutter Natur für den sprichwörtlich angenähten jugendlichen Kopf. Der Fokus von Kindern lag und liegt sowieso nie da, wo wir ihn gern hätten, aber mit zunehmenden Schuljahren wird diese Tatsache zu einem Problem mit Folgen. Folgen, die wir als Eltern durch nervenaufreibenden Managementeinsatz zu verhindern suchen.

Ein Smartphone kann hier eine echte Arbeitserleichterung bringen, wenn wir es als das sehen, was es ursprünglich war und immer noch ist: ein Organisationstool!

Beginnen Sie, es da zu nutzen, wo der Handlungsbedarf für ihr Kind und das Entlastungspotenzial für Sie selbst am größten ist.

Mit unserem Sohn begannen wir, via iPhone seinen Alltag zu organisieren.

Alle dauerhaften, wiederkehrenden Termine ließen wir ihn in den Kalender des Smartphones eintragen, das ihn ab sofort an ihre Einhaltung erinnerte.

Schon frühmorgens möpte es, damit er dienstags und freitags das Sportzeug, mittwochs die Trompete nicht vergaß und am Donnerstagnachmittag rechtzeitig zum Trommelunterricht erschien.

Weil er regelmäßig irgendwelche Lernmaterialien vergaß, musste er für jedes Schulfach eine Liste der benötigten Bücher und Ordner (mit Farbe!) anlegen, die in Kombination mit dem Stundenplan eine hervorragende Schultaschen-Einpackhilfe ergab.

Klassenarbeiten mussten ebenso wie Hausaufgaben und anstehende Referate ins Smartphone übertragen werden.

Wir probierten verschiedene Organisationstools aus, nicht jedem liegt dasselbe. Ob man ein integriertes Karteikartensystem nutzt, alles in den Kalender integriert oder eigens für diesen Zweck eine Schulorganisations-App herunterlädt, ist am Ende egal und hängt davon ab, was dem Nutzer am nützlichsten ist.

Die Kalendervariante hat den Vorteil, dass Eltern, so sie selbst ein kompatibles Smartphone besitzen, die Termine des Kindes abonnieren und also mitverfolgen können, was ansteht. Schöner ist es aber, wenn man die Kinder dank Smartphone-Organisation irgendwann in die Eigenverantwortlichkeit entlassen kann. Zumindest bis zur zehnten Klasse werden Sie, wenn die tollen Tools des Gerätes missachtet werden, vermutlich vom Lehrer informiert. Auch das machten wir unserem Sohn klar: Wenn du trotz iPhone weiterhin deine Schulsachen und -aufgaben verpennst, kannst du dich von dem Ding verabschieden. Zeig uns, dass es nicht nur ein Spiel- und Spaßgerät für dich ist.

Bis heute klappt das, zugegeben so lala, aber immerhin lernt der Sohn peu à peu, dass es überhaupt so etwas wie äußere Strukturen gibt, die für ihn eine Planungshilfe sein können, wenn er sie denn nutzt. Er lernt vor allem, einen eigenen Organisationsrahmen zu entwickeln, der für ihn sinnvoll ist. Aus Faulheit, oder weil es einfach manchmal schnell gehen muss, kann in diesem Sinne auch die Fotokamera hilfreich sein, um schnell das Tafelbild oder die Notizen des Tischnachbarn abzuknipsen. Natürlich ist das nicht wirklich Sinn der Sache, als Notlösung im MacGyver-Sinne aber absolut legitim und immer noch besser als der Verlust nicht protokollierter Informationen.

Unser jüngerer Sohn hatte schon mit neun die Kamerafunktion seines Handys als konstantes Helferlein genutzt, indem er zum

Beispiel die Fahrplantafeln aller für ihn relevanten Buslinien knipste und archivierte, seinen weihnachtlichen Wunschzettel mit irgendwo gesehenen (und fotografierten) Wunschprodukten bebilderte oder vor dem Einkaufen ein Foto von unserer bevorzugten Kaffeemarke machte.

Warum auch nicht?

Wenn wir möchten, dass Technik uns nützt, müssen wir sie nutzen.

Aber auch wenn das Gerät prinzipiell das Potenzial hat, die Termine Angela Merkels oder des Dalai Lamas zu organisieren, ist es völlig okay, wenn unser Netzgemüse mit seinen wenigen Terminen spielerisch die Nützlichkeit der Technik entdeckt.

Pandoras Wundertüte

Doch Sie können die Nützlichkeit eines Smartphones noch so sehr in den Vordergrund stellen – sobald ihr Kind eines besitzt, sind sie im Grunde jeglicher Kontrollmöglichkeiten beraubt. In dem Ding steckt eben alles Mögliche, und ob die Tochter gerade mithilfe einer App Spanisch lernt oder einen neuen Angry Birds-Highscore erdaddelt, ist schlicht nicht zu erkennen. Denn das Bild, das sich ihnen bietet, ist das immer selbe: ein vornübergeneigter Kopf, aus dem ein Augenpaar auf ein glänzendes Brikett herabblickt, das in Händen ruht, deren Finger hin und wieder darüberwischen oder daraufttippen.

Und dieses Brikett ist faszinierender als alles andere. Die EM 2012 war die erste, die unser 13-jähriger Sohn nicht mit vor Spannung abgeknabberten Fingernägeln, sondern irgendwo am Rande seines Bewusstseins wahrnahm. Ständig kamen irgendwelche

Nachrichten von Freunden rein, auf die er asap (as soon as possible, also *sofort*) reagieren musste, Tore wurden, wenn überhaupt, in der Wiederholung zur Kenntnis genommen und dann im Chat kommentiert.

Auf den mütterliche Anranzer »Wenn du Fußball gucken willst, leg's weg, wenn du chatten willst, geh weg« reagierte der Sohn achselzuckend, indem er die familiäre Fanmeile verließ.

So viel zum Thema »Prioritäten setzen«.

Was die Etikette besonders von Mobiltelefonen angeht, steht offenbar die gesamte westliche Gesellschaft vor einem Rätsel, für das es noch keine einheitliche Lösung gibt. Allen anderen Gesellschaften geht es vermutlich genauso, aber dort gelten ohnehin eigene Regeln, weshalb wir zunächst vor der eigenen Tür kehren sollten. Ein Elektro-Knigge als Richtweiser für die Dos & Don'ts der digitalen Gesellschaft fehlt deutlich.

»Du, ich mach jetzt mal Schluss, da klopft jemand an!«, besagt ja im Grunde nichts anderes als: »Das Telefonat mit dieser anderen, unbekannten Person mit x-beliebigem Anliegen ist auf alle Fälle dem Gespräch, das ich gerade mit dir führe, vorzuziehen.«

Dieselbe Botschaft ist das Beantworten von Mails oder SMS, das Chatten via Smartphone sowie das Telefonieren mit *nicht anwesenden* vor *anwesenden* Freunden oder Kollegen, mit denen man Auge in Auge kommunizieren kann. Es ist eine Pest! Und doch scheinen Jugendliche damit überhaupt kein Problem zu haben. Das macht man eben so.

Aber »man« ist nicht Teil der Familie, »man« ist völlig egal, wenn es um ein respektvolles Miteinander geht. Wie genau das aussieht, muss jede Gemeinschaft untereinander aushandeln und sich gegenseitig erklären.

Den Jungs hatten wir schon, als sie noch miniklein waren, erklärt, dass wir es nicht ertragen, wenn mit dem Essen rumgesaut wird. Wir hatten uns beim Kochen Mühe gegeben und wollten dafür respektiert werden, indem unser Essen auf möglichst direktem Weg an den Ort gelangte, für den es gedacht war: den Mund.

Eine Freundin war völlig anderer Meinung. Essen sollte eine vergnügliche Angelegenheit sein, bei der es jedem freistand, ob er die Suppe wie ein Kätzchen direkt aus dem Teller schlürfte oder aus dem Kartoffelbrei originelle Skulpturen formte, bevor man ihn mit »Bäääh, mag nich!« von sich schob. Während wir an unserem Tisch lange Zeit Streit hatten, hatte sie mit den Töchtern viel Spaß – welche Regel war also richtig? Egal! Wir hätten tägliche Freestyle-Manschgelage einfach nicht ausgehalten und auch dann nicht geduldet, wenn uns die Führungsriege der Erziehungspädagogen-Fachkonferenz *und* Jamie Oliver gemeinsam dazu geraten hätten.

Bei Tisch galt in unserer Familie schon lange Handyverbot, nachdem der 13-Jährige bewiesen hatte, wie gut er mit rechts tippen und mit links im Essen stochern konnte. Aber wie handelt man den Umgang mit dem mobilen Freundchen, wenn es nicht zwingend anderes zu tun gibt und man *einfach nur* zusammen ist? Warum nervt der gesenkte Blick des Netzgemüses selbst dann, wenn wir Eltern unsererseits nach dem sonntäglichen Frühstück die Nase in die Zeitung stecken? Täte der Nachwuchs dasselbe, wär's okay, oder? Es scheint also nicht um mangelnde Kommunikationsbereitschaft zu gehen, die uns stört. Ist es die Tatsache, dass der Scheitel des Kindes allmählich zu der uns am vertrautesten Körperpartie avanciert? Auch nicht. Neigte das Kind seinen Kopf über 600 Seiten Tolstoi, eine Gobelinstickerei oder ein Mikroskop, strichen wir gerührt darüber.

Was uns in Wirklichkeit wurmt, ist, dass wir keinen Schimmer haben, was das körperlich anwesende Kind gerade treibt. Denn mit einem Smartphone kann man lesen, spielen, schreiben, fernsehen oder Musik hören. Es ist ein Fenster zur Welt, das den virtuellen Besuch beim Kumpel ebenso ermöglicht wie das Rendezvous mit dem oder der Neuen.

Tschüss, Kontrolle! Hallo, Gemeinsamkeit!

Spätestens mit dem Einzug des Smartphones müssen wir uns als Eltern daher mit dem Gedanken anfreunden, dass jeder Wunsch nach Kontrolle ein Wunsch bleiben wird. Kann man sich damit anfreunden? Klar doch! Wir müssen unsere Kinder ohnehin ziehen lassen. Unsere eigenen Eltern wussten auch nicht, was sich am Nachmittag im zweiten Hinterhof abspielte und wo wir uns tatsächlich herumtrieben, wenn wir behaupteten, am Bolzplatz verabredet zu sein.

Im Gegensatz zu ihnen bleibt uns aber immerhin das Smartphone, mit dessen Möglichkeiten wir diskret dranbleiben können, ohne zu nerven oder zu stören. Natürlich ist es irgendwie bekloppt, wenn man die kochenden Spaghetti fotografiert und das Bild an die zwei Türen weiter sitzende Tochter schickt, es ist aber auch lustig und nett. Netter jedenfalls als ein »Essen is fertig!«, das dreifach und in aufsteigender Lautstärke gebrüllt werden muss, weil der Kindskopf zwischen Kopfhörern klemmt. Wir müssen nicht immer außen vor bleiben, wir können auch einfach mal mittendrin sein!

Wir sind Eltern. Für uns gibt es nicht die digitale Generation, für uns gibt es Töchter und Söhne, die wir lieben und die wir ebenso lange kennen wie sie uns. Eine Gemeinsamkeit, aus der sich bei gegenseitigem Respekt und Interesse etwas machen lässt.

Also: Machen wir's!

e-Pilog

Ganz ehrlich: Dieses Buch wurde auch geschrieben, weil wir die Nase vollhatten. Davon, dass wir selbst seit rund zwei Jahrzehnten das Internet als Wissensarchiv, Kommunikationsplattform, Recherchewerkzeug, Unterhaltungsmedium, Quelle endlosen Humors, wunderbarer und wundersamer Menschlichkeit erleben und schätzen, in vielen Massenmedien jedoch immer wieder vom Internet als Hort des Unheils und der Zukunft des Grauens lesen und hören müssen. Davon, dass wir unzählige tolle, spannende und großartige Menschen durch das Internet kennengelernt haben, wir aber weiterhin vor an jeder Internetecke lauernden Bösewichtern gewarnt werden. Wir hatten die Nase voll von den Behauptungen, dass durch das Internet und andere digitale Medien wie Videospiele angeblich mal wieder eine Generation von Taugenichtsen und aggressiven Dummköpfen heranwächst, während wir uns in unserem Eltern-Alltag von den freundlichen, cleveren und gewitzten Freundinnen und Freunden unserer Söhne umgeben sahen.

Wir hatten die Nase voll davon, dass unseren Kindern in den Lehrinstituten unter dem Stichwort »Medienkompetenz« zwar ansatzweise beigebracht wird, wie man eine Textverarbeitung benutzt, aber nicht, wie man sich in sozialen Netzwerken bewegt.

Und davon, dass sich die gesellschaftliche und politische Debatte rund um das Internet in Deutschland immer wieder um Verbote, Sperren, Beschränkungen, Strafmaßnahmen und Reglementierungen dreht statt um die gesellschaftlichen, wirtschaftlichen und politischen Chancen und darum, wie man sie am besten nutzt und fördert.

Vor allem hatten wir die Nase voll davon, dass sich viele Eltern im Zusammenhang mit ihren Kindern und dem Internet so oft sorgen und so selten begeistern, und dass wir uns in Gesprächen über Mediennutzung von Kindern oft fühlen müssen wie die Zeugen des digitalen Jehovas.

»Guten Tag, wir möchten mit Ihnen über das Internet reden.«

Der private Nahverkehr in Deutschland wird nicht eingestellt, wenn ihm knapp 4000 Menschen (2011) zum Opfer fallen, und wir verbieten unseren Kindern trotz der potenziellen Gefahr nicht, am Verkehr teilzunehmen, sondern bereiten sie, im Gegenteil, auf die aktive Teilnahme vor. Vernünftigerweise bekommen sie in der Schule Verkehrsunterricht, machen ihren Fahrradführerschein und werden privat von ihren Eltern verkehrsfit gemacht. Auch wenn wir wissen, dass der Straßenverkehr eine potenzielle Bedrohung darstellt, erklären wir ihnen, kaum dass sie laufen können, die Funktion einer Ampel, damit sie lernen, selbstständig eine Straße sicher zu überqueren.

Schon im Kindergarten führen wir sie an die Kunst des Lesens heran, obwohl wir wissen, wie gefährlich Worte sein können, und tagtäglich erfahren, dass sie sich nicht nur zu beflügelnden Weisheiten arrangieren lassen, sondern auch lügen, betrügen, Hass schüren und Angst verbreiten können. Eben darum gehört es zum allerersten Bildungsziel, Kinder zu alphabetisieren. Damit sie die Macht des Wortes verstehen und zu bewerten lernen.

Alles andere wäre verantwortungslos.

Seine Kinder nicht so früh wie möglich an die Nutzung digitaler Medien zu gewöhnen, sondern sie so lange wie möglich vom Computer fernzuhalten ist ebenso unverantwortlich wie das andere Extrem, ihnen einen Rechner mit Internetanschluss ins Kinderzimmer zu stellen und sie damit sich selbst zu überlassen.

Im Englischen spricht man von »Media Literacy«, der Medien-Alphabetisierung also, oder besser: dem Leseverständnis von Medien. Und auch, wenn der Alphabetisierungsvergleich recht steil erscheint, misst der Begriff »Media Literacy« der Sache genau die Bedeutung bei, die sie verdient. Der kompetente und bewusste Umgang mit Medien gehört zu den Kernfähigkeiten, die unsere Kinder beherrschen müssen, wenn sie in ihrem zukünftigen Beruf Erfolg haben sollen und sich in der digitalen Gesellschaft – die sich von der analogen kaum noch trennen lässt – positionieren wollen.

Medienkompetenz wird aber nicht erlangt, wenn man Medien generell als schädlich stigmatisiert, statt sich dem Phänomen anzunehmen und in der neuen Herausforderung eine einzigartige Chance für die Zukunft der Schüler von heute zu sehen.

August-Wilhelm Scheer, Präsident des Bundesverbands Informationswirtschaft, Telekommunikation und neue Medien, kurz BITKOM, mahnte schon 2010 an:

»Grundlegende Kenntnisse im Umgang mit Computer und Internet sind inzwischen eine Kulturtechnik wie Lesen, Schreiben und Rechnen. Anders als z.B. das Schreiben haben die

Kinder inzwischen einen Weg gefunden, sich ihre Kenntnisse autodidaktisch anzueignen. Schüler wissen, wie sie das Internet technisch nutzen können, sie wissen aber nicht, wie sie sich im Internet zu verhalten haben. Hier müssen die Schulen ansetzen.«

Absolut müssen sie das! Sie tun es aber nicht. Die IT-Ausstattung der deutschen Schulen ist so schlecht wie in kaum einem anderen europäischen Land, und auch wenn an diesem Punkt massiv nachgebessert wird, hängt die Nutzung der technischen Mittel an Lehrern, von denen jeder zweite über fünfzig Jahre alt ist und die ihren Schülern allein schon deshalb nicht viel über soziale Netzwerke und den Kulturraum Internet erzählen können. Um genau den aber geht es.

Verzweifelt klammert man sich an die Verlässlichkeit des Altbekannten und dreht einfach den rostigen Lehrhahn weiter auf, statt sich fortzubilden, umzudenken und das kindliche Interesse an neuen Medien im Sinne neuer Bildungswege zu kanalisieren. Dabei müsste man von klassischen pädagogischen Lehren gar nicht abweichen, im Gegenteil! Der über hundert Jahre alte Grundgedanke der Montessori-Pädagogik »Hilf mir, es selbst zu tun« ließe sich heute mit den Mitteln digitaler Medien besser denn je in die Praxis übertragen. Die Informationen sind ja alle im Netz, es sind nur viel zu viele.

Die zentrale Aufgabe des Lehrers der Digital Natives müsste deshalb darin bestehen, seinen Schülern als Orientierungshilfe zur Seite zu stehen, denn eben das Verwalten und Beurteilen des Überangebots an Informationen im Netz ist problematisch und will geübt sein. Eben das ist die Crux: Das Internet ist ungeordnet und chaotisch. Nebensächliche Meinungsäußerungen finden sich mehr oder weniger gleichberechtigt neben solide recherchierten Abhandlungen, preisgekrönte Dokumentationen befinden sich nur einen Klick entfernt vom selbst gebastelten Teenager-Video, und dieses Buch hätte weit früher erscheinen können, hätten wir uns während der Arbeit daran nicht mindestens hundertmal im Netz verlaufen. Der Begriff »Browser« für das Programm, mit dessen Hilfe Seiten im Netz dargestellt werden, sagt es schon: *to browse* bedeutet übersetzt »sich umsehen«, »stöbern«, »schmökern« – und impliziert damit genau die Ziellosigkeit, der man leicht zum Opfer fällt, wenn man Netzinhalte für konkrete Arbeiten verwalten will. Die Unterscheidung zwischen seriös und zwielichtig oder relevant und nebensächlich ist eine Kunst, die gelernt sein will. Um hier eine Mündigkeit zu erlangen, bedarf es aber zunächst des Wildwuchses, es braucht Spreu *und* Weizen, um beides voneinander trennen zu lernen.

Und auch das ist ein ganz alter Hut.

Besonders Lehrer sind naturgemäß Weltmeister, wenn es um die Relevanzfrage »Wofür brauche ich das?« geht.

Algebra ist für den geringsten Teil der Schülerschaft von dauerhaftem Nutzen, Gleiches gilt für Flussverläufe, die Geburtsdaten historischer Landesfürsten, den komplexen chemischen Ablauf des Zitronensäurezyklus oder die Fähigkeit, am Stufenbarren zu turnen.

Wir wissen es, Lehrer wissen es, und auch, wenn wir sie vom Gegenteil zu überzeugen bemüht sind: Die Kinder wissen es längst.

Und doch konfrontieren wir sie mit all diesen Informationen, in dem Willen und Hoffen, dass sie am Ende daran reifen. Kinder brauchen unermessliche Wissensvielfalt, damit sich aus dieser

Fülle von Erlerntem herauskristallisieren wird, worin die eigentliche Stärke des Schülers liegt. Es ist ein Werdegang, von dem wir hoffen, dass der Jugendliche ihn allein beschreiten und seinen Weg finden wird.

Wir wünschen, dass er aus diesem Reifungsprozess heraus in der Lage sein wird, selbstständig zu entscheiden, welchen Beruf, welche Rolle in der Gesellschaft er wählen wird.

Warum also muten wir ihnen diese Freiheit im Internet eben nicht zu? Warum meinen wir, sie hier schützen statt unterstützen zu müssen?

Im Kern geht es doch darum, das Lernen zu lernen, den Geist zu schulen, flexibel zu halten und Schüler zu ermutigen, sich mit Dingen auseinanderzusetzen, die zunächst keinen Praxisbezug haben und als Zeitverschwendung erscheinen. Was wir doch eigentlich vermitteln möchten – und das erscheint als die eigentliche Aufgabe von Lehrern und die vornehmste von Eltern –, ist ein neugieriger, wohlwollender Blick auf die Welt!

Der Begründer der Waldorfpädagogik, Rudolf Steiner, sagte vor über hundert Jahren: »Jede Erziehung ist Selbsterziehung, und wir sind eigentlich als Lehrer und Erzieher nur die Umgebung des sich selbst erziehenden Kindes.«

Man darf stark bezweifeln, dass es dem Anthroposophen Steiner geschmeckt hätte, in einem Atemzug mit Internettechnologie zitiert zu werden, man darf auch bezweifeln, dass Waldorfpädagogen von heute dies tun – und doch: Eine freiere, verfügbarere, vielfältigere Lernumgebung, welche die Frage nach der Anzahl der Bücher im elterlichen Haushalt überflüssig macht, hat es nie zuvor gegeben.

Wenn heute im Zuge der vielen Reformbemühungen an den

Schulen herumgerätselt wird, wie sich der wichtige Grundgedanke der Inklusion so umsetzen lässt, dass kein Kind zurückbleibt und keines an Unterforderung vertrocknet, aber trotzdem alle gemeinsam unterrichtet werden sollen, grenzt es an ein Wunder, dass wir nicht alle rufen: »Bitte, lass uns rein, oh Internet, du allertollstes Klassenzimmer, in dem sich für jedes Kind etwas finden lässt und in dem jedes Kind freiwillig gerne noch ein Viertelstündchen länger verbringt!«

Seit vielen Jahren schon hat das Netz den Fernseher in seiner Popularität unter Jugendlichen abgehängt, dabei ist er als One-Way-Medium doch viel bequemer! Es ist gerade der interaktive Aspekt neuer Medien, der den Charakter der Digital Natives formt. Man sucht den Austausch, will Teil des Mitmachmediums Internet sein. Auch unter diesem Aspekt ist es unverständlich, warum der Wunsch nach sozialem Austausch und die Bereitschaft zu kollaborativer Interaktion nicht für schulische Projekte genutzt wird. Dabei gibt es bereits unendlich viele Beispiele, wie Unterricht heute an diesen Interessen der Schüler anknüpfen und darauf aufbauen kann.

Noch vor nicht allzu langer Zeit hat man sich um das mangelnde Interesse von Mädchen in technischen Berufen Sorgen gemacht. Heute sehen wir, dass sie ihre männlichen Altersgenossen in vielen Bereichen des Internets abgehängt haben und etwa in Online-Communities klar dominieren. Davon ausgehend, dass die Welt dank der Vernetzung durch digitale Medien zusammenrückt, bekommt gerade der Bereich Kommunikation einen völlig neuen, unverzichtbaren Stellenwert und erschließt etliche neue Berufszweige.

Wann endlich gibt es Applaus für diese junge Generation, die vielleicht unbewusst, aber völlig selbstständig die Zeichen der Zeit erkennt und die Zügel in die Hand nimmt ohne Hilfe derer, die sie auf ihr zukünftiges Leben vorbereiten sollen, ja, sogar gegen deren Widerstand? Es ist gut, richtig und vernünftig, dass sich diese Generation digitales Know-how in ihrer Freizeit aneignet, wenn diesem wichtigen Bildungsbereich während der Schulzeit kein Raum gegeben wird.

Medien-Pessimisten ermahnen die Nation, ihre Kinder von Monitoren fernzuhalten, in denen sie die Ursache für vielfältiges Verderben der Jugend sehen. Vor dem Monitor, so wissen sie, werden aus friedlichen Kindern gewaltbereite, adipöse Erwachsene. Für die erste Behauptung gibt es keinen tragfähigen Beleg, für die zur Fettleibigkeit schon. Nur: Wo verbringen unsere Kinder die meiste Zeit bewegungslos sitzend? Genau. In der Schule.

Es ist schlicht nicht fair, Jugendlichen vorzuwerfen, sie kehrten der Echtwelt den Rücken, und zugleich dabei zuzusehen, wie sie in einer institutionalisierten Umgebung heranwachsen, die alles andere als kindgerecht ist. Anfang des 20. Jahrhunderts machte man sich noch viele Gedanken darum, wie sich etwa Schulmöbel so gestalten ließen, dass sie den Bedürfnissen Heranwachsender gerecht wurden: Die Sitzflächen waren flexibel und ebenso wie die (ergonomisch angeschrägten!) Tischflächen höhenverstellbar. Außerdem mussten sie stabil und beturnbar sein, weil man davon ausging, dass es sich schlecht unterrichten lässt, wenn der äußere Rahmen das natürliche Bewegungsbedürfnis junger Menschen einschränkt.

Über hundert Jahre später sitzen Kinder länger denn je an einheitlichem Mobiliar eine Bildungsreform nach der anderen ab, und wir kennen persönlich nicht wenige Lehrer, die besonders bewegungsbedürftige (also extrem unruhige) Schüler sanktionieren, indem sie ihnen Pausenhofverbot erteilen.

Und wenn unsere Kinder nachmittags erschöpft und mit bis zu neun Kilo Gepäck auf dem Rücken nach Hause kommen, sollen die Eltern bitte für den nötigen körperlichen Ausgleich sorgen, damit sie in der Schule nicht so hibbelig sind, sondern 360 Minuten lang stillsitzen können.

Klar, gerne!

Aber den Punkt hatten wir schon: Wann denn?

Wir könnten sehr viel Zeit sparen, würden wir das Bildungssystem den Anforderungen des 21. Jahrhunderts anpassen, denn es basiert noch heute im Kern auf den Gegebenheiten der industriellen Revolution. Unsere Kinder leben aber zu Zeiten der digitalen Revolution. Es geht nicht mehr darum, so viel Wissen wie möglich in den kindlichen Kopf zu schütten, denn das Sprichwort vom lernenden Hänschen stimmt heute nur noch unter dem Aspekt, dass das junge Hirn effizienter funktioniert als das erwachsene. Dass aber Hans nimmermehr lernte, was sich Hänschen nicht draufgeschafft hatte, lag in der Vergangenheit vor allem daran, dass es für Hans nach Verlassen der Schule kaum mehr Zugang zu Wissen und Kultur gab. Er musste für den Rest seines Lebens von dem Bildungsrüstzeug zehren, das ihm sein Lehrer eingetrichtert hatte, danach kam nur noch die Schule des Lebens. Ein wissbegieriger, schöngeistiger Hans hatte es besonders in ländlichen Gebieten noch vor kaum fünfzig Jahren nicht leicht.

Heute aber lernt Hans sein Leben lang weiter. Wissen ist dank der neuen Technologien ständig verfügbar. Hänschens Kopf muss heute nicht mehr mit Fakten gestopft werden, schon gar nicht muss er kiloweise gedruckte Fakten mit sich herumschleppen!

Er muss lernen, sich in gigantischen Wissensarchiven zurechtzufinden. Er muss gut vernetzt sein, um selbst gefunden und wahrgenommen zu werden.

Das Vermitteln nackter, zusammenhangloser Fakten funktioniert doch ohnehin nicht, oder kennt Ihre 15-jährige Tochter etwa noch die Gebirgszüge Deutschlands, die sie in der fünften Klasse lernen musste? Natürlich nicht, wozu auch? Ihr Smartphone besitzt, falls sie mal Bock auf den Spessart hat, vermutlich GPS oder Zugang zu GoogleMaps, und wenn die Technik versagt, ist die nächste gedruckte Karte bestimmt auch nicht weit. Ihr erlerntes Geografie-Wissen, dass der Spessart südlich des Weserberglands liegt, würde ihr jedenfalls nicht weiterhelfen. Mit stupide erbüffelten Fakten lässt sich maximal in einer der gefühlt hundert verschiedenen Quizshows etwas gewinnen. Vielleicht gibt es aus diesem Grund so viele dieser Shows: damit wir nicht an der Tatsache verzweifeln, dass wir etliche Jahre damit verschwendet haben, uns Wissen anzueignen, das wir danach nie wieder brauchten. Um nicht missverstanden zu werden: Eine solide Allgemeinbildung ist auch im 21. Jahrhundert als gute Wissensbasis unverzichtbar! Trotzdem weder griechische Göttinnen noch Einzeller uns je im Alltag vor die Augen treten werden, ist es doch gut zu wissen, dass es sich bei einer Amöbe um Letzteres handelt.

Denn wenn es auch stimmt, dass das digitale Wissensarchiv stets auf Abruf steht, liegt die Aufgabe der Zusammenfassung und Zuordnung nach wie vor in der Hand des Rezipienten oder eben in der des Produzenten: Alles, was in diesem Buch steht, steht vermutlich in ähnlicher Form schon irgendwo im Netz, aber Google schreibt nun einmal keine Bücher. Um Informationen richtig einzuordnen und Zusammenhänge erkennen zu können, braucht es das Talent zu kreativem, analytischem Denken.

Forderungen, Medienkompetenz in diesem Sinne an Schulen zu vermitteln (und eben nicht nur die Anwendung digitaler Technologien zu lehren) sowie Schulpädagogik grundsätzlich den neu gewonnenen Möglichkeiten durch diese Technologie anzupassen und zu verändern, sind nicht neu. Die Europäische Kommission ruft ebenso zur Förderung sogenannter e-Skills auf wie das Bundesministerium für Bildung und Forschung.

»Digitale Medien sind aus unserem Leben nicht mehr wegzudenken. Wir brauchen sie als Informationsquelle, als Kommunikationshilfe und für unser alltägliches Tun und Handeln. Es kommt nun darauf an, allen Menschen Medienbildung zu ermöglichen(...) Das Internet hat sich zu einer Form von Wirtschafts-, Sozial- und Kulturraum entwickelt. Hier Orientierung zu vermitteln, ist staatlicher Bildungsauftrag.« Annette Schavan, 2009

Und doch liegt der öffentliche Fokus hartnäckig auf den Gefahren dieses Kulturraums und vereitelt den optimistischen Blick auf die neuen Chancen, die er eröffnet.

Warum ist das so? Warum fällt es so schwer, Netzkultur als kulturelle Erweiterung zu begrüßen? Warum ist es dagegen so leicht, kulturellen Verfall von ihr abzuleiten und dem Netz all das anzuhängen, was der zivilisierten Offline-Welt verziehen wird – oder man zumindest hinnimmt?

Solange Kinder und Jugendliche eher als Opfer neuer Medien dargestellt werden, können wir sie nicht zu Helden der neuen Technologien machen.

Paradoxerweise müsste, besonders im Bildungsbereich, das Image des Internets erst einmal bis zum Gehtnichtmehr aufpoliert werden, damit wir es vom Sockel stoßen und die Gefahren offen ansprechen können.

Hinsichtlich der Integration neuer Medien in der Schule gibt es bereits eine Unmenge an Bemühungen und großartiger Projekte, und es wäre unfair, Lehrern die Schuld daran zu geben, dass die diesbezüglichen Forderungen der Gesetzgeber sich zähflüssig wie Rübensirup ihren Weg in die Schulen erschließen.

Man kann Medienkompetenz schwerlich in den Lehrplan integrieren, ohne sich tatsächlich hineinzubegeben in die Öffentlichkeit des World Wide Web, das, zugegeben, etliche Fallen bereithält für diejenigen, welche die nötigen Erfahrungen dort erst noch machen müssen. Und wir möchten mit keinem Lehrer tauschen, der einer Horde aufgebrachter Eltern erklären soll, wie es im Biologieunterricht dazu kam, dass die Online-Recherche zur Evolution von Eidechsen und ihre besondere Eigenschaft, in bedrohlichen Situationen ihren »Schwanz« abwerfen zu können, wegen des mehrdeutigen Suchbegriffs eine so unerwartete Wendung nehmen konnte.

Frau Schavan kann hier hundertmal an den staatlichen Bildungsauftrag erinnern, sie wird sich die Diskussion zu angeführtem Beispiel nicht geben müssen, denn sie ist eben keine Lehrerin und spricht weder zu Schülern noch zu Eltern. Solange übergeordnete Instanzen wie die EU oder das Bildungsministerium nichts als unverpflichtende Forderungen oder Empfehlungen aussprechen, wird es für jede Schule und jeden Lehrer eine Mutprobe sein, sich in Eigeninitiative gemeinsam mit den Schülern ins Netz zu wagen.

So, wie Ende der Sechzigerjahre der Streit um das extrem kontroverse Thema Sexualkunde beendet wurde, indem es verpflichtend in den Lehrplan aufgenommen wurde, wird die

Kultusministerkonferenz mindestens beschließen müssen, das Curriculum um das Fach Medienkultur zu erweitern. Besser noch wäre ein weitsichtiger Realitätscheck, nach dem Didaktik generell an die neuen Möglichkeiten und Herausforderungen des digitalen Zeitalters angeglichen würde.

Wenn in Schulen IT-Unterricht von Informatiklehrern gehalten wird, sitzen wir einem Missverständnis auf. Die digitale Revolution ist keine technische, sie ist eine gesellschaftliche. Wenn die Computer an Schulen dazu genutzt werden, Kinder an Lernprogrammen exakt das üben zu lassen, was sie zuvor mit Papier und Bleistift geübt haben (also Rechenaufgaben zu lösen oder Schreibfehler in vorgefertigten Texten zu finden), hat auch das wenig mit der Medienkompetenz zu tun, welche die EU-Kommission in der Digitalen Agenda fordert.

Was wir brauchen, ist nicht weniger als eine völlig neue Herangehensweise an das Lernen und das Lehren, wie wir es kennen, eine neue Didaktik und Lehrer, die sie umsetzen können.

Das Tröstende ist: Viele der benötigten Kompetenzen lernen unsere Kinder bereits, indem sie durchs Netz surfen, chatten und recherchieren, wo es sie drückt. Es mag sein, dass diese Recherchen sich eher auf Probleme bei Computerspielen oder das Aufhübschen des eigenen Facebook-Profilbilds per Bildbearbeitung drehen – den Umgang mit Informationen sowie die schriftliche Kommunikation während ihrer Hilfesuche lernen sie dennoch. Es wird noch sehr viel Wasser den Rhein herunterfließen, bis die Nutzung neuer Medien in vollem Umfang in deutschen Schulen gang und gäbe sein wird. Während wir uns gedulden, tun wir gut daran, unsere Kinder in ihrem Netz-Eifer zu unterstützen.

Wir freuen uns, wenn Sie die Gedanken in diesem Buch gemeinsam mit uns weiterspinnen möchten, und bieten dafür, ganz im Sinne der vorhergehenden Seiten, im Blog zum Buch die Möglichkeit. Unter http://netzgemüse.com finden Sie weitere Artikel, Linklisten zu den Themen im Buch und natürlich auch Kontakt zu uns Autoren.

Tanja Haeusler & Johnny Haeusler
Juli 2012

Come mothers and fathers
Throughout the land
And don't criticize
What you can't understand
Your sons and your daughters
Are beyond your command
Your old road is
Rapidly agin'
Please get out of the new one
If you can't lend your hand
For the times they are a-changin'.

Bob Dylan, 1964

Es liegt ein Update für Sie vor

Als wir 2012 an dem vorliegenden Buch arbeiteten, standen wir immer wieder vor der Herausforderung, beim Schreiben über bestimmte Technologien, Online-Dienste oder Social-Media-Netzwerke nicht *zu* aktuell zu sein. Wir wussten, wie schnell sich das Internet und digitale Medien verändern und entwickeln, weshalb die Sorge, dass das Buch bei Erscheinen an einigen Stellen quasi schon veraltet sein könnte, durchaus berechtigt war. Wir stellten uns daher während des Schreibens viele Fragen, auf die wir erst jetzt, drei Jahre nach Erscheinen der Erstauflage und zum Zeitpunkt der Erweiterung von »Netzgemüse« durch die folgenden Kapitel, Antworten haben.

- Würde Facebook überhaupt noch Relevanz besitzen, wenn das Buch auf den Markt kommt? (Antwort: Ja.)
- Würde Minecraft immer noch beliebt sein? (Ja, und von Microsoft für zweieinhalb Milliarden Dollar gekauft.)
- Wäre eine App wie Snapchat schon längst wieder in der digitalen Versenkung verschwunden? (Nein.)
- Würden unsere Kinder ihre Games schon wenig später nicht mehr mit Controllern, sondern mit Hilfe von »Google Glasses« steuern? (Nein, aber die Sache mit den Brillen kommt trotzdem noch auf uns zu.)

- Wären Smartphones zwei Jahre nach Erscheinen des Buches durch tragbare Digitaltechnik – »Wearables« – ersetzt worden? (Noch nicht ganz.)
- *Würden wir kurz nach dem Erscheinen unseres Buches erfahren, dass digitale Technologien von Staaten und deren Geheimdiensten dafür genutzt werden, die gesamte Menschheit auf Schritt und Tritt zu überwachen und zu analysieren?*

Zugegeben: Diese letzte Frage hatten wir uns bei Erscheinen des Buches nicht wirklich gestellt. Umso mehr erschütterte es uns, als im Sommer 2013 eine durch den Whistleblower Edward Snowden in Gang gesetzte und bis heute anhaltende Serie von Enthüllungen begann, die jene nicht gestellte Frage mit einem klaren »Ja« beantwortet. Erschüttert waren und sind wir nicht, weil Technologien auch für Überwachung eingesetzt werden können – das war klar. Erschüttert waren und sind wir über das Ausmaß solcher Tätigkeiten und vor allem darüber, dass sie nach dem bisherigen Stand der Erkenntnisse ohne konkreten Verdacht und zudem offenbar ohne demokratische Legitimation stattfinden.

Denn es ist eine Sache, wenn Geheimdienste und Regierungen in Gefahrensituationen oder bei Verdachtsmomenten die ihnen zur Verfügung stehenden Mittel unter Kontrolle der zuständigen Gerichte zur Verbrechensbekämpfung und -verhinderung einsetzen. Dies ist ihr Recht und schützt die Bevölkerung. Eine völlig andere ist es aber, wenn die gesamte Bevölkerung unter Generalverdacht gestellt wird und deshalb vorsorglich alles gespeichert, miteinander in Verbindung gebracht und analysiert wird, was wir tun.

Neben der Erschütterung über die durch Snowden gewonnenen Erkenntnisse – auf die wir später noch genauer eingehen werden – kamen in uns auch Zweifel auf, das wollen wir nicht leugnen. Hatten wir uns als Befürworter moderner Technologien mitschuldig gemacht an diesen Entwicklungen? Waren wir zu naiv gewesen, wenn wir geglaubt hatten, dass weltweit nutzbare Kommunikationsinstrumente das Miteinander der Menschheit fördern könnten? Und was bedeuteten die Berichte über Geheimdiensttätigkeiten für unsere Kinder?

Auf der Suche nach Antworten auf diese Fragen taten wir zunächst das, was wir in unserem eigenen Buch empfehlen: Wir sprachen mit unseren Teenager-Söhnen, ihren Freunden und den älteren Kindern im Bekanntenkreis über die Snowden-Veröffentlichungen.

Ausnahmslos reagierten diese überraschend gelassen und konnten die Sorgenfalten auf unserer Stirn nicht nachempfinden.

»Das war doch klar« war dabei der meistgehörte Satz. Als wären sie alle abgebrühte Geheimdienstexperten.

»Wenn Facebook alles mitlesen kann, dann kann das die Regierung auch.«

Die Jugendlichen, mit denen wir sprachen, sorgten sich weniger um die Tatsache, dass ein vermutlich als anonym empfundener Apparat ihre Kommunikation mitlas, als um die Möglichkeit, dass ihre Eltern das tun könnten!

»Sollen die doch lesen, was ich auf WhatsApp schreibe, das ist doch sowieso alles nichts Ernstes und Geheimnisse erzähle ich dort niemandem«, erklärte uns eine 15-Jährige. »Und was sollen die denn schon damit anstellen, wenn sie wissen, wo ich bin. Ist ja sowieso nur Schule und zu Hause und bei Freunden.«

Es scheint ja oft die naturgegebene Eigenschaft von pubertierenden Menschen zu sein, sich durch einen gewissen Mangel an Weitblick auszuzeichnen. Doch ehrlich, selbst wenn diese Jugendlichen noch so reflektiert und vorausschauend denken würden: Die tatsächliche Tragweite der Vorkommnisse könnten sie ebenso wenig einschätzen wie wir Erwachsene, die auch nur versuchen können, das Unfassbare ein wenig einzuordnen.

Die vermeintliche Gelassenheit der von uns befragten Jugend – die sicher auch nicht stellvertretend für eine ganze Generation gewertet werden darf – sollten wir daher nicht als Dummheit oder Naivität ansehen. Wohl aber als mögliche Zeichen einer Resignation vor einer Maschinerie, die einfach zu übermächtig erscheint. Und damit ist nicht das Internet gemeint. Schauen wir uns nämlich an, was in den letzten Jahren passiert ist, wird klar, dass wir alle einer Komplexität gegenüberstehen, die nicht nur Jugendliche überfordert.

It's the end of the world as we know it

Es war der 5. Juni 2013. Unser Buch war gerade mal ein halbes Jahr zuvor erschienen, als die britische Tageszeitung The Guardian einen Artikel des amerikanischen Anwalts und Journalisten Glenn Greenwald über bis dahin nicht bekannte Tätigkeiten des US-Geheimdienstes NSA, der National Security Agency, veröffentlichte. Greenwald belegte seine Aussagen mit ihm vorliegenden Beweisdokumenten und beschrieb in diesem ersten von vielen folgenden Artikeln zum Thema, dass die NSA die Metadaten aller Telefongespräche der Kunden von Verizon, einem der größten Telekommunikationsanbieter der USA, sammelte und speicherte.

Dies gelte nicht nur für Telefonate innerhalb der Vereinigten Staaten, sondern auch für Gespräche zwischen Anschlüssen in den USA und anderen Ländern.

Verizon, das Weiße Haus, die US-Justizbehörden und die NSA selbst hatten im Vorfeld jeden Kommentar zu dem Artikel verweigert. Ein Vertreter der US-Regierung unter Barack Obama erklärte am Tag nach dem Erscheinen des Textes, solche Telefondaten seien ein entscheidendes Werkzeug für den Schutz der Nation vor dem Terrorismus und erlaubten es den Behörden, in Erfahrung zu bringen, mit wem ein enttarnter oder mutmaßlicher Terrorist kommuniziert habe. Die Erhebung der Daten sei legal und die drei Staatsgewalten seien an der Ausführung des bereits 1978 in den USA in Kraft getretenen Gesetzes FISA beteiligt.

Schon zuvor waren FISA – das »Gesetz zur Überwachung in der Auslandsaufklärung« – und seine Folgen in den Medien diskutiert worden. Das Gesetz regelte zunächst nur elektronische Überwachungsmaßnahmen wie die Telefonüberwachung und die »akustische Wohnraumüberwachung«, seit 1994 aber auch die Durchsuchung von Wohnungen und Personen zur Spionageabwehr. Sogar ein eigenes Gericht, der FISC (United States Foreign Intelligence Surveillance Court), wurde eingerichtet, um FISA-Fälle zu entscheiden, das in seiner Ursprungsform Überwachungen und Durchsuchungen im Inland der USA nur nach hinreichendem Verdacht und Genehmigung durch den FISC erlaubte. Die Überwachung der Telekommunikation außerhalb der USA durch Nachrichtendienste hingegen benötigte keine individuelle Genehmigung.

Zuerst bezog sich FISA einzig auf ausländische Staatsangehörige, die sich innerhalb und außerhalb der USA aufhielten. Unter den Eindrücken der Terroranschläge vom 11. September 2001 wurde FISA jedoch ergänzt und um über Spionageabwehr hinausgehende Fälle erweitert. Und an den auf den Guardian-Bericht folgenden Tagen sollte es sich zeigen, dass das FISC der NSA bereits 2008 gestattet hatte, ohne weitere Voraussetzungen und bei Beachtung einiger Formvorschriften Kommunikationsdaten zu speichern. Egal, von wem.

Das, was Glenn Greenwald in seinem Bericht als Geheimdienstpraxis offenbart hatte, war anscheinend, auf eine Art, legal. Oder besser: oftmals im Geheimen legalisiert. Welche genauen Befugnisse die NSA tatsächlich hatte und hat, und welche Maßnahmen dieser und andere Nachrichtendienste wirklich ergriffen hatten, das beschäftigt noch heute Medien, Menschenrechtsorganisationen, Bürgerrechtsbewegungen und Gerichte. Und ab und zu sogar die Politik.

Wie wir wissen, blieb es nicht bei den Enthüllungen Greenwalds an diesem ersten Tag des Teils unserer Geschichte, die wir heute als »Snowden-Ära« bezeichnen. Denn vier Tage nach dem ersten NSA-Bericht im Guardian, am 9. Juni 2013, erfuhr die Weltöffentlichkeit, wer die Quelle der Greenwald vorliegenden Informationen war.

Edward Snowden wirkte auf dem lange Zeit einzigen Foto, das wir von ihm zu sehen bekamen, genau wie das, was der damals 29-Jährige tatsächlich war: ein junger Computerexperte. Als solcher hatte er für die US-amerikanischen Geheimdienste CIA, NSA und DIA (Defense Intelligence Agency) gearbeitet und war bis zum Mai 2013 als Systemadministrator im Auftrag der NSA für ein Beratungsunternehmen tätig. Im Rahmen dieser Aufgabe hatte er Zugriff auf streng geheime Informationen bekommen, die verschiedene Programme zur Überwachung der weltweiten Internetkommunikation aller Menschen nicht nur durch US-amerikanische, sondern auch britische Geheimdienste beschrieb. Und er war ins Zweifeln gekommen, ob das, was er durch seine Arbeit unterstützte, rechtmäßig und moralisch vertretbar war.

»Ich erkannte, dass ich Teil von etwas geworden war, das viel mehr Schaden anrichtete als Nutzen brachte«, berichtete Snowden in Interviews, die er nach seinem Coming-out als Whistleblower, als »Enthüller« der NSA-Informationen gab. »Ich möchte nicht in einer Welt leben, in der alles, was ich tue und sage, aufgezeichnet wird. Solche Bedingungen bin ich weder bereit zu unterstützen, noch will ich unter solchen leben.«

Bis heute ist ungeklärt, ob die Überwachungssysteme der Geheimdienste auch nur einen einzigen terroristischen Anschlag verhindern konnten. Fest steht aber, dass die Spionage- und Terrorabwehr durch die Nachrichtenagenturen ein Ausmaß angenommen haben, das die Dystopien »1984« von George Orwell und »Brave New World« von Aldous Huxley wie harmlose Märchen wirken lässt. Die Welt, wie sie sich Edward Snowden im Rahmen seiner Arbeit darstellte, war eine der Totalüberwachung aller Menschen. Und das wollte er nicht mehr unterstützen.

Aus dieser Motivation heraus hatte Edward Snowden die angebliche Menge von 1,7 Millionen Dateien aus den Systemen kopiert und auf einem USB-Stick gespeichert. Nachdem er sich bereits im Januar 2013 unter dem Decknamen »citizenfour« in verschlüsselten E-Mails an den Journalist Glenn Greenwald und die Dokumentarfilmerin Laura Poitras gewandt hatte, ließ er sich im Mai 2013 unter einem Vorwand beurlauben und begann mit der Übergabe der Dokumente an den Guardian und die Washington Post.

Schritt für Schritt prüften und analysierten die Medien und Experten die von Snowden gelieferten Dateien und veröffentlichen bis heute die gewonnenen Erkenntnisse.

Und die Welt ist nicht mehr die, die wir bis zum Juni 2013 kannten.

Auf der ganzen Welt haben Medien die Snowden-Enthüllungen und die daraus resultierenden Debatten und Fragen aufgegriffen. Klagen liegen vor gegen Organisationen, Unternehmen und ganze Regierungen, aber natürlich auch gegen Medien und – schon im Juni 2013 durch das FBI – gegen Edward Snowden, der sich seitdem wegen des gegen ihn vorliegenden Haftbefehls auf der Flucht befand. Eine Flucht, die ihn über Hongkong nach Russland führte, wo er zunächst Asyl bekommen hatte und auf Grundlage einer 2014 erstellten Aufenthaltsgenehmigung bis heute (Herbst 2015) lebt.

Während ein Teil der Menschheit Edward Snowden als Held feiert, wirft ihm ein anderer Verrat vor. Während manche in Snowden einen Retter sehen, der durch seine Veröffentlichungen den Beginn von Veränderungen für eine bessere, freiere Welt in Gang gesetzt hat, sehen andere ihn als Gefährder der öffentlichen Sicherheit an.

Belegt ist, dass die durch Snowden erlangten Erkenntnisse der vergangenen Jahre weit mehr beschreiben als das Speichern von Telefonverbindungsdaten durch die NSA. Seit Snowden ist die Weltöffentlichkeit mit Tatsachen konfrontiert, die in einem James-Bond-Film als maßlos und unglaubwürdig überzogen gegolten hätten.

Es würde den Rahmen dieses Buches sprengen, alle bisher gewonnenen Informationen aufzulisten, doch zusammenfassend kann man behaupten: Die Geheimdienste können fast alles und sie tun es auch, und zwar nicht immer auf legaler, demokratischer Grundlage und eben – das ist das Problem – nicht nur bei Verdachtsmomenten.

Dass Sicherheitsagenturen technische Möglichkeiten nutzen, um geplante oder bereits begangene Verbrechen zu verhindern oder aufzuklären, sollte niemanden überraschen. Und würden solche Maßnahmen gezielt in Verdachtsfällen und unter der strengen Kontrolle von Gerichten stattfinden, hätte sicher niemand ein Problem damit. Dass aber Institutionen damit beschäftigt sind, die gesamte Erdbevölkerung rund um die Uhr auf Schritt und Tritt zu überwachen und ihre Tätigkeiten zu analysieren und auszuwerten, ist ein Szenario, das bisher nur unter totalitären Regimen für denkbar gehalten wurde.

Die Geheimdienste der USA und Europas kooperieren miteinander, tauschen sich aus und verfügen über Budgets, die wahnwitzig umfangreiche technische Maßnahmen möglich machen. Die Überwachung der gesamten Kommunikation im Internet, das Speichern nicht nur von Verbindungsdaten, sondern auch von den Telefonaten selbst, das Protokollieren aller unserer Bewegungen über die GPS-Sensoren verschiedener Geräte, selbst der direkte Zugriff auf unsere Computer und Smartphones und deren eingebaute Kameras. All dies ist technisch möglich und wird praktiziert. Mit Hilfe von Big Data.

Big Data is watching (over) you

Optimistisch betrachtet sieht die Zukunft unserer Kinder fantastisch aus. Selbst fahrende Autos werden sie sicher durch den Verkehr bringen, der automatisch staufrei geregelt ist. Das Lernen in der Schule wird bis ins kleinste Detail individualisiert sein, jedes Kind wird in seinem Tempo und auf Grundlage der ganz eigenen Bedürfnisse und Talente geschult werden. Lebensbedrohende Krankheiten wie Krebs und AIDS werden heilbar sein. Es wird keinen Hunger mehr auf der Welt geben.

Was wie eine Hippie-Utopie klingt, ist tatsächliches Ziel derjenigen Forscherinnen und Forscher, die sich mit Big Data auf wissenschaftlicher Ebene beschäftigen. Der Begriff, der die strukturierte Sammlung großer Datenmengen und deren Auswertung beschreibt, geistert seit einigen Jahren durch die Medien, denn erst durch den Einsatz von Computern ist es möglich geworden, wirklich relevante Mengen von Information in Erkenntnisse zu verwandeln. Zwar wurden auch vor den Zeiten von Big Data schon Analysen bestimmter Beobachtungen betrieben, so wurde etwa der Autoverkehr gemessen, um Ampelschaltungen möglichst effizient einzurichten. Derart umfangreiche und globale Auswertungen, wie sie der Einsatz von riesigen Rechen- und Speicherzentren geradezu in Echtzeit, also »live« möglich machen, gibt es erst seit einigen Jahren.

Der österreichische Jurist Viktor Mayer-Schönberger ist Experte für Big Data und Datensicherheit. Und er ist überzeugt davon, dass das uns bekannte Schulsystem ausgedient hat. Mit Hilfe von Datenauswertungen, so prophezeit Mayer-Schönberger, werden nachfolgende Generationen einen Unterricht erleben, in dem die Information nicht mehr nur vom Lehrer zum Schüler fließt, sondern auch umgekehrt. Schülerinnen und Schüler, die ihre Vokabeln schneller lernen als andere, werden mehr Herausforderungen von der Lehrkraft erhalten können. Und diejenigen, die sich mit einem Lehrstoff schwertun, werden individuelle Hilfe angeboten bekommen. Beim Lesen eines Buches auf einem Tablet können Schülerinnen und Schüler unverständliche Textstellen markieren und Fragen stellen, Lehrerinnen und Lehrer können dann am nächsten Unterrichtstag auf die größten Probleme eingehen. Nicht nach Lehrplan, sondern auf Grundlage des Feedbacks ihrer Schülerinnen und Schüler, die dadurch zusätzlich zur aktiven Teilnahme am Unterricht ermutigt werden.

Viktor Mayer-Schönberger ist kein naiver Utopist. In seinen Texten zum Thema warnt er gleichermaßen davor, die Macht der Auswertung von Daten zu überschätzen oder sie Entscheidungen treffen zu lassen, welche den Individuen Freiheiten nehmen könnten. Dennoch ist er überzeugt davon, dass sich das aktuelle Schulsystem mit Hilfe von Big Data und der Auswertung tatsächlicher Interessen, Fähigkeiten und Defizite der Schülerinnen und Schüler immens verändern wird. Nicht nur in der einzelnen Unterrichtssituation, sondern auch auf der Basis der Auswertungen landes- oder gar weltweiter Lehr- und Lerndaten.

Auch in der Medizin kann der Umgang mit Big Data als Segen betrachtet werden. In der Forschung zur Behandlung und Heilung von HIV-infizierten Menschen haben die Analysen immens großer Mengen von Gesundheitsdaten über erkrankte und gesunde Menschen wichtige Erkenntnisse gebracht. So wurde entdeckt, dass sich bei einer kleinen Gruppe von HIV-Patienten körpereigene Antikörper entwickeln, die das Virus bekämpfen, und dank dieser Ergebnisse sind mittlerweile verschiedene Forschungseinrichtungen damit beschäftigt, solche Antikörper zu synthetisieren, um für Erkrankte Medikamente herzustellen.

In der Krebsforschung wiederum stehen die Mediziner vor dem Problem, dass es keinen »typischen« Krebs gibt und bisher nur vier Prozent aller Krebserkrankungsverläufe systematisch erfasst und ausgewertet werden. Neue, junge und mit vielen Millionen Euro finanzierte Firmen nehmen sich als Startups nun der restlichen Daten an und beginnen damit, diese Daten systematisch zu kategorisieren und die verschiedenen Krankheitsverläufe standardisiert auszuwerten, sie miteinander zu vergleichen. Denn nur, wenn alle Daten nach dem gleichen Prinzip gesammelt wurden, lassen sie sich sinnvoll auswerten. Erst danach können die wichtigen Fragen – Wer hat den Krebs besiegt, wer nicht? Welche Behandlungsmethode hat wann geholfen, welche war leider nicht erfolgreich und warum? – gestellt und durch die Analyse sehr vieler Krankendaten beantwortet werden. In der Hoffnung, dass diese Antworten zu erfolgreichen Heilmethoden führen.

Auch in der Stadtplanung spielt Big Data eine erhebliche Rolle. Verkehrsplaner versuchen, aus den aktuell vorliegenden Informationen über Verkehrsflüsse, den Einfluss von neuen Gebäuden wie Einkaufzentren auf die Bevölkerungsstrukturen oder Stauhäufigkeiten auf Autobahnen bessere Planungen für zukünftige Verkehrswege zu entwickeln. Und in Singapur arbeitet IBM zusammen mit den Behörden an einem verbesserten Personennahverkehr, um die Buslinien an die Bedürfnisse der Menschen anzupassen. Sowohl leere als auch überfüllte Busse sollen bald der Vergangenheit angehören. Dies alles ist in wirklich verlässlichem Umfang erst durch große Datenmengen und deren Analysen möglich geworden.

Und natürlich – wie kann es anders sein – spielt auch Google längst eine wichtige Rolle bei der Analyse großer Daten. Der Suchmaschinengigant kennt die Fragen der vernetzten Menschheit, denn diese stellt sie durch Tippen in das uns allen bekannte

Eingabefeld. So weiß Google zum Beispiel, wann die nächste Grippewelle kommt. Nämlich dann, wenn auffallend häufig nach »Hausmittel gegen Erkältung« oder »Mittel gegen Grippe« gesucht wird. Und Google weiß natürlich auch, *wo* diese Grippewellen zu erwarten sind, und stellt in diesem Fall die eigenen Erkenntnisse auf einer interaktiven Weltkarte unter google.org/flutrends zur Verfügung. Diese Karte kann ein nützliches Werkzeug für Ärzte, Apotheken und Privatpersonen sein, und sie zeigt anhand von Daten, deren Auswertung jeder Mensch recht einfach nachvollziehen kann, wie hilfreich Big Data tatsächlich sein kann.

Dabei sind das Lernverhalten unserer Kinder, unsere Krankenakten oder unsere Google-Sucheingaben nur der Anfang der Analysemöglichkeiten der Daten der Weltbevölkerung. Unsere öffentlichen Profile in Sozialen Netzwerken wie Facebook, die genau wie bei Google schon jetzt für angeblich individuell eingeblendete Werbung genutzt werden, können in der Masse ebenso aufschlussreich in medizinischer oder stadtplanerischer Hinsicht sein wie andere Daten, die wir freiwillig speichern. Moderne Fernsehgeräte schneiden mit, welche Sendungen wir uns anschauen. Fitness-Armbänder registrieren, wie oft wir uns sportlich betätigen. Die Navigationssoftware unseres Autos weiß, wohin wir wie schnell gefahren sind, Gesundheits-Apps schreiben unseren Puls mit. Smarte Armbanduhren – SmartWatches – können nicht nur unser Kommunikationsverhalten über lange Zeit protokollieren, sondern sie liefern auch gleichzeitig noch das jeweils herrschende Wetter, die Umgebungstemperatur, den Luftdruck mit. Die vielen digitalen Spielzeuge, die uns das Leben erleichtern oder es hier und da einfach nur unterhaltsamer machen, registrieren und protokollieren immer mehr Bereiche unserer Existenz.

In einer perfekten Welt werden all diese Daten, ihre Analyse und unsere Reaktionen auf die dadurch gewonnen Erkenntnisse dafür sorgen, dass es uns immer besser geht. Das Problem daran ist jedoch so alt wie bekannt: Die Welt ist nicht perfekt. Das Wissen über die Menschheit und ihre einzelnen Vorlieben, Verhaltensweisen und Lebensarten weckt Begehrlichkeiten nicht nur bei Forschern und bei der Wissenschaft, nicht nur bei Stadtplanerinnen und Verkehrsexperten, nicht nur bei Medizinern und Psychologinnen. Sondern auch – konzentrieren wir uns zunächst darauf – bei Unternehmen. Die Finanz- und Versicherungswelt zum Beispiel kann es kaum erwarten, Zugriff auf unsere Daten zu bekommen.

Im Sommer 2012 berichteten deutsche Medien darüber, dass die Schufa Programme entwickeln will, welche die Facebook-Profile einzelner Personen auswerten und für die Beurteilung ihrer Kreditwürdigkeit nutzen sollen. Das Unternehmen, dessen Wissen von Vermietern und anderen Vertragspartnern herangezogen wird, wenn es um die Frage geht, ob wir finanziell vertrauenswürdig sind, speichert in bisher rund 728 Millionen Datensätzen unsere Namen, Geburtsdaten und Adressen ebenso wie unsere Girokonten, Kreditkarten, Handyverträge, Leasingverträge, Kredite und andere Vertragsverhältnisse. Und nun wollte es eben auch unsere Facebook-Aktivitäten in die Beurteilung einfließen lassen.

Das dystopische Szenario, in dem unsere Tochter auf der Suche nach ihrer ersten eigenen Wohnung erfolglos bleiben würde, weil ihre Facebook-Fotos aus der Schulzeit zu viele Partys und damit gewisse Lautstärken vermuten ließen, schien Realität zu werden. Ein abgelehnter Auto-Kreditantrag auf Grundlage einer bei Facebook zur Schau gestellten Vorliebe für schnelle Wagen und ein angeblich damit einhergehendes erhöhtes Unfallrisiko könnte unseren älter gewordenen Sohn treffen. Und würden wir selbst jemals wieder einen Überziehungsrahmen bei unserem Girokonto bekommen, wenn wir unseren Facebook-Freundinnen und -Freunden dauernd zeigen, wie sehr wir luxuriösen Schnickschnack mögen?

Das Vorhaben der Schufa wurde damals von Datenschutzrechtlern scharf kritisiert. Das Unternehmen zog seine Pläne daraufhin zurück – angeblich. Vielleicht teilt es solche Vorhaben nur nicht mehr der Presse mit. Doch egal, ob die Schufa unsere öffentlichen Online-Daten in ihre eigenen einfließen lässt oder nicht: Der Fall aus der jüngsten Realität ist nur die Spitze des Eisbergs.

In einem durchschnittlichen modernen Auto befinden sich heutzutage etwa 80 Mikrochips. Sie regeln den Komfort und die Sicherheit, steuern die Service- und Unterhaltungselemente des Wagens. Gurte werden in Gefahrensituationen ebenso schnell gestrafft wie Airbags in Sekundenbruchteilen ausgelöst werden, Bremsunterstützungen beschleunigen unsere zu träge Reaktionszeit, Navigationssysteme finden freie Parkplätze. Und natürlich wissen unsere Autos, wie schnell wir wann und wo fahren.

Kfz-Versicherungen finden das ebenso toll wie wir. Und sie wollen daher sehr gerne Zugang zu diesen Informationen haben. Nicht mehr die Aussagen der Fahrerinnen und Fahrer werden dann im Falle eines Unfalls oder eines anderen Schadens gelten, sondern die Daten aus dem System. Und falls ihr Wagen doch nicht wie ursprünglich von ihnen angegeben größtenteils in einer Garage steht, oder sie einmal nicht angeschnallt waren, als sie unterwegs waren – dann erlöscht unter Umständen ihr Versicherungsschutz. Denn das System wird ihre Fehler nachweisen können.

Ab 2018 führt die Europäische Union zudem das System eCall

ein (Kurzform für Emergency Call – Notruf). Das verpflichtende System muss ab diesem Zeitpunkt in jedem neuen Pkw vorhanden sein und übermittelt bei einem Verkehrsunfall automatisch den Standort und andere Daten an die europäische Notfallnummer 112. Es ist anzunehmen, dass eCall die Zahl der Verkehrstoten verringern und Hilfe im Notfall beschleunigen wird. Welche weiteren Folgen das System jedoch haben könnte, wird bisher nur wenig erläutert oder in der Öffentlichkeit diskutiert. Wer hindert den Fahrzeughersteller daran, Daten ebenfalls an Werkstätten zu übertragen, mit denen er Verträge hat, damit diese zuerst ihre Reparaturhilfe anbieten können? Wer weiß überhaupt, welche Daten registriert und übertragen werden? Wo bleibt bei diesen neuen Gesetzen unser Grundrecht auf informationelle Selbstbestimmung, das uns zusichert, selbst über die Preisgabe und Verwendung unserer personenbezogenen Daten bestimmen zu können? Ähnliche und viele weitere Fragen stellen sich, sobald wir uns mit Krankenversicherungen und Big Data beschäftigen.

Die *Versicherungsgruppe Generali* beispielsweise will als erster europäischer Versicherer die Sport- und Ernährungsdaten ihrer Kunden auswerten. Eine nachgewiesene, elektronisch protokollierte, gesunde Lebensführung führt dann zu Gutscheinen und Rabatten auf die Krankenversicherungsbeiträge. Und wenn man die Idee weiterspinnt, dann zahlen in nicht allzu ferner Zukunft Fleischesserinnen, Raucher und Sportmuffel genauso wie Risikosportler höhere KV-Beiträge als andere. Was das alles für die wichtige Idee der Solidargemeinschaft bedeutet, ist leicht abzusehen. Und auf die ersten Dienstleister, die das Tragen unseres von der Krankenversicherung verordneten Fitness-Armbands während sportlicher Aktivitäten für uns übernehmen, um für uns niedrige

Beiträge zu erschummeln, brauchen wir sicher auch nicht lange zu warten.

Dennoch: Die meisten erwähnten Beispiele für die Verwendungsmöglichkeiten von Big Data haben eben auch positive Eigenschaften. Durch automatisierte Notrufsysteme können Menschenleben gerettet werden, Erkenntnisse über unsere Ernährung und unsere Gesundheit können die Medizin voranbringen. Wie immer in der Geschichte der Menschheit bedeutet technologischer Fortschritt eben auch neue Herausforderungen, Fragen, die beantwortet werden müssen und neue Aufgaben für Gesetzgeber.

So auch in den Gebieten, in denen Big Data weltweit zu Einsatz kommt und in denen es nicht um Krankenkassenbeiträge geht, sondern um die Sicherheit der Bevölkerung und möglicherweise auch um Entscheidungen über Leben und Tod. Und in diesen Bereichen muss derzeit noch mehr als in allen anderen bezweifelt werden, ob sie noch einer demokratischen Kontrolle unterliegen. Und ob das jemals der Fall war.

Spion gegen Spion

Seit den Enthüllungen durch Edward Snowden wissen wir, dass Geheimdienste Berge von Daten sammeln und auswerten. Wir wissen, dass unsere Kinder, die in eine Welt voller digitaler Geräte, Medien und Dienste hineingeboren wurden, so überwacht werden wie keine Generation vor ihnen. Es wird uns später noch beschäftigen, wie wir mit dieser Tatsache umgehen, wie wir sie beeinflussen, vielleicht sogar verbessern können. Dafür müssen wir die Realität der verdachtslosen Überwachung der Zivilbevölkerung durch Geheimdienste kennenlernen und verstehen.

Eines der ersten NSA-Programme, das durch Snowden bekannt wurde, heißt PRISM. Sein Anteil an den von der NSA gesammelten Daten soll 91 Prozent betragen, denn das System zapft mit PRISM in erster Linie die Daten der großen Internetkonzerne Yahoo, Microsoft, Google, Facebook, Apple und einiger mehr an. Die so gewonnenen Informationen laufen in das »Unified Targeting Tool«, wo sie nach der Zusammenführung mit anderen Daten von der NSA ausgewertet werden.

Andere Programme der NSA tragen so illustre Namen wie TRAFFICTHIEF oder MAINWAY. TRAFFICTHIEF speichert alle Daten, die sich zu einer E-Mail-Adresse finden lassen – Profile in sozialen Netzwerken, Foren oder Chatsystemen – und liefert damit Anhaltspunkte, welches andere Programm der NSA für weitere Datensammlungen benutzt werden muss. MAINWAY wiederum speichert die Metadaten zu Milliarden von Telefongesprächen, also wer wann wie lange mit wem telefoniert hat. Wurde ein Telefonat über ein Handy geführt, wird außerdem noch der Standort der Gesprächspartner erfasst.

Am Ende werden die gesammelten Daten mithilfe von »XKeyscore« zusammengeführt und miteinander in Verbindung gebracht. Namen und E-Mail-Adressen gehören nun zu Telefonnummern, zu geschriebenen und empfangenen E-Mails, zu besuchten Websites, zu den Suchanfragen und zum Facebook-Profil einer Person. Natürlich weiß die NSA durch Flugdaten auch, wann jemand wohin geflogen ist und wie sich diese Person ansonsten bewegt hat, denn unser Mobiltelefon liefert ein Bewegungsprofil.

Das ist jedoch nicht alles, was wir bisher wissen.

Auch die sogenannten »Crash Reports« unserer Computer werden von der NSA abgefangen: Wann immer eines unserer Geräte abstürzt oder ein Programm einen Fehler verursacht, sendet dieses Gerät (sofern wir das nicht unterbinden) eine kurze Meldung an den Hersteller der Software oder Hardware. Das ist eigentlich ein gutes Werkzeug für die Entwickler, um Fehler im System zu erkennen und in folgenden Versionen zu beheben. Für die NSA sind diese Crash Reports jedoch aus anderer Hinsicht interessant: Sie findet darin Hinweise auf »Exploits«, auf Schwachstellen also, durch die man mit entsprechender Expertise Zugang zu Computern oder Programmen bekommen kann. Während also die Hersteller die Crash Reports zur Verbesserung ihrer Produkte nutzen, bieten sie der NSA die Gelegenheit, Lücken im System zu erkennen und damit Zugang zu den Geräten und unseren Daten zu erlangen. Dabei geht es nicht allein um persönliche Computer oder Smartphones, sondern um die gesamte technische Infrastruktur des Internet, also um Server, Router, Switches und die darauf verwendete Software. Durch das Ausnutzen dieser Exploits auf allen technischen Ebenen kann die NSA den gesamten Datenverkehr im Internet mitschneiden.

Doch auch diese bereits sehr umfangreichen Zugriffsmöglichkeiten reichen der NSA noch nicht aus. Wie 2012 bekannt wurde, fängt die NSA in bestimmten Fällen auch Computer ab, die im Versandhandel bestellt wurden, um darauf Schadsoftware zu installieren, bevor das Gerät beim Kunden ankommt. Der Kunde merkt und weiß davon nichts, das Gerät hat seine normale Postlaufzeit, doch statt einem einwandfreien Computer befindet sich nun Software darauf, die zum Beispiel Tastatureingaben mitschneidet und an die NSA senden kann.

Wer an dieser Stelle ungläubig den Kopf schüttelt und »Wahnsinn!« murmelt, liegt vermutlich richtig. Das Ausmaß der Überwachung und all dessen, was wir bisher durch die Snowden-

Enthüllungen wissen, übersteigt jede Vorstellungskraft. Zumal ja noch kein Ende der Enthüllungen abzusehen ist. Die Tatsache, dass Geheimdienste anscheinend der Überzeugung sind, Gefahren durch die konstante und umfassende Überwachung der Weltbevölkerung bannen und kriminelle Handlungen unterbinden zu können, hat tatsächlich etwas Wahnsinniges. Und während viele Maßnahmen der Geheimdienste ohne demokratische Legitimation stattfinden, also zum Beispiel ohne Richterbeschlüsse, und daher mit Klagen überhäuft werden, sollen andere offiziell in Gesetze aufgenommen werden und von den Geheimdiensten auf reguläre Strafverfolgungsbehörden übertragen werden. Zum Beispiel durch die Vorratsdatenspeicherung.

Der Begriff Vorratsdatenspeicherung (kurz: VDS) bezeichnet die Speicherung von Verbindungsdaten elektronischer Kommunikation, ohne dass ein Anfangsverdacht oder eine konkrete Gefahr besteht – unsere Kommunikationsdaten werden gespeichert, ohne dass dies nötig wäre. »Auf Vorrat« eben. Zugriff auf diese Daten sollen je nach Gesetz und Land unterschiedliche Behörden unter verschiedenen Bedingungen haben, und was mit großen Mengen von persönlichen Daten alles möglich ist, haben wir bereits erwähnt.

Im März 2010 erklärte das deutsche Bundesverfassungsgericht die bis dahin geltenden Vorschriften zur Vorratsdatenspeicherung in Deutschland für verfassungswidrig und nichtig. Laut Gericht verstieß die Regelung gegen das Grundgesetz. Im April 2014 erklärte zudem der Europäische Gerichtshof die EU-Richtlinie zur Vorratsdatenspeicherung für ungültig, da sie mit der *Charta der Grundrechte der Europäischen Union* nicht vereinbar sei.

Und dennoch treten Politikerinnen und Politiker immer wieder für die Einführung einer umfassenden Vorratsdatenspeicherung ein, nicht zuletzt in Deutschland, wo der Ruf nach der VDS nach den Pariser Attentaten auf das Satiremagazin Charlie Hebdo wieder lauter wurde. Die Vorratsdatenspeicherung, so die Politik, diene der Verhinderung oder Aufklärung von Attentaten und anderen schweren Straftaten. Da es in Deutschland bereits seit 2002 die »Telekommunikationsüberwachungsverordnung« (TKÜV) gibt, die es der Polizei und Geheimdiensten erlaubt, bei Verdacht auf schwere Straftaten Telekommunikationsdaten zu protokollieren und auszuwerten, stellt sich dennoch die Frage nach dem Sinn der VDS, also der Überwachung der Bevölkerung auf Verdacht.

Denn interessanterweise gibt es die Vorratsdatenspeicherung in Frankreich bereits seit 2006. Den Tod von zwölf Menschen konnte sie in Paris 2015 leider nicht verhindern, für die Aufklärung des Attentats spielte sie keine Rolle. Das brauchte sie auch nicht, denn die beiden Täter waren den französischen und britischen Geheimdiensten bekannt und wurden überwacht, sie standen zudem auf der Terroristenliste der CIA. Und ebenfalls ganz ohne Vorratsdatenspeicherung hatte der algerische Geheimdienst am Tag vor dem Anschlag eine akute Warnung nach Frankreich ausgesprochen. Warum der Anschlag dennoch nicht verhindert werden konnte, entzieht sich unserer Kenntnis.

Warum machen die das?

Alle Menschen auf der Welt wollen Schutz. Wir wollen Schutz vor Terror, Anschlägen und anderen Gefahren, wir wollen mit unseren Familien in Sicherheit leben können. Regierungen sind mit diesem Schutz beauftragt, unterstützt werden sie dabei von der Polizei, anderen Sicherheitsbehörden und -einrichtungen und eben auch von Geheimdiensten, die je nach Bündnislage international kooperieren.

Obwohl es fraglich ist, ob wirklicher Schutz überhaupt möglich ist vor Wahnsinnigen, die Flugzeuge voller Menschen entführen und in ein Gebäude rasen lassen, oder die in Redaktionsräume stürmen, um Menschen zu erschießen; obwohl es auch Zweifel daran geben darf, dass Geheimdienste, die es über ein Jahrzehnt lang nicht geschafft haben, die rechtsterroristische NSU von ihren Morden abzuhalten, überhaupt in der realistischen Lage sind, uns vor Gefahren dieser Art zu schützen, geben sie weiter vor, es zu tun. Und sie werden dazu alle Mittel einsetzen, die ihnen zur Verfügung stehen, egal, ob diese Mittel Erfolge nachweisen können oder nicht.

Die Gründe dafür sind zunächst wirtschaftlicher Natur. Nie zuvor waren die finanziellen Mittel, die Geheimdiensten von Regierungen zur Verfügung gestellt wurden, so hoch wie nach den Attentaten auf das World Trade Center am 11. September 2001. Mehrstellige Milliardensummen fließen jährlich allein an die NSA (genauere Zahlen gibt es nicht, es sind noch immer Geheimdienste), und diese Gelder wollen nicht nur ausgegeben werden, sondern Etats müssen auch gerechtfertigt werden, um verlängert zu werden. Und welche Regierung kürzt schon Investitionen, die der Sicherheit des Volkes gelten und an denen ganz nebenbei auch noch Massen an Arbeitsplätzen und technischer Infrastruktur hängen?

Doch auch die Art der Gefahren und Bedrohungen, die sich nach dem kalten Krieg zu einem diffusen Geflecht aus militanten und unberechenbaren Extremistengruppen wie Al-Qaida und IS entwickelt hat, ist ein Grund für den Einsatz aller denkbarer Mittel durch Geheimdienste bei dem Versuch, Sicherheit und Schutz für die Bevölkerung zu gewährleisten. Gerade die Unberechenbarkeit, völlige Skrupellosigkeit und Menschenverachtung extremistischer Gruppierungen rechtfertigt politisch betrachtet jede Maßnahme und Gesetzesänderung. Aber auch bis zur Verfassungswidrigkeit?

Obwohl Politikerinnen und Politiker wissen, dass es den perfekten Schutz und die umfassende Sicherheit nicht gibt, kann dies kaum eine und kaum einer von ihnen öffentlich zugeben. Diejenigen, die mit unserem Schutz beauftragt sind, werden weiterhin alle Mittel rechtfertigen, die ihnen zur Verfügung stehen, weil sie nicht anders können. Denn im Falle eines Attentates stehen sie als Verantwortliche in der Pflicht und müssen sagen können: »Uns trifft keinerlei Schuld. Wir haben alles getan, was möglich war.« Und deshalb tun sie alles, was möglich ist. Ob sinnvoll oder nicht.

Dass sie dabei unsere Grundrechte auf Privatsphäre und Datenschutz missachten und die Grundlagen unseres demokratischen Rechtssystems gefährden, steht dabei auf einem anderen Blatt. Das in vier, acht oder auch mal zwölf Jahren wieder jemand anderes in die Hand nehmen muss.

Weshalb es an dieser Stelle (mal wieder) umso wichtiger ist, dass wir uns selbst einmischen und kümmern. Die Entscheidung, wie sehr wir bereit sind, unsere Freiheit und unsere Privatsphäre gegen behauptete Sicherheit einzutauschen, darf nicht allein von Politikerinnen, Politikern und Geheimdiensten getroffen werden. Sie liegt auch bei uns.

Ich habe doch nichts zu verbergen!

Nicht alle Menschen halten Datenschutz und Privatsphäre für wichtig. Überwachungsmechanismen oder die Vorratsdatenspeicherung sehen sie als notwendig für die Vereitelung von

Kriminalität an, und sie sind bereit, dafür gewisse eigene Rechte aufzugeben.

Die Argumentation der Befürworterinnen oder Unterstützer eines Überwachungsapparates oder derer, die ihn ignorieren, macht sich an vier Hauptpunkten fest, auf die wir an dieser Stelle einzeln eingehen wollen.

»Wer Privates auf Facebook teilt, ist selbst schuld, ihm oder ihr ist die Privatsphäre doch ganz offenbar nicht wichtig.«

Hier wird freiwillig öffentlich Geteiltes mit dem geheimen Zugriff auf unsere privaten Informationen vermischt. Die JIM-Studie zu »Jugend, Information und Multimedia« stellte schon 2012 fest, dass 87 Prozent der Jugendlichen die Einstellungen bei Facebook sehr gewissenhaft nutzen und sich nur zehn Prozent der Befragten dort »wirklich sicher« fühlen. Der Umgang mit den Daten-Giganten ist also ganz offensichtlich ein bewusster geworden, das Mahnen von Datenschützern, Medien und Eltern, sicher aber auch eigene Erfahrungen haben Wirkung gezeigt. Wir wissen, dass auch die Polizei und andere Menschen Zugriff auf unsere öffentlichen Facebook-Daten haben, und wir gehen daher größtenteils recht bewusst damit um. Letztendlich entscheiden wir bei Facebook außerdem selbst, welches Foto wir der Öffentlichkeit präsentieren – den uneingeschränkten Zugriff auf alle Fotos auf unserem Computer oder Smartphone, auf unsere E-Mails oder Chat-Verläufe haben wir damit niemandem gewährt.

»Ich habe nichts zu verbergen.«

Ein verschwindend geringer Teil von uns ist in kriminelle Aktivitäten verstrickt, weshalb die meisten Menschen davon überzeugt sind, dass selbst eine umfassendere Überwachung sie nicht negativ betrifft.

Selbstverständlich brauchen wir trotzdem Räume, in denen wir uns wirklich privat und unbeobachtet fühlen können – schließlich hätten wir sonst keine Vorhänge, würden unsere Briefe nicht mehr zukleben und unsere Türen nicht verschließen. Wir brauchen das Wissen, dass wir selbst entscheiden können, welche unserer Lebensbereiche niemanden etwas angehen – auch den Staat nicht. Würden Sie wirklich jedes ihrer privaten Gespräche auch denen zur Verfügung stellen, über die sie geredet haben? Denken Sie nicht, dass Sie sich anders unterhalten würden, wenn dies automatisch der Fall wäre? Das Wissen um den Zerfall unserer Privatsphären kann unsere demokratische Gesellschaft, unser gesamtes Verhalten verändern.

Zudem geht es nicht allein um uns. Und auch nicht nur um die Gegenwart.

Wer weiß schon, wer in Zukunft bestimmte Länder regieren wird und was dann als strafrechtlich relevant gilt und was nicht? Wer kann abschätzen, welche gesellschaftlichen Werte in zehn Jahren gelten werden? Und wer kann beurteilen, ob er oder sie nicht doch über zwei, drei Kontaktebenen plötzlich in das Visier einer durch Computer automatisierten Kontrolle geraten kann, aus der es kein Entrinnen gibt, da nicht mehr Argumente zählen, sondern nur noch Algorithmen, also Computerberechnungen? Schon heute entscheidet bei der Bank nicht mehr ihre Ansprechperson über ihr Darlehen, sondern ein Computer. Wollen wir diese Art der Entscheidungsfindung wirklich auch in strafrechtlichen Bereichen und bei Verdachtsmomenten?

Bis vor wenigen Jahren gab es die große Sorge, dass unsere Kinder später keinen Job bekommen könnten, wenn die Personalabteilung eines Unternehmens einen Blick auf ihre früheren Partybilder bei Facebook werfen würde. Aber ist das Szenario eines möglichen Eintrags in ein landesweites Verdachtsregister aufgrund bestimmter E-Mails oder WhatsApp-Nachrichten nicht viel gruseliger?

Weiterhin gibt es Berufsstände, die besonderen Schutz benötigen. Ärzte, Journalistinnen, Juristen, Hilfsorganisationen, politische Gruppen, Lehrerinnen und Lehrer, Seelsorgerinnen, Psychologen ... gäbe es keinen Schutz bestimmter Informationen, könnten unter Umständen ganze Biografien zerstört werden oder Menschenleben in Gefahr geraten. Auch aus Solidarität mit diesen und anderen Berufsgruppen sollten wir uns für unsere Grundrechte einsetzen.

»Es geht doch nur um die Bekämpfung von schwerer Kriminalität wie Terrorismus und den Missbrauch von Kindern!«

Straftaten wie Terrorismus und der Missbrauch von Kindern wird immer wieder als Argument für eine umfassende Überwachung und die verdachtsunabhängige Speicherung möglichst vieler Daten herangezogen. Denn in beiden höchst emotionalen Bereichen gibt es einen gesellschaftlichen Konsens der klaren Ablehnung. Nachweise für die Wirksamkeit einer Vorratsdatenspeicherung bei der Bekämpfung dieser Verbrechen gibt es jedoch keine. Das

Max-Planck-Institut für ausländisches und internationales Strafrecht konnte in einer Studie für das Justizministerium keinerlei Hinweise darauf finden, dass die zeitweise in Deutschland bereits eingeführte Vorratsdatenspeicherung bei der Verhinderung oder Aufklärung von Straftaten wie Terrorismus oder der pornografischen Abbildung missbrauchter Kinder geholfen hätte. Und Forscher der Technischen Universität Darmstadt kamen sogar zu dem Schluss, dass die Vorratsdatenspeicherung nicht zur Prävention dieser Straftaten geeignet sei.

»Wir können sowieso nichts dagegen tun.«

Doch. Können wir. Wir können uns technisch schützen, wir können aber in erster Linie unsere Aufgabe als Demokratinnen und Demokraten wahrnehmen und uns einmischen. Wir können wählen gehen, wir können demonstrieren gehen. Wir können im Bekanntenkreis diskutieren, können online unsere Meinung äußern. Wir können Initiativen gründen, Petitionen starten und Volksvertretern vor Ort unsere Meinung mitteilen.

Nehmen wir diese Aufgaben nicht wahr, haben wir die Demokratie aufgegeben und überlassen einigen Wenigen die Entscheidung darüber, wie wir leben wollen und dürfen. Wir überlassen dann diesen Wenigen die Gestaltung der Gesellschaft der Generation unserer Kinder, der ersten Generation, deren Leben von Geburt an komplett durch digitale Daten protokolliert ist.

Wir fassen Unfassbares zusammen

Unsere Kinder wachsen in einer Welt auf, in der die Regierungen und Geheimdienste der Welt ihr Verhalten speichern und analysieren. Sie wachsen in einer Welt auf, in der es das Private als Raum, wie wir ihn noch kennen, nicht mehr gibt.

Wir wissen nicht, was Geheimdienste mit den gesammelten Daten tun und tun werden. Wir kennen die Kriterien nicht, nach denen die Datenbanken durchsucht werden. Es herrscht vor allem: Ungewissheit. Die Frage bleibt bisher unbeantwortet, wie freie Entfaltung funktionieren soll, wenn jedes Handeln aufgezeichnet wird und unsere Kommunikation über Jahrzehnte unsere Biografie bestimmen kann, abhängig vom unkontrollierten Handeln einiger weniger Menschen und den Programmen von Computersystemen.

Denn ob und warum jemand auf welchen Listen der Geheimdienste landet, entscheiden Algorithmen. Die Verarbeitung der immensen Datenmengen kann gar nicht von Menschen geleistet werden, sondern nur durch programmierte Systeme, deren Entscheidungen im Regelfall nicht angezweifelt werden – genau wie bei der Kreditvergabe der Bank.

In diesen Fällen wird das Stichwort Big Data zu einem Schreckgespenst, das unkontrollierbar scheint. Und wir müssen die Frage beantworten, ob dies die Welt ist, die wir für uns und unsere Kinder wollen. Die Freiheiten, die wir als Jugendliche hatten, unsere privaten Liebesbriefe, die privat blieben, oder auch politische Verirrungen und Verwirrungen, denen wir kurzfristig zugetan waren, sie verschwanden in unserer Biografie irgendwann im Vergessen. Aber werden die Systeme, die das Leben unserer Kinder mitschneiden und auswerten, bei bestimmten Aktivitäten in

Betracht ziehen, was es bedeutet, jung zu sein? Werden sie milde und verständnisvoll sein können?

Bei allen beschriebenen Szenarien sind wir in Deutschland und Europa noch relativ gut dran. Die Bundesrepublik Deutschland hat den weltweit stärksten gesetzlich verankerten Datenschutz, die EU zieht gerade mit der Datenschutzgrundverordnung nach. Insgesamt sind die Regelungen, die wir momentan haben, nicht die schlechtesten, wenn es um den Schutz persönlicher Daten geht. Dass sich dieser Schutz aber auch auf US-amerikanische Konzerne und Dienste anwenden lässt, scheint unrealistisch. Wir leben in einer globalisierten und vernetzten Welt. Unsere Daten machen nicht an Landesgrenzen Halt, interessieren sich nicht für Kontinente. Unsere Facebook-Einträge werden nicht nur in europäischen Rechenzentren gespeichert, sondern auch in den USA und anderen Staaten. Unsere Google-Mails, WhatsApp-Chats und iPhone-Fotos landen auf Servern weltweit. Und weltweit geltende Regeln für eine globalisierte und vernetzte Welt sind bisher nicht in Sicht, nicht einmal moralische, ethische oder kulturelle Einigkeit gibt es. Was in einem Land als unschicklich gilt, mag in einem anderen lächelnd geduldet werden, was hier als normales Verhalten angesehen wird, kann in anderen Ländern für Unmut sorgen.

Der deutsche und europäische Datenschutz wird die Geheimdienste der Welt nicht aufhalten. Die USA haben das uns von der Bundesregierung 2013 versprochene No-Spy-Abkommen kategorisch abgelehnt, und das obwohl auch die Mobiltelefone unserer Regierung und der Parlamentarier abgehört wurden. Und anscheinend fühlen sich nicht einmal der BND oder der Verfassungsschutz den Gesetzen genügend verpflichtet. Der BND kooperiert mit anderen Geheimdiensten und überschreitet die ihm gesetzten Grenzen zum Beispiel durch den Datenaustausch mit diesen anderen Diensten, er sammelt Informationen über die Bürgerinnen und Bürger der Bundesrepublik Deutschland und gibt diese weiter.

Im laufenden NSA-Untersuchungsausschuss im Deutschen Bundestag wurde festgestellt, dass der BND Unterstützung aus dem Kanzleramt erhalten hat, um Daten bei den großen Providern wie der Telekom abzugreifen und direkt am größten Internetknoten Deutschlands Abhöreinrichtungen einzubauen. Die so gewonnen Daten werden an befreundete Dienste weitergereicht, ein Vorgehen, das sich der Kontrolle derer entzieht, die diese Daten produziert haben.

Was können wir tun?

Wir haben mit Menschen gesprochen, die aufgrund ihrer Erschütterung durch die Snowden-Enthüllungen beschlossen haben, das Internet gar nicht mehr zu benutzen. Sie haben sich ein altes Handy zugelegt, das neben dem reinen Telefonieren und SMS über keinerlei Netzwerkfunktionen verfügt, also weder Bluetooth noch WLAN unterstützt, und das zumindest nicht über GPS zu orten ist – die Verortung über die sogenannte Funkzellenabfrage, durch die der Standort eines Geräts über die Funkmasten der Mobilfunkbetreiber ermittelt wird, funktioniert zwar noch immer, dennoch sind diese alten Geräte ein wenig »sicherer« als moderne Smartphones. Diese Menschen haben ihren Computer vom Internet getrennt, schreiben keine E-Mails mehr und nutzen somit erst recht kein Facebook oder WhatsApp.

Das kann man machen. Es nützt nur nichts.

Die Digitalisierung der Welt ist unumkehrbar. Auch ohne unser aktives Zutun ist unser Leben schon jetzt so sehr in Datenströmen zusammengefasst, dass der Glaube, sich dieser Digitalisierung entziehen zu können, völlig unrealistisch ist. Staatliche Behörden und Meldestellen, Banken, Krankenhäuser, Ärzte, Dienstleister aller Art, Versandunternehmen und Einzelhandel, die Post, Telefonanbieter, Bonus- und Rabattkartenanbieter, die Automobilindustrie und Werkstätten, selbst der Kaffeelieferant, der seine Ware in unsere Büros schickt ... sie alle speichern alles über uns und über das, was wir tun und mögen. Falls sie ihrer älteren Nachbarin regelmäßig Zigaretten aus dem Supermarkt mitbringen, selbst aber Nichtraucher sind: Wir hoffen sehr, dass sie das niemals ihrer Lebensversicherung erklären müssen, die sie aufgrund ihrer Einkaufsdaten doch als Raucher eingestuft hat und daher nicht bezahlt.

Und nicht nur das. Immer mehr Geräte, immer mehr *Dinge* kommunizieren über digitale Daten. Heizsysteme passen ihre Funktionen via Internet an, Stromerzeuger regulieren die Lieferung an uns über den digital gemessenen Bedarf, der Straßenverkehr wird über die Bewegungsdaten der Teilnehmerinnen und Teilnehmer geplant und geregelt. Der Versuch, sich dem digitalen Leben zu verweigern, gleicht dem Versuch, die Teilnahme am Leben überhaupt zu verweigern.

Wie wir eingangs beschrieben haben, kann der sinnvolle Einsatz von Daten und ihrer Analyse zudem unser Leben enorm bereichern und verbessern, genauso, wie es das Internet im privaten und beruflichen Gebrauch auch tut.

Besonders für die junge Generation kann eine Abkehr vom Internet, eine Form der digitalen Askese, daher keine Lösung sein. Der gekonnte Umgang mit Computern und anderen digitalen Gerätschaften ist für unsere Nachkommen von hoher Bedeutung, ohne digitale Fertigkeiten und Erreichbarkeit wird kaum noch jemand einen Job bekommen.

Digitaler Raum ist Lebensraum. Er muss daher genauso geschützt werden.

Dabei können wir zunächst auf technischen Selbstschutz zugreifen. Wir können – mit Hilfe des Internets – lernen, wie das geht, es unseren Kindern beibringen oder es uns von ihnen erklären lassen. Wir können die Einstellungen unserer Geräte sorgsamer als bisher überprüfen und können zum Beispiel Lokalisierungsfunktionen abschalten, wenn wir sie nicht benötigen. Wir können zu E-Mail-Anbietern wechseln, deren Datenschutzbestimmungen die Verwendung unserer Kommunikationsdaten für Werbung und andere kommerzielle Zwecke unterbinden und die unsere Daten immer und überall verschlüsseln (und wir können akzeptieren, dass wir für dieses Plus an Privatsphäre vielleicht auch mal mit Geld statt mit Daten bezahlen müssen ...). Wir können unsere Kommunikation und unsere Daten selbst verschlüsseln und damit dafür sorgen, dass niemand Drittes lesen kann, was wir in E-Mails oder Chats schreiben. Wir können unsere Computer selbst sicherer machen. Wir können anstelle von Google die Suchmaschine DuckDuckGo nutzen, welche die gleichen Ergebnisse wie Google liefert, unsere Anfragen aber nicht an Google oder Dritte weiterleitet.

Wir können weiterhin nach Software und Apps Ausschau halten, die als Alternative zu den großen und bekannten Programmen funktionieren, denn Programmiererinnen und Programmierer sind eifrig, und auch die Industrie schläft nicht und hat in dem

Bedürfnis nach Privatsphäre einen Markt erkannt. Beginnen Sie, indem Sie innerhalb der Familie und dem Bekanntenkreis über verschlüsselte Chat-Apps kommunizieren, die sich dann hoffentlich weiter verbreiten. Als sichere Alternative zu WhatsApp oder dem Facebook-Messenger bietet sich z.B. »Signal« für Apple-iOS-Geräte oder »TextSecure« für Android-Systeme an (wobei nicht unerwähnt bleiben soll, dass auch WhatsApp selbst eine komplette Verschlüsselung angekündigt hat, die teilweise auch schon eingesetzt wird).

Einige der technischen Maßnahmen, besonders die Verschlüsselung von Daten und E-Mails, sind nicht ganz einfach umzusetzen, doch wir können uns dabei helfen lassen und dann mit unserem Wissen wiederum anderen helfen. Suchen Sie nach dem Begriff »Cryptoparty« in Ihrer Umgebung und lernen Sie bei diesen selbst organisierten und kostenlosen Initiativen von meist jungen Menschen in entspannter Atmosphäre bei einer Tasse Kaffee oder Tee, wie Sie sich selbst und Ihre Daten schützen können. Suchen Sie nach »PGP« (Pretty Good Privacy), einem vertrauenswürdigen Programm zur Verschlüsselung von E-Mails und Daten, das relativ einfach in bestehende E-Mail-Programme zu integrieren ist.

Tun Sie etwas, um sich zu schützen. Bevor auch das verboten wird. Politische Bestrebungen in diese Richtung gibt es nämlich bereits.

Nicht alle dieser Maßnahmen werden uns vor der Erfassung unserer Daten durch Geheimdienste bewahren, schließlich sind deren technische und finanzielle Mittel erheblich größer als unsere eigenen. Dennoch signalisiert die eigene Aktivität Unzufriedenheit mit den bestehenden Vorgehensweisen durch Politik und Geheimdienste.

Verschlüsselung macht uns außerdem selbstsicherer im Umgang mit unseren Daten und schafft ein größeres Bewusstsein dafür, dass wir auch im Bereich unserer elektronischen Post ein Recht auf Privatsphäre haben. Wir öffnen schließlich auch nur die Briefe, die direkt an uns geschickt wurden. Und sie lässt uns erkennen, dass die automatische Verschlüsselung unserer Mails eigentlich die Grundeinstellung sein müsste. Denn natürlich macht eine verschlüsselte E-Mail Dritte aufmerksamer auf ihren Inhalt, solange sie seltener ist als die unverschlüsselte.

Vergleichen wir es mit offenen oder geschlossenen Schränken: Wenn alle Schränke immer offen stehen, macht der einzige geschlossene sehr neugierig.

Dauerhafte Lösungen werden technische Maßnahmen aber leider nur bedingt bieten, denn am Ende begeben wir uns damit in einen technologischen Rüstungswettkampf, den wohl die Stärkeren, Reicheren und Mächtigeren gewinnen werden. Die nachhaltigen Lösungen zur Sicherung unserer Privatsphäre können daher nur politischer Natur sein, sie bedeuten sehr viel Arbeit und sie werden sehr viel Zeit brauchen, denn die demokratischen Prozesse, die zu Veränderungen führen können, sind langwierig. Dennoch müssen wir diesen steinigen Weg gehen.

Wir müssen Demonstrationen und Diskussionsrunden organisieren, wir müssen uns einmischen, offline und online. Wir müssen Faxe und E-Mails und Briefe an Entscheiderinnen und Entscheider senden, und wir dürfen nur denen unsere Wahlstimme geben, die sich nachhaltig für unsere Grundrechte einsetzen. Wir müssen die Institutionen, die unser Vertrauen missbrauchen, durch neue und bessere ersetzen.

Es mag im Zusammenhang zunächst absurd klingen, doch

unsere stärkste Waffe in diesem politischen Streit ist genau die, die man derzeit einzuschränken und zu beschneiden versucht: das Internet.

Das Netz macht die Organisation von Menschen und ihre Kommunikation so leicht wie nie zuvor, es beschleunigt das Auffinden und Vernetzen Gleichgesinnter, es kann denen eine Stimme geben, die sonst nicht gehört werden.

Und für unsere Kinder ist es noch mehr als für uns das Werkzeug zur Gestaltung einer lebenswerten, demokratischen Welt. Sorgen wir also dafür, dass sie diese Werkzeuge und ihre Daten selbstbestimmt und in Freiheit nutzen können, und blicken wir optimistisch in die Zukunft.

Erste Schritte sind schließlich getan und erste Erfolge können gefeiert werden. Als der US-Senat im Mai 2015 Reformen umsetzte, welche die Befugnisse der NSA erstmalig einschränkten, statt sie auszuweiten, sprach Edward Snowden von einem Meilenstein. Hoffen wir, das weitere folgen werden.

Anhang: Technische Tipps für Kindersicherungen

Sie wollen Ihr jüngeres, unter zehnjähriges Kind nicht unbegleitet, also ohne Anleitung und den ein oder anderen Schulterblick, vor den Rechner mit komplett offenem Internetzugang setzen – davon gehen wir aus. Dass solch begleitetes Surfen jedoch nicht immer möglich ist und mit zunehmendem Alter lockerer gehandhabt wird und werden sollte, ist aber auch klar, und so bleibt mal wieder alles an Ihnen hängen, wenn sie das Netz – besser: den Zugang der Jüngsten zum Netz – etwas kinderfreundlicher machen wollen. Denn eine allgemeingültige und übergreifende Filtereinstellung fürs gesamte Internet, die komplett durch Dritte erfolgt, gibt es nicht.

Der staatliche Kinder- und Jugendschutz im Internet wird zwar konstant beratschlagt, doch eine Lösung für alles und alle, die Eingriffe in die Informationsfreiheit und Privatsphäre ausschließt, den Datenschutz berücksichtig und in einem internationalen und dezentral angelegten Netzwerk überhaupt sinnvoll funktioniert, ist schwer zu finden und lässt daher auf sich warten. Da wir fürs Warten aber keine Zeit haben, müssen wir die Sache selbst in die Hand nehmen, was in mancherlei Hinsicht vielleicht auch besser ist.

An vielen verschiedenen Stellen und auf noch mehr verschiedene Arten können Sie Einfluss darauf nehmen, wie viel Internet ihr Kind bekommt. Hier wird es jetzt ein wenig technisch, doch keine Angst: alles keine Hexerei. Sie können das.

Der Router als Kinder- und Jugendschutz

Da ist zunächst der Router, also die Kiste, die direkt mit ihrem Telefonanschluss verbunden ist und die Internetverbindung überhaupt erst herstellt. Die Wahrscheinlichkeit ist groß, dass sich Ihr Computer drahtlos per WLAN mit dieser Kiste verbindet, um ins Internet zu gelangen, manchmal passiert das auch per Kabel, in jedem Fall aber geht ohne Router gar nichts in Sachen Internet.

Jeder Router kann von seinen Besitzern konfiguriert, also eingestellt werden (auch das Passwort für Ihren Internetzugang wird dort in der Regel eingegeben), meistens wird das über den Browser ihres Computers gemacht, und häufig lassen sich in diesem Router auch Jugendschutz-Einstellungen vornehmen. Aber, Sie haben es geahnt, leider nicht in jedem.

Lesen Sie bitte die Packungsbeilage, und fragen Sie Ihren Nerd oder Programmierer, denn die Vielzahl an Routern mit unterschiedlichen Funktionen ist unüberschaubar, und oft ist die Router-Kiste, die Ihnen ihr Internet-Provider kostenlos zur Verfügung gestellt hat, ein abgespecktes Modell, das gerade mal einen An- und Ausschalter hat. Wir selbst haben gute Erfahrungen mit den »Fritzbox«-Geräten des Herstellers AVM gemacht, doch es gibt auch andere Geräte, die Jugendschutz-Einstellungen zulassen. Diese gibt es leider selten als kostenfreie Beigabe zu Ihrem Internet-Anschluss, Sie müssten einen solchen Router also extra kaufen.

Die Anschaffung kann sich jedoch lohnen: Auf unserem Modell funktionieren die Jugendschutz-Einstellungen ziemlich prima. Wir können selbst festlegen, zu welchen Zeiten und wie lange einzelne Geräte täglich online sein dürfen, was auch mit mobilen Computern wie Smartphones oder einem iPod Touch funktioniert, und wir können mithilfe des sogenannten »BPJM-Moduls« für diese Geräte diejenigen Webseiten automatisch sperren lassen, die von der Bundesprüfstelle für jugendgefährdende Medien indiziert wurden, wobei versucht wird, nicht nur pornografische, sondern auch gewalttätige und »Abzocker«-Angebote zu filtern. Wir haben dennoch die Möglichkeit des manuellen Eingriffs in alle Funktionen, so können wir etwa bestimmte Seiten zusätzlich in eine Sperrliste (»Black List«) eintragen, falls diese nicht von der BPJM erfasst werden.

Diese Listen funktionieren auch in der anderen Richtung, nämlich als »White List«, Sie können dann eine Liste der einzigen Seiten anlegen, die Sie *zulassen* wollen. Eine White List eignet sich in erster Linie für die ganz Kleinen, die wir nur auf eine Handvoll Kinder-Seiten lassen wollen, denn sobald beispielsweise für die Schule echte Internetrecherche notwendig wird, wird das Nachtragen einer jeden erlaubten Webseite geradezu unmöglich.

Informieren Sie sich bitte vor dem Kauf oder auch vor der Bestellung beim Internetanbieter Ihrer Wahl über die einzelnen Funktionen der verschiedenen Router. Am besten geht das, wer hätte es geahnt, im Internet, denn viele Foren beschäftigen sich mit dem Thema Jugendschutz, und die Suche nach »Internet-Router mit Jugendschutz-Einstellungen« führt schnell zum Ziel.

Achten Sie außerdem darauf, dass Sie die Einstellungen Ihres

Routers mit einem Passwort schützen, damit niemand außer Ihnen selbst diese Einstellungen verändern kann. Falls Sie nicht wissen, wie das geht, fragen Sie am besten Ihre Kinder ...

Spezielle Software

Falls Ihr Router keine Jugendschutz-Einstellungen zulässt oder Sie keinen Zugang zu diesen Einstellungen haben, weil Sie zum Beispiel den Internetzugang eines Nachbarn mitbenutzen, können Sie auf spezielle Software zurückgreifen, also Programme, die auf dem Computer selbst installiert werden und die ähnliche Funktionen besitzen wie oben beschrieben. Einen Überblick über diese Programme finden Sie ebenfalls durch eine Suche im Internet oder auf speziellen Seiten wie klicksafe.de – wenn Sie sich jedoch auf Software verlassen, sollten Sie sicher sein, dass Sie sich mit der Konfiguration des betreffenden Computers mindestens ebenso gut auskennen wie Ihr Sohn oder Ihre Tochter. Wenn es den Kindern nämlich möglich ist, ein neues Benutzerkonto auf dem Rechner anzulegen, sind die Schutzeinstellungen unter Umständen hinfällig, wenn sie für einen anderen Benutzer getätigt wurden, und Sie sehen mal wieder dumm aus. Und das wollen wir nicht.

Ein großer Teil der von verschiedenen Stellen empfohlenen Software zum Jugendschutz auf dem Computer funktioniert dabei nur auf Windows-Geräten. Windows 7 bietet dabei eine eigene, mitgelieferte Kindersicherung, auch ein Mac mit halbwegs aktuellem Betriebssystem hat Möglichkeiten für den Kinderschutz bereits eingebaut, und Nutzer von Linux-Computern sind es eh gewohnt, sich selbst um alles zu kümmern. Auch für sie gibt es aber verschiedene Filter-Werkzeuge für Eltern bzw. für Kinder.

Einige dieser Jugendschutzprogramme oder Einstellungen im Betriebssystem erlauben übrigens auch eine Kontrolle darüber, welche Programme (zum Beispiel Spiele) auf dem Rechner installiert werden können, falls Ihnen dies am Herzen liegt.

Unserer Meinung nach sind auf dem Computer installierte Programme für den Jugendschutz komplizierter zu betreuen als die Einstellungen auf dem Router und bieten mehr Manipulationsmöglichkeiten für Auskenner – und Sie können davon ausgehen, dass Ihr Kind ein solcher ist, denn auch die Anleitungen, wie man bestimmte Sperren umgehen kann, finden sich natürlich im Internet. Die Programme haben dennoch den Vorteil, dass sie jederzeit gelten, wenn der Rechner genutzt wird, im Fall eines Laptops also zum Beispiel auch dann, wenn der Sohn seinen tragbaren Computer mit zu einem Freund nimmt. Die Einstellungen in Ihrem Router greifen nur für den Internetzugang bei Ihnen zu Hause, was aber in den meisten Fällen und speziell bei jüngeren Kindern genügen sollte.

Kinderschutz im Browser

Da sich der überwiegende Teil der Internetnutzung im Browser abspielt, also innerhalb einer auf dem Rechner vorhandenen Software wie dem Internet Explorer, Chrome, Firefox oder Safari auf dem Mac, bieten manche dieser Browser ebenfalls eigene Jugendschutz-Einstellungen, oder aber es gibt Erweiterungen, die solche Einstellungen zulassen. Zusätzlich bieten Dienste wie Google eigene Einstellungen für ihre Nutzer oder deren Kinder, die zum Beispiel eine kindersichere Suche garantierten sollen. Nehmen Sie sich auch hierfür etwas Zeit, und recherchieren Sie die verschiedenen Möglichkeiten, Sie werden schnell Hilfe finden, die im Netz zudem immer aktueller ist, als es in einem gedruckten Buch möglich ist.

Einschränkungen auf Mobilgeräten

Auch auf manchen mobilen Computern wie Smartphones oder internetfähigen Spielgeräten gibt es Möglichkeiten zur Einschränkung der Funktionen für Kinder.

Auf Apples iOS-Geräten, also iPhones, iPads und iPods, lässt sich in den bekannten Altersstufen festlegen, welche Inhalte das Kind ansehen darf (Filme und Apps, die für Ältere gedacht sind, werden dann nicht auf dem Gerät angezeigt), und manche Programme, wie etwa der interne Browser, lassen sich ganz von der Nutzung ausschließen. Diese Einstellungen, die nach ihrer Festlegung mit einem PIN-Code geschützt werden, kümmern sich um Programme im AppStore und um Filme und Musik aus Apples iTunes-Bibliothek, sie analysieren jedoch keine Internetinhalte. Das bedeutet: Wenn Sie Ihrem Kind die Nutzung des iOS-Browsers Safari erlauben, kann es unabhängig von den anderen Kinderschutz-Einstellungen auf dem Gerät trotzdem auf jede beliebige Internetseite zugreifen – es sei denn, Sie haben zusätzlich Ihren Router wie oben beschrieben eingestellt, um bestimmte Seiten zu filtern.

Für Smartphones mit Googles Betriebssystem Android, für Windows Mobile oder andere mobile Systeme gibt es diverse Schutzprogramme, die meistens zusätzlich erworben werden müssen, einige davon beinhalten auch Kindersicherungen – auch hier hilft wieder einmal die eigene Recherche im Internet weiter, um sich auf den aktuellen Stand der Dinge zu bringen.

95 Prozent Sicherheit

Sie merken: Ganz profan ist das Thema Jugendschutz in technischer Hinsicht nicht, und wenn man dann auch noch eine Kombination aus allen Möglichkeiten nutzt, verliert man schnell den Überblick. Zudem ist kein System hundertprozentig sicher, doch wir haben uns die 95 Prozent ausgedacht, um Ihnen die größten Sorgen zu nehmen: Wenn Sie sich ein wenig kümmern, haben Sie in Ihrem Haushalt oder auf dem Computer Ihres Kindes für ein ziemlich kindersicheres Internet gesorgt. Wir halten die Einstellungen auf dem Router für die einfachsten und sichersten, empfehlen zusätzliche Software, wenn Sie sich grundsätzlich recht gut mit dem Computer Ihrer Kinder auskennen, und wir erinnern immer wieder gerne daran, dass Sie die besten Tipps und am meisten Unterstützung im Netz selbst finden.

Sie sind nicht allein, nutzen Sie die Möglichkeiten des Netzes und tauschen Sie sich mit anderen Eltern aus. Das macht Spaß und ist in mehrfacher Hinsicht sinnvoll, denn der Austausch untereinander kann nicht nur bei technischen Problemen hilfreich sein.

Weiterführende Links ...

... finden Sie hier nicht. Denn Links gehören ins Internet, wo man sie anklicken kann.

Begleitend zum Buch finden Sie daher unser gleichnamiges Weblog

netzgemüse.com

Dort hauen wir alles raus, was uns beim Schreiben dieses Buches geholfen und uns vom Schreiben dieses Buches abgehalten hat. Neben der oben genannten Studie finden Sie auf netzgemüse.com also lauter Links zu lesens- und sehenswerten Studien, Artikeln, Filmdokumentationen, Interviews, umwerfenden Netzauftritten von Museen, spannenden Diskussionsforen, grandiosen Bildungsprojekten, liebevoll oder enthusiastisch geführten Blogs sowie zu lustigen, rührenden, atemberaubenden Fundstücken, von denen wir glauben, dass Sie sie nicht verpassen sollten.

Und außerdem sind wir dort ansprechbar. Kommen Sie also vorbei, nehmen Sie sich einen Keks und machen Sie es sich mit uns gemütlich!

Dank

Zuallererst geht unser Dank an unsere Söhne Lenny und Karl, die mit Seelenruhe, Interesse und sehr viel Geduld dabei zusahen, wie sich das »Projekt Buchschreiben« ihrer Eltern Monat um Monat verlängerte. Ihre überzeugende Gelassenheit könnte dabei vielleicht auch damit zu tun gehabt haben, dass unsere Spielzeit-Regeln während der Arbeit zur Begeisterung unserer Söhne immer lockerer wurden und die beiden aufgrund ihres in dieser Zeit entwickelten Fachwissens zu Minecraft, YouTube und anderen digitalen Bereichen mittlerweile selbst ein Buch schreiben können müssten. Unser Buch gäbe es ohne den Input unserer Söhne nicht, ohne ihre Geschichten aus der Schule und aus dem Freundeskreis. Sie haben uns zudem immer wieder für ihre Art der Online-Kultur begeistern können und uns Dinge im Netz gezeigt, die wir selbst nicht entdeckt hätten.

Jungs – wir mögen Züge! Aber euch lieben wir.

Ebenso bedanken wir uns bei allen Eltern, Lehrern, Kindern und Jugendlichen, die wir mit unseren Fragen genervt haben und die uns geduldig Rede und Antwort standen.

Unser Dank gilt weiterhin all jenen Menschen, die wir übers Netz kennen und schätzen gelernt haben, mit denen wir uns auf Spreeblick, in anderen Blogs, auf Facebook und Twitter und während der re:publica in Berlin über die Themen in diesem Buch austauschen konnten. Viele ihrer Ideen und Gedanken sind in unsere Arbeit mit eingeflossen. Für die Unterstützung beim Update-Kapitel bedanken wir uns außerdem bei Stephan Urbach.

Sascha Lobo verdient eine besondere Erwähnung, da er uns den letzten Tritt versetzt hat, damit wir dieses lang geplante Buch nun endlich wirklich mal schreiben und er das nicht auch noch selbst machen muss.

Bei der Agentur Graf, beim Goldmann Verlag, bei unserer Lektorin Katharina Fokken und unserer Redakteurin Antje Steinhäuser bedanken wir uns für die geduldige und konstruktive Zusammenarbeit und Unterstützung bei diesem Projekt.